知识生产的原创基地
BASE FOR ORIGINAL CREATIVE CONTENT

颉腾文化
JIE TENG CULTURE

口头文化
与读写文化

（30周年纪念版）

Orality and Literacy
(30th Anniversary Edition)

［美］沃尔特·翁（Walter J. Ong）/ 著

杨岱若 / 译

中国工商出版社

责任编辑：董羿彤
封面设计：王建敏

图书在版编目（CIP）数据

口头文化与读写文化：30周年纪念版 /（美）沃尔特·翁著；杨岱若译. —— 北京：中国工商出版社，2025.1. —— ISBN 978-7-5209-0314-1

Ⅰ. HO-05

中国国家版本馆 CIP 数据核字第 2024F1J841 号

书　　名 / 口头文化与读写文化（30周年纪念版）
著　　者 /［美］沃尔特·翁（Walter J. Ong）
译　　者 / 杨岱若

出版 . 发行 / 中国工商出版社
经销 / 新华书店
印刷 / 文畅阁印刷有限公司
开本 / 710毫米 × 1000毫米　1/16　印张 / 14　字数 / 210千字
版本 / 2025年1月第1版　2025年1月第1次印刷

社址 / 北京市丰台区丰台东路58号人才大厦7层（100071）
电话 /（010）63730074，63783283　电子邮箱 / fx63730074@163.com
出版声明 / 版权所有，侵权必究

书号：ISBN 978-7-5209-0314-1
定价：79.00元

（如有缺页或倒装，本社负责退换）

数字时代的口头文化与读写文化

唐兴通

网络社会学者、新媒体营销专家

在这个点赞和表情包统治世界的时代，沃尔特·翁（Walter Jackson Ong，简称翁）的《口头文化与读写文化》是一本让我们回到语言的根源，同时也望向未来的奇妙之作。我是个新媒体营销传播研究者，每天的工作就是研究在数字世界里引爆的话题、引发共鸣的社群互动与情绪传染。沃尔特·翁的这本书让我大开眼界，原来我们今天轻轻松松打出的每一个符号、每一条消息、每一个表情，都有着丰富的历史和文化底蕴。我经常被问到，是什么改变了我们的沟通方式？我认为这本书就是答案的藏身之处。

沃尔特·翁带领我们从古老的篝火边的口述传统跳跃到动态的数字时代，穿梭在不同的语言和文字形式之间，揭示了这些传播方式如何形塑了我们的个人和集体认同。在他的叙述中，每一次技术的革新都不仅仅是工具的变革，更是人类表达和沟通方式的一次跃进。

通过沃尔特·翁的思考，你会看到各种沟通方式的演变，不仅仅是技术上的，更是文化和认知上的。我们的思维方式、我们如何互动、我们如何构建关系，甚至我们如何看待自己和世界，都在口头文化与读写文化中悄然发生了变化。《口头文化与读写文化》不仅记录了这一变化，还激发了我们对这一变化背后更深层次意义的思考。

在这本书中，我们会看到沃尔特·翁如何用幽默和智慧将复杂的传播理论变得生动有趣。让你理解为什么有时候一个简单的emoji（表情符号）比长篇大论更能打动人心，以及为什么在社交媒体上的一个点赞有时候比一篇精心撰写的博客文章更有力量。读完这本书，你可能会对自己平日在键盘上敲出的每一个字都更加珍惜。

沃尔特·翁让我理解了当下社交媒体并不是对话的终结者，相反，它是口头传统的现代继承者。我们的每一次点击和分享，都是一种现代的口头传播，一种新的社群集会。沃尔特·翁让我意识到，我们每个人都是这个数字时代的叙事者，我们的故事通过屏幕传递，而每一个故事都是独一无二的，都是有价值的。

《口头文化与读写文化》是那种能够让你重新思考如何在社交媒体上发帖，或是如何在短视频上发声的书。沃尔特·翁用他的洞见提醒我们，无论技术如何进步，人类沟通的核心始终未变。随着技术的不断发展，我们如何确保真实的人际连接，如何确保我们的语言和沟通不失其温度和深度，这本书为这些问题提供了思考的起点。这本书是对我们如何用字词连接彼此的愉快探索，是对任何想要理解在这个快速发展的新媒体世界中如何有效沟通的人的一次头脑风暴。

这本书是对那些希望在充满噪声的世界中找到自己独特声音的人的一次鼓励。沃尔特·翁通过丰富的例证和引人入胜的叙述，向我们展示了在这个被技术化的世界中，如何利用我们的语言和文字来创建意义、构建关系、传播想法。每一章都是一次发现，每一页都充满了可能。

总之，《口头文化与读写文化》是一个不可多得的宝藏，是对过去的致敬，对现在的反思，对未来的展望。在这个不断发展变化的新媒体时代，沃尔特·翁的这部作品是不可或缺的导航仪。不论你是市场营销从业者、传播学研究者，还是对数字时代的沟通方式有兴趣的普通读者，《口头文化与读写文化》都将启发你、激励你、挑战你，最终，也将改变你。

成长之路

沃尔特·翁是美国著名的文学教授、文化和宗教历史学家、哲学家。这本《口头文化与读写文化》最初问世于 1982 年，是他最具代表性的作品之一。40 年岁月弹指一挥间，这部已届"不惑之年"的作品在学界的影响力依然显著。可以说，对于每一位有志于或有兴趣研究媒介史、人类学、文化发展史、媒介心理学、语言学的读者而言，这都是一本不容错过的巨著。

本次译介的是其 30 周年版，同时也是作者沃尔特·翁（1912—2003）百年诞辰版，书中有学者约翰·哈特利（John Hartley）专门为其撰写的两篇文章。现在我们将其引入国内，以飨中文读者。

1912 年，美国作为一个新兴的移民国家，在各种新思想的沐浴中飞速发展。这一年，在美国中部密苏里州堪萨斯市的一个清教徒和天主教徒家庭里，沃尔特·翁出生了。

翁高中时就读于家乡的罗克赫斯特（Rockhurst）高中，这是一所天主教耶稣会的男子学校。此后他升入罗克赫斯特大学，本科主修拉丁文。后来，翁去往同在密苏里州的圣路易斯大学（Saint Louis University）攻读硕士，主修英文，并于 1941 年获得硕士学位；同年他还获得了哲学和神学专业的高级硕士学位。十年后，翁到哈佛继续深造，并于 1955 年获得英语专业的博士学位。博士毕业后，翁回到母校圣路易斯大学，并在那里开启了自己数十年的教学和研究生涯。1963 年，法国政府授予翁骑士头衔，以嘉奖他对法国逻辑学家和教育改革家彼得·拉米斯（Peter Ramus）① 做出的深入研究。1971 年，翁入选美国艺术与科学院院士。2003 年，91 岁的翁溘然长逝。

黑白迷思

本书中，翁用二分法的方式，对口头社会和读写社会进行了全方位的剖析与对比。

人类的先辈在文字出现前究竟是如何思考、如何记忆，又如何传承知识、文化与思想的呢？这个问题至关重要，正如作者在书中所言，"文字是人类历史中最伟大的创举"。如果想要真正理解现在、展望未来，我们必须首先清楚地了解过往，了解人类社会发展的每一个阶段，但在翁之前却鲜有人对此展开探寻。为什么呢？究其原因，笔者认为主要有两点：一是我们对文字及各种形式的书面交流早已司空见惯，甚至长期浸淫其中，根本意识不到或想不到没有这些文字，世界会是怎样的。简而言之，我们想不到这个问题。二是文字已然走入我们的生活，再去探寻之前那个没有它的世界，无异于我们已然生存于这个星球，却要探寻地球出现之前的宇宙。这种探究头绪纷杂，许多线索似有还无，一切仿似云烟，难以捉摸。简而言之，我们太难回答这样的问题。

面对这个既"难以提出"又"难以作答"的两难问题，翁无疑是一名充满智慧的勇士。他不仅敢于提出问题，更难能可贵的是，他能够集众多学者之大成，在浩如烟海的卷帙中抽丝剥茧，循着细微的线索，借助自己的智慧和学识孜孜以求，拨开历史的层层迷雾，还原出前文字时代的真相。

阴与阳、身与心、主体与客体、真与假、多与少、黑与白……许多人说二分法的世界太过机械、太过单一，而我们的世界是多元的。事实诚然如此，但另一方面，我们同样无法否认，无论在哲学还是日常生活中，二分法都为我们搭建起了一个简单明晰的框架，是我们认识世界和剖析世界不可或缺的一种途径。在本书中，借助这个清晰的框架，翁将我们带回到数千年前人类最原始的世界，带回

---

① 彼得·拉米斯（Peter Ramus，1515—1572），法国人文主义学家、逻辑学家、哲学家、教育改革者。——译者注

到那个书面文字还没有成形的世界，我们在不断回望的过程中，似乎可以更好地看清现在的世界、现在的自己，这不能不说是一个充满惊喜的旅程。

正因为此，这本著作极具突破性，很多读者阅读之后的第一感受就是："彻底改变了自己对世界的认识方式。"可以这么说：在翁之前，我们从不会这样思考；在翁之后，我们永远无法忘记这种思考。

双星辉映

在硕士阶段，翁遇到了自己学术道路上最重要的人物之一，即他的导师——加拿大学者马歇尔·麦克卢汉①，虽说是导师，但两人年龄相仿（麦克卢汉生于 1911 年，比翁年长一岁）。在学术道路上，二人可谓是相互影响。麦克卢汉是我国学者非常熟悉的西方传播学巨匠。1964 年《理解媒介》横空出世，给整个西方乃至世界都带来了一场思想革命。麦克卢汉提出了很多奇异和颠覆性的思想，其中最重要的包括"媒介即讯息""媒介是人的延伸"等。这些思想都强调了这样一点：媒介作为一种技术方式，不仅仅是一种传播渠道，它本身也是传播内容的一部分，某种程度上甚至已幻化为人体的一部分。因此，传播方式的改变绝不仅仅意味着交流方式的改变，更重要的是，它意味着我们的交流内容、思考内容，乃至我们人类本身的属性在方方面面的改变。从这个角度来说，翁的这部作品无疑是对麦克卢汉理论最完美的致敬和诠释。在翁的带领下，我们可以清晰地看到书写技术如何从"走近"我们到"走进"我们，再到成为我们的一部分，并且最终如何给整个社会带来革新。反过来，麦克卢汉的另一代表作《谷登堡星汉璀璨》（1962 年）也广泛引用了翁在读博期间对法国教育改革家拉米斯的研究。两位媒介研究大师比肩而翔，在各自的领空画出美丽的曲线，他们是曾经的师生，更是一生的挚友，不能不说是学界的一桩美谈。

① 马歇尔·麦克卢汉（Marshall McLuhan，1911—1980），20 世纪媒介理论家、思想家。麦克卢汉先后在加拿大曼尼托巴大学和剑桥求学，并于 1942 年获得剑桥博士学位。主要著作有《机器新娘》（1951 年）和《理解媒介》（1964 年）。他最著名的论断"媒介即讯息"（The Medium is the Message）在学界引起巨大反响。——译者注

框架简介

在本书中，两种文化的对比在二分法的框架下次第展开。翁先是基于之前学者的研究一步步揭示出《荷马史诗》传诵千年背后的"秘密"。接着，翁从这些发现出发，仔细分析了两种社会形态下人们的思考、记忆、沟通方式的不同。然后，他从心理动力学的角度梳理了两者间的种种差异。在此基础上，翁又进一步探讨了书写作为一种技术对人类意识的重构，以及印刷术产生后人们思维模式的彻底改变。最后，翁结合近年来的各种理论流派对这个领域的未来探索给出了许多建议。

翻译说明

本书具有较强的学术性，笔者在忠实作者原意的同时，也尽量避免译文艰深晦涩。对于文中的术语，如果国内学界已有翻译的，也尽量沿用，这样便于读者查阅和参考相关文献。翁的作品涵盖学科面广、著述引证繁多，每一章中都会提到许多学者，为方便读者了解背景，这些人物生平简介也都用译者注形式列出。

"曾经娇艳的花朵，如今凋零了，就像语言文本离开人的心灵，走向死亡。其中的悖论就在于：文本死去了，它脱离了鲜活的人世，化身为僵硬固定的视觉符号，而这一过程恰恰保证了文本的长存和复生，在无数读者的心中，它又能够在无限的语境下重获无比鲜活的生命。"

——沃尔特·翁

翁的这段诗意的话语和哲思，是送给广大读者和译者最好的礼物，相信大师的文字和思想，定会在学术长河的记忆中永生。

杨岱若

于沪上峪玥阁

翁氏理论诞生前

——约翰·哈特利

"若要成就未来，必先回望来路。"[1]

"友人、罗马人、国人，请你们听我说"[2]

2012年（11月30日）是沃尔特·翁百岁诞辰。直至今日翁的著作还是广为流传，他本人也当仁不让地跻身当代学者之列。翁曾用一段文字来描述自己曾经的导师马歇尔·麦克卢汉，这段文字用来描述翁本人在学界的时空穿越同样合适："他的声音总能用现实召唤往昔，往昔岁月在他的口中再次熠熠生辉，在读者的脑海中欢腾雀跃。"（Ong 2002：307）[1] 沃尔特·翁的著作生涯横跨70年岁月，一直到去世前都笔耕不辍[3]。从远古时代苏美尔人的书写系统到当代的计算机科学都是他的兴趣所在，用他自己的话说就是"因为它们用的都是数字代码"（Ong 2002：527-49）。他沉浸于过往，同时又远眺前方。90岁高龄时，他出版了生前的最后一本著作，副书名颇有意趣——"深入探寻的挑战"（*Challenges for Further Inquiry*）。

本文不负责评论翁的生平与著作，对此感兴趣的读者和专家可以找寻相关

---

① 这种引用方式被称为哈佛引用风格，它是一种常用的学术引用格式。"Ong"是作者的姓氏，指的是Walter J. Ong；"2002"是文献的出版年份；"307"是文献中引用内容所在的页码。后同。——译者注

材料。在这里，我只想把翁最负盛名的著作《口头文化与读写文化》的全新版本介绍给大家。与此同时，我既不想消除他的光环，也无意为他再添美誉；恰恰相反，我只想对本书的非专业读者说几句话。从亚马逊的读者评论来看，翁的学术研究的历史轨迹对于普通读者而言可能并不是那么一目了然。对于这些全新的读者群，也许需要在当下的现实与过去的思想之间重构一个"热情洋溢且生动有力"的连接，这种连接我将之称为"翁氏理论"。[4]

　　翁在学术世界中自由穿梭、涉猎广博，因此，如果能够描绘出一条踪迹，将翁的每一个学术成果与其产生的特定历史年代联结起来，并将这种联结置身于宽广的思想史长河中，置身于思维系统的发展史中，置身于观念组织所借助的媒介表达史中，那一定是大有裨益的。我将这条踪迹大致描绘如下：

◎ **古代与中世纪修辞学**（约公元前 500—1500 年）
　　因为正是"修辞学"这门口头语言的艺术"最终把所有知识类目收归自己的辖域"（Ong 1971：vii）。

◎ **欧洲宗教改革**（1500—1700 年）
　　基于印刷书籍而产生的拉米斯主义（Ong 1958）不仅变革了宗教，也变革了知识体系；它将宗教与资本主义的兴起关联起来（Tawney 1998），并且为（新教）循道宗和（科学）方法一起开创了路径依赖（Ong 1953）。

◎ **启蒙主义时期**（1700—1900 年）
　　既是科学的，也是苏格兰的（Berry 1997；Phillipson 2010）。[①]

◎ **对美国的发展带来了巨大的影响**
　　直接影响是通过本杰明·富兰克林（Atiyah 2006），间接影响是通过托马斯·杰斐逊（McLean 2011）。

---

① 这句话强调了启蒙运动在科学领域和苏格兰地区的双重重要性，表明这两个方面是相互关联和相互促进的。——译者注

◎ **科技对当代知识体系的决定性影响（1900 年至今）**

> 根据翁的思路，书写和印刷–读写文化全面且彻底地改观了人类意识，
> 随着数字媒介的兴起，"次生口头文化"诞生。

《口头文化与读写文化》是翁 30 年努力的集大成之作，该书将其思想带入大众视野范围内，在很多人的内心引起共鸣，他们都非常渴望了解传播技术的沿革——从言语到书写，到印刷文字，到电视电影屏幕，再到计算机——对人类思维和求知方式带来的巨大影响。但这种渴望的背后并非全是乐观的好奇，事实上，很多人担心跟之前的印刷品王国相比，现代科技（尤其是最普遍的广播和屏幕媒介）与其说开创了新知，不如说毁灭了旧识。之前，纸质传媒一统天下，打造了当代现实主义的整个知识体系，是当之无愧的霸主。具体说来，期刊论文传播科学，报纸杂志传递新闻，小说装载人们的想象。

这样的三类划分其实可以溯源到更早以前：早在 16 世纪晚期到 17 世纪初期的欧洲，随着印刷术的兴起，文字印刷品开始成为一种媒介。这一时期的欧洲也是翁最喜爱的研究对象之一。弗朗西斯·培根（Francis Bacon）爵士是先验论的创始人，也被后人称为归纳推理法之父[5]，他还是"知识进步"的热心倡导者。正是培根爵士最先尝试将知识的分类建立在传播形式和人类感官功能之间关系的基础之上。正如黛安娜·阿尔特戈尔（Diana Altegoer）所写的："培根认为人类所有的学问都来自三大源泉，即记忆力、想象力和推理力，这三者又分别衍生出了历史、诗歌和哲学；除此以外不可能再有其他任何（源泉）。"（Altegoer 2000：22）培根将他所谓的"人类思维的功能"分为两大类，"一种是尊重人的理解力和推理力，另一种是满足人的意志、欲望与情感"；而"想象力"充当了两者之间的"中间人或大使"（Bacon 1605：Book II，section XII）。由此，"诗歌连同想象力一起在培根推进知识的蓝图中占据着核心地位，因为正是它们将理性与个人意志和欲望联结在一起"（Altegoer 2000：22）。

培根的这种蓝图愿景又可以追溯更早之前的口语和修辞传统，尤其是彼得·拉米斯的理论，而拉米斯也是翁学术研究中的主角之一。也许不知不觉中这种三分法又继而成为当代印刷文化中三大现实主义文本体系的认识论基础，

我们将它们之间的关系图解如下：

人类的能力（培根）

记忆力	想象力	推理力	} 真理
意志	欲望	理解	} 真理

知识的形式

前现代	历史	诗歌	哲学	} 知识
现代	新闻	小说	科学	} 现实主义

传播的媒介（翁）

前现代	修辞	诗歌	对话／演讲	} 口头／书写
现代	新闻	小说	论文	} 印刷–读写

这里我们可以注意到，在培根的愿景中，三大类知识形式——历史、诗歌和哲学——统一起来的最高形式是真理。后来社会的专业化分类却迫使"科学"与"虚构"渐行渐远，至少在原则上是如此。然而，培根却总希望能够"在科学认知与感性诗学这二者之间建立一种共生关系"（Altegoer 2000：23），当代的科学发展后来也在逐步回归这种趋势。例如，威尔逊（E. O. Wilson 1998）曾呼吁，创造性的人文学科和基于现实的自然科学两者之间应该是"相通的"。

翁的专长在于他能够凭借文学–历史研究和文本批评的方法梳理出前现代的知识艺术形式（逻辑、修辞和辩证法）在印刷媒体出现后是如何被彻底改变。这几种知识艺术形式（尽管我们很想，但似乎很难跟上图中的三分法契合起来）是中世纪时期人们组织和传递知识的重要手段。翁的著作是后来被人们称为"关于科学的科学"的早期代表之一——他研究的主要对象不是知识的内容本身，而是我们获取知识的方式。麦克卢汉[7]——翁的同时代学者，提出了著名的"媒介即讯息"。可以说翁氏与麦氏一起普及了这样一种理念：知识是语言的产物，不同的语言传播媒介（如声音、书写、印刷等）使我们沿着某种不同的路径进行思考和研究。除此以外，翁还更进一步提出了"书写重构了意识"（*Orality and Literacy*：Chapter 4）。

因此，"翁氏理论"认同媒介决定思维。从方法论角度来说，它使用的是语言学分析法——"从中世纪开始，盎格鲁-撒克逊文化的学者们就使用这种方法生成了大量的思想"（Ong 1958：4）。这种分析法重新搭建了修辞学和科学（知识）之间的桥梁。而且，尽管翁对起源于数千年前的书写非常感兴趣，但他主要的学术研究还是聚焦在文艺复兴和宗教改革时期。在这一时期，欧洲文化内部经历着宗教冲突带来的震荡，外部则推行着不断加速的扩张主义。在这样的历史阶段，在逐步现代化的西方世界，"语言学分析"与宗教和帝国（权力）的宏大主题建立了联系。过往看似晦涩难懂，翁却出其不意地用它们照亮了现在，他用文本分析法将权力和知识互相联结，穿越了"人类历史连续体"（从某种意义上说也是"人类心理认知连续体"），因此大大超越了福柯（Foucault）的理论视域（*Orality and Literacy*：162）。对于这一点，翁本人非常确信。

上述就是翁的著作及其影响力产生的背景。《口头文化与读写文化》一书涉猎宽泛，非同一般；翁氏理论的影响力更是辐射多个跨学科领域。对于这些领域，兰斯·斯特拉特[1]曾罗列为"修辞学、传播学、教育学、媒介研究、英语、文学批评、古典学、圣经研究、神学、哲学、心理学、人类学、文化研究、历史学、中世纪研究、文艺复兴研究、美国研究、性别研究、生物学、计算机科学"（Ong 2002：ix）。斯特拉特把如此广泛的影响力归功于翁对于"思维学、知识及我们的求知方式"的掌握，以及他对学问探索的"孜孜以求包含了许多领域的专业知识"。这一评论很有见地。除此以外，翁氏理论的影响力如此广泛的背后至少还有两个原因：第一个原因与历史有关，第二个原因与学科相关。第一个原因也许比第二个原因更能说明问题，却往往被我们忽略。

美国主义的学界缘起

从历史角度来看，二战后世界进入所谓的"美式和平"时期：美国占据领先地位，成为世界的主导力量。翁的学术研究正是萌生在这个时代背景下。

---

[1]　兰斯·斯特拉特（Lance Strate，1957— ），美国作家，传播学和媒介学专家。——译者注

美国的全球霸权地位被视为（这里"被视为"包含了两层含义：被认为；被理所当然地认为）不是直接通过帝国主义征服取得的，而是通过其思想——这些思想往往被认为是更具道德和民主优越性——来实现的。通过宣传，美国试图让人们相信，这些思想放之四海而皆准，无论对象是美国人还是其他任何国家的人。因此，翁所研究的"知识获取方式"以及"专业知识"不仅从历史角度是有意义的，它们的重要性还体现在它们是"美国思想"的一部分。

美国主义者在被翁的学术导师佩里·米勒[①]称为"新英格兰思想"的思潮中寻找美国思想优越性的根源。他们一直认为"新英格兰思想"是兼具"直击人心""民主""朴素"等优点的新教思维。受到米勒的启发，翁将这种思想进一步溯源到16世纪法国的辩证学家彼得·拉米斯（Ong 1958：4-7）。翁关于拉米斯主义的著述是他的重要成就之一，但如果不是因为写就于美国的第一学府——哈佛大学，也许它也只能停留在象牙塔的小天地中。

佩里·米勒在英国完成战时秘密任务（通常被认为是与发展美国的心理健康水平有关[8]）后回到了哈佛大学。他是翁的博士导师（1948—1954），翁的博士论文由哈佛大学出版社出版。在博士论文中，翁表达了对导师的感谢（1958[②]：x），并将哈佛大学、美国主义和拉米斯主义联系起来：

> 目前（1958年）对拉米斯的兴趣最早源于1935—1936年，当时塞缪尔·艾略特·莫里森（Samuel Eliot Morison）教授出版了哈佛三百年卷丛——《哈佛学院的成立》以及《17世纪的哈佛》。莫里森认为新英格兰最早的思想成果源于被美国遗产传统叙事遗忘已久的知识之树……（1958：3）

在一页左右的篇幅内，翁反复提及了这种"美国遗产"："在莫里森和米勒的著作问世之前，没有太多作品涉及人类思想史中拉米斯主义的全部含义。"

---

① 佩里·米勒（Perry Miller，1905—1963），美国知识历史学家和美国研究中心的合作创始人。米勒主要研究美国早期历史，他在1920年前后起源于哈佛大学的殖民地清教徒神学的修正主义观点的发展中扮演了积极的角色。——译者注

② 此处标引省略的Ong，因为接续的前文最近处出现的引用文献就是翁的作品（Ong 1958：4-7），所以接续后文对文献作者进行了省略。后同。——译者注

（1958：5，my emphasis）因此，对翁而言，"当前英语国家对拉米斯主义的兴趣是共通的，这种兴趣源于人们大都认为拉米斯主义是一种现象或是一种表征，在知识历史和现代思想形成方面，它可以带来极有裨益甚至是令人称奇的新知"（1958：5，my emphasis）。

哈佛大学不仅是美国最古老的高等教育学府（成立于 1636 年，当时正好是拉米斯方法论最流行的时期），而且它也是美国最富有的大学，每年都会被列入世界顶级学府的名录。无论过去还是现在，哈佛大学都仿佛是美国主义的一种扩音器，尤其是哈佛商学院出版社，其使命就是"通过最大化地推广自己的核心产品——思想，来影响真实世界"。其所说的思想之一就是"现代思想的形成"来自语言的锤炼——尽管"朴素"和"直接"会给这种试炼降温，但同时文学和戏剧也会给这种试炼加温。

例如，与翁同时期的艾尔弗雷德·哈贝奇（Alfred Harbage）也在哈佛工作多年。他是一位著名的文学历史学家，将"莎士比亚的观众"视为现代美国民主的先驱和典范，因为莎翁的剧本涉及社会的各个阶层和群体，无论是朝臣、官妓还是鞋匠[10]。经年累月，莎士比亚环球剧场（Globe Theatre）和其他一些剧场吸引了当时全部人口中相当比例的人群，据安德鲁·古尔（Andrew Gurr）估计，当时每周的观剧人数大约有 25000 人，也就意味着在 1580 到 1640 年间，约有 5000 万人观赏了莎翁的戏剧。这个木质的 O 形剧场中：台上，莎翁剧目讲述着新兴现代主义带来的痛苦和冲突；台下，一种现代化的政治组织形式正在广大的观众群体（无论他们是学徒还是工匠）的脑海中逐渐成形，而美国民主正是这种现代性的继承者。

我无意采用美国至上主义对此夸大其词，但在 20 世纪中期美国的文学-历史学界中，的确有股一脉相承的政治哲学。这种哲学所创造的氛围感不仅影响到哈佛，而且辐射至全美范围：南北战争后，沃尔特·惠特曼（Walt Whitman）提出了美国式"民主的前景"[①]，二战后它在美国再次兴起，成为人们迫切追求的目标，因此学界都一心想要赋予这种"前景"以实质性的内

---

① 《民主的前景》是沃尔特·惠特曼于 1871 年出版的著作，也是其代表作之一，书中痛斥了美国内战后淘金时代的贪婪和腐败，认为诗歌和文学是美国民主的希望。——译者注

容。俄亥俄大学的理查德·奥尔蒂克（Richard Altick）[《普通英语读者》（*The English Common Reader*），1957］和斯坦福大学的琼斯（R. F. Jones）[《英语语言的胜利》（*The Triumph of the English Language*），1953］都是这股思潮中的代表人物。也许更引人注目的要数二战后耶鲁大学专门设立的"美国研究"专业，其背后的政治因素尤为重要。究其本质，"美国研究"是：

> 一项事业，这项事业跟许多其他事业一样，是一种意识形态的斗争工具，这场斗争在有些人看来是冷战中的"美国意识形态输出"，还有些人认为是美国的第二次国内战争。（Holzman 1999：71）

这项事业中的核心人物之一是诺曼·霍姆斯·皮尔森（Norman Holmes Person），与哈佛大学的佩里·米勒一样，皮尔森二战期间也是美国中情局前身——美国战略情报局（OSS）的一名特工。佩里在哈佛大学的弟子包括耶稣会牧师沃尔特·翁，而皮尔森在耶鲁大学的弟子有詹姆斯·吉泽斯·安格尔顿[①]。安格尔顿在耶鲁主要研究的是去情境文档的实用批评法。后来安格尔顿成为中情局反间谍活动中心主任，任期颇长，他将自己在耶鲁的收获学以致用（Holzman 2008）。特伦斯·霍克斯（Terence Hawkes）曾指出，安格尔顿在耶鲁时深受新批评主义，尤其是其代表人物威廉·恩普森[②]的影响。安格尔顿很好地应用了恩普森关于"语言表述不可降低的模糊性"的理论：他通过寻找文字的双重含义来鉴别中情局内部的"双料间谍"。在约翰逊总统和尼克松总统在任期间，他一直执迷于搜寻间谍活动，后来对象转向了国内的很多可疑人士，这些可疑人士中不乏美国社会中的自由派或反文化派的精英人士，如马丁·路德·金（Martin Luther King）和爱德华·肯尼迪（Edward Kennedy）。霍克斯将文学批评和反间谍活动类比如下：

---

① 詹姆斯·吉泽斯·安格尔顿（James Jesus Angleton，1917—1987），中情局（Central Intelligence Agency, CIA）官员，曾长期领导该局反间谍部门。——译者注

② 威廉·恩普森（William Empson，1906—1984），英国诗人、文学评论家。其代表作《复义七型》（*Seven Types of Ambiguity*，又译作《朦胧的七种类型》）中讨论了各种作品中语义的不确定性。——译者注

当"特工"被认为是"变节"而来的……他们本身就成为需要进行精密分析的"文本"。对模糊度的敏感性成为其中关键性的武器。现代文学批评理论对实用政治学产生了不可思议又不容置疑的影响。安格尔顿后来将他的反情报工作描述为"对模糊度的实用批评主义"。

（Hawkes 2009）

因此，一种奇特的现象出现了：政治上举足轻重的美国主义在全球冉冉升起，在这关键时期内，它似乎与修辞学、文学理论研究，以及与对象牙塔晦涩文本的现实批评都产生了交集，无论是对个人的研究还是对机构的工作而言都产生了影响。作为一名耶稣会信徒，翁也许并没有像佩里、皮尔森和安格尔顿这些活跃的间谍大师一样参与到反间谍活动的战略中；然而相同的是，翁的学术走向辉煌之时，也正是文学史、语言学分析以及不断传扬的美国"天命论"①相互融合的时期。

这种政治哲学旨在维护或复兴（也可以说是"构建"）古典西塞罗修辞学、现代大众民主与美利坚合众国三者之间的关联性，正如美国前总统约翰·昆西·亚当斯（John Quincy Adams）19 世纪早期在哈佛大学担任修辞学会第一任主席时所做的一样（Rathbun 2000）[11]。翁将哈佛学术领域中的文学和修辞学传统融合在一起，并且也许是通过追随米尔曼·帕里②和艾伯特·洛德③的研究，他还学会了将欧洲前现代的文化形式全球化和美国化。在《口头文化与读写文化》一书中，帕里和洛德的著述都被多次引用。正如托马斯·法雷尔（Thomas Farrell）所评论的：

---

① 美国"天命论"指的是 19 世纪美国定居者所持有的一种信念。他们认为美国被上帝赋予了向西扩张至横跨北美洲大陆的天命，通常等于美国领土扩张主义。——译者注
② 米尔曼·帕里（Milman Parry, 1902—1935），美国古典主义学家，他对荷马作品的研究给荷马史诗研究带来了革命性的影响，被誉为"荷马研究领域的达尔文"，他还是口头文化传统领域的先驱人物。——译者注
③ 艾伯特·洛德（Albert Lord, 1912—1991），"口头程式理论"（Oral-Formulaic Theory）的主要创立人之一，美国古典学者和斯拉夫语言文学研究专家、教育家。洛德继承了老师米尔曼·帕里开创的研究事业，在国际口头传统研究领域享有盛誉。——译者注

帕里是哈佛大学的古典主义学家，他在 20 世纪 30 年代针对前南斯拉夫的吟游歌者展开了大量的田野调查。洛德是当时与帕里一起工作的一名研究生，后来他根据这些田野调查的发现完成了自己的博士论文……在1960 年他发表了划时代的著作《吟游歌者》。

（Farrell, in Ong 2002: 2）

"我们对口头文化的理解到底有哪些创新之处？"（这里的口头文化应该被理解为人类所共有的特性，而非专属于某个特定文化、时期或地域的。）为了寻求这个问题的答案，翁写道："与早期的其他学者相比，美国古典学家米尔曼·帕里最为成功地削弱了文化沙文主义，从而用真正属于荷马史诗的语言来探寻最'原始的'荷马史诗"（*Orality and Literacy*：18）。至于艾伯特·洛德，他"用令人信服的灵活与技巧继承并发扬了帕里的学术研究"，并且"那些当年与帕里和洛德在哈佛共同开展研究的学者已经将帕里的思想应用到了古英语诗歌的研究中"（*Orality and Literacy*：27）。哈佛学术传统中，美国学者有一个发现：文字出现之前的诗人（原生口头文化中的诗人）——无论是古代的荷马还是现代的塞尔维亚-克罗地亚语诗人——都存在一种"思维的口头-听觉映射"（Ong 2002：301）。这一发现很快被应用到了两个领域：一是英语母语族的正统文学研究，从这里继而推广至整个文化和文明研究；二是修辞学研究，从这里又继而推广至整个哲学和知识领域。翁就是将自己的研究置于这样的哈佛传统之中。这背后的假设是"多层面的美国思想"（Ong 2002：294），可以被等同于整个人类的思想。在本书中这一逻辑尤为明显。例如，书中关于"现代对原生口头文化的发现"（第 2 章）里，翁以帕里发现荷马史诗中口头语言的组织方式为起点，通过引用洛德、哈夫洛克[1] 等人的研究，直接推及麦克卢汉和自己的研究，进而又通过心理学家朱利安·杰恩斯[2] 的作品概述了学界对于人类意识

---

[1]　埃里克·哈夫洛克（Eric Havelock, 1903—1988），英国古典主义学家，他的研究主要致力于讨论一个主题：西方思想最深刻的转折点来自希腊哲学从口头形式向书面形式的变迁。——译者注

[2]　朱利安·杰恩斯（Julian Jaynes, 1920—1997），美国心理学家，其最有影响力的代表作是《二分心智的崩塌：人类意识的起源》。——译者注

的研究。不出意料的是，杰恩斯也是哈佛大学的校友，在去耶鲁大学读心理学博士之前在哈佛读本科。

虽然在不断变化的环境及学术潮流下，这种政治哲学传统并未显现，但事实上，它早已内化为一种制度，不仅体现在哈佛的美国研究专业中，从更根本的角度而言，也体现在美国独有的"语言""修辞"和"传播"学派中（Ong 2002：74）。随着美国领土不断西扩，这些学派也将美国的文学批评理论以及新教、科学和论说类散文的"平实风格"传播到更多的大学校园中，其中也包括翁的硕士母校及执教地——圣路易斯大学[12]。修辞很受重视，因为它不仅有助于普通公民为成为律师、牧师、政治家这样的公共人物做好准备，而且是从事商业或科学研究的群体必不可少的基础知识（Bedford 1984）。如何可以让一个国家的政体既体现民主原则，又有能力合理地组织和运用知识呢？在现代"社会构建愈来愈离不开知识以及传播媒介的技术化"的背景下，上述问题呼之欲出。对于翁这一代人，答案也同样明显："有学识的公民"（informed citizen）（Schudson 1998）必须理解修辞。正如翁在 1970 年所述，"到目前为止，世界上关于修辞史的研究大都是美国学者做的。美国学者浸淫于书面文化中，他们与奠定欧洲教育基础的古老的修辞和口头语言足够遥远，可以回头审视它并发现其中的迷人之处"（Ong 2002：74；Ong 2002：294）。

互联网一代与二战一代不同，对他们而言，许多知识领域需要被重新构建。"美国式"的"自由"建立在能够赢得辩论的基础之上。因此思维学——"知晓我们如何求知"的科学，在冷战时期成为最重要的议题，其体现形式有时疯狂（如狂热的反间谍抓捕行动），有时乐观。

从宏观层面上来说，美国的霸权一半来自其强大的军事力量，还有一半来自其媒体、文化和科学的影响力。在冷战加剧的年代，美国主义披上莎士比亚的外衣，借助大众娱乐的形式，向其他各国人民的心灵与头脑发出打动人心的求爱信号。现在，这一切有了一个新的名称——"软实力"。

从微观层面上来说，在这个文本化程度日益加深的世界中，人们需要一些思想工具来帮助他们理解这个世界。在这个世界中，对事物的认知有赖于通过技术手段传递的信息，这些信息脱离了原本的语境而存在，正如书写和印刷也使言语从口头语言的即时性背景中脱离出来。也许这种抽离正好迎合了美国社会的移民性和定居性，相较之下，欧洲"旧"世界的文化大都土生土长，所以反而没有那么契合。当然，并不仅仅是律师和领袖需要修辞技巧来操控思想与知识，并通过批判语言中的"模棱两可"来防止被他人的想法所操控；我们每一个人，如果想要成为一名优秀的公民，想要成为一个理想的消费者，想要持续发展经济，想要清楚辨别社交媒体中哪些信息是**我们的**娱乐和启迪性信息，哪些是**他者的**带有敌意和文化入侵意味的信息，都需要使用知识的这种"软实力"。

当代传播学研究和文化研究

以上我们从历史和学科的角度探讨了翁氏理论影响力背后的原因，而相同地，"思维学"传统也是当代传播学研究的主要根源之一。传播学研究的发端人物并非翁在哈佛时的博士导师，而是他在圣路易斯大学攻读硕士时的导师——一位来自加拿大的英语教授。这位教授与翁年纪相仿，他当时刚离开剑桥不久，来到圣路易大学教授莎士比亚课程。这位导师就是赫伯特·马歇尔·麦克卢汉。麦克卢汉为学界对修辞学的兴趣提供了一个全新的逻辑依据，其影响力超越了历史和政治领域的"新英格兰思想"，影响了全人类的普遍思维，并且将传播技术研究与个体的（和普遍的）认知心理学研究联系在了一起。与此同时，他的理论并没有摒弃进步主义关于"天命论"的宏大叙事，而是将这种叙事在时间维度上向前追溯，在空间维度上向全人类普及。

正如麦克卢汉后来的事业之路所彰显的，这一更加抽象也更具野心的议题非常适合 20 世纪 60 年代的时代背景（Wolfe 2000）。当时，在越南战场，美国的军事信念遭遇了彻头彻尾的失败，正因如此，他们只有在思想、知识、媒介和文化领域才有可能取胜。在越战时期，美国主义的重心从爱国主义转变为了

"抗议"，从"美国方式"转变为了对"美国式种族主义"的批评[14]——这一切通过 20 世纪 60 年代的流行音乐、亚文化以及"新社会运动"征服了整个世界。将人的思想定义为一种媒介产物——这种做法将中世纪的修辞学从讲坛上抽离出来，放置在《广告狂人》（描述麦迪逊大道上的广告人）所描述的世界中。正是在那样的背景下，人们开始相信媒介能够塑造和改变意识，并且"在很多方面意识都应该被改变，这个过程我们可以利用生活中任何的语言符号或化学物质来实现，而且改变越快越好"。

一般而言，我们可能不太会将沃尔特·翁视为"60 年代"的先知（Gitlin 1987）。然而，他在《口头文化与读写文化》的结语中写道："口头文化—读写文化的动态关系影响了现代意识，使其朝着更加内化和更加开放两个方向同时演变。"（*Orality and Literacy*：176）这一论述无论对海特–阿希伯利一代[①]（《玩力》[②] 和带着伊里奇[③] 式僵硬的小野洋子[④]），还是对全球媒介扩张的企业家们而言，都意义重大、掷地有声（Wolfe 2000）。在那个时代背景下，哲学思索、社会运动、思维拓展和商业性流行文化等合而为一，这部分也解释了为什么"口头文化"这一议题在当时被人们视为超级"酷"（当然，也许麦克卢汉不会用"酷"这个词）。正是翁本人在其著作关于"心理动力学"一章中，指控说德里达（Derrida）的逻辑像"迷幻剂"一般，其理论带来的效果都是"感官扭曲"的产物（*Orality and Literacy*：76）。但翁最主要的影响力不在德里达，而在当时的青年人。

电子时代在将人的探索延伸至外部广阔世界的同时，也在诱发人们向内探索内心世界的欲望。有些人参加一些"嬉皮士"亚文化的聚会，他们

---

① 海特–阿希伯利（Haight-Ashbury）是旧金山的一个地名，一般被认为是美国 20 世纪 60 年代反文化运动的发源地，也是嬉皮士当年的圣地。——译者注
② 《玩力》（Play Power）1970 年由兰登书屋出版，由著名 OZ 杂志创始人之一理查·内维尔（Richard Neville）所著，书中详尽记录了 1966—1970 年间（英国青年）反文化运动的种种轶事。——译者注
③ 伊凡·伊里奇（Ivan Illich），天主教牧师、神学家、哲学家。代表作《去学校化社会》（Deschooling Society）抨击了美国的社会及教育制度。——译者注
④ 小野洋子（Yoko Ono），日籍美裔音乐家、先锋艺术家，也是披头士乐队主唱约翰·列侬的妻子。——译者注

身着印第安人鲜艳的服装，皮肤上文着原始图案，一起体验部族仪式，通过这些活动，他们产生了强烈的社团归属感。

（Krippner 1970）

在《口头文化与读写文化》一书中，翁论及了那个时代其他一些非常"酷"的理论，这些理论也正是本书所在的"新语音"系列丛书问世的原因。翁采用的方法是试图在形式主义、结构主义、解构主义、语言学和社会科学等的语境中定位自己的学说。这些观念、立场、争论和理论方法构成了当代媒介和传播学研究领域非常重要的组成部分。

从某种程度上，翁氏学说之所以覆盖面和影响力如此广泛和深远，是因为他自由穿梭于当代文学理论和后现代哲学的世界中（但又不会被这些"理论"淹没）。他利用自己超凡的历史知识，踏出了一条从高深学府直通当代传媒喧嚣繁杂世界的道路。他的见解为年轻人的即时感官体验作出了说明和辩解，使年轻人们在"打开电视""调入电台""离开学校"的过程中感受到了这些新奇体验，所以他们人生中最有意义的知识里程碑也许并不来自拉丁语文学课堂或者其他传统的课堂，而是更多来自音乐、电影、媒体等。翁的文字没有丝毫迷幻剂的味道，却主导了当代媒介研究中的思想转变。也许这就是为什么在那个年代翁氏理论给人的感觉是如此之"酷"——因为这些学说启蒙性地颠覆了读者的思维。他的理论是否在总体上解释了人类思维的转型，这又是另一个问题了，我将在本书结尾处"翁氏理论问世后"章节中对此进行讨论。

注释

1 引自尼尔·麦格雷戈，大英博物馆馆长（MacGregor 2010：409）

2 威廉·莎士比亚（1599），《尤利西斯·凯撒》，III.ii.52；同时可参见 p.221 note12。

3 从 1929 年到 2003 年去世。

4 "翁氏理论"一词不是我的发明，也许最早是由德尔·海姆斯（Dell Hymes）（1996：34）提出的，他用此来指涉传播学理论中的技术决定论。

5 参见《简明英国文学人物词典》（*Short Biographical Dictionary of English Literature*, Cousin 1910）："培根是知识最有影响力，也最富有探索性的学者之一，他发明的归纳哲学彻底改观了人类思想的未来。"这种从已知（培根的著作）推及未知（人类思想的未来）的习惯是一个由来已久的问题，沃尔特·翁同样不能避免。参见本书"翁氏理论问世后"章节。

6 我在这里想用的一个词是"不知不觉地"，这个词在爱德华·吉本（Edward Gibbon）的《罗马帝国衰亡史》中反复出现，用来描述历史缓慢变化的进程，这个过程往往不为人们的意识所察觉。例如，吉本在书中写道："意大利不同地区的原住民们……不知不觉地汇聚成了一个伟大的民族……"（1910：Vol 1, Ch II, p.41）

7 翁（1958：x）提到是麦克卢汉激发了他对拉米斯的兴趣；法雷尔（Ong 2002:12）说是翁的著作促使了麦克卢汉《谷登堡星汉璀璨》（1962）一书的问世。因此，尽管麦克卢汉是翁正规的硕士导师，但是他们作为同辈人，其影响是相互的。

8 "1942年米勒辞去他在哈佛的职务并加入美国军队；在二战期间他被派驻英国，为'战略服务中心'工作。很可能米勒也是该中心'心理部门'的创办人之一，战争期间他一直为该中心工作。（那段时间他具体是如何度过的，究竟做了些什么我们无从知晓，也许战后政府官员认为这属于国家安全机密。）1945年后，米勒返回哈佛继续执教。"（维基百科：佩里·米勒）

9 只有当哈佛跌落世界排名第一的宝座时，才值得报道。

10 哈贝奇认为非常有必要让美国读者明白这一点，所以他在其著作《因为他们喜欢》（*As They Liked It*）的美国版中加了一段前言："莎士比亚的观众群体人数众多，身份各异，来自社会的各个阶层，但其背后有一个共同的标准。当时不止环球剧场一个剧场，而环球剧场也不止莎士比亚一个剧作家。应该说莎士比亚和他的观众们发现了彼此，也成就了彼此。他是一个优秀的作家，他的观众也是优秀的观众。我们很难得出其他结论。关于莎士比亚有一个伟大的发现：这种优秀是在社会阶梯上垂直延伸的，而不是只在社会上层那些文雅、富有、渊博的人群中普及……我们也许没有意识到，在很大程度上，莎士比亚和他的观众创造的人文语境延伸到后面很多代人，我们希望其中也包括我们自己这一代。"（Harbage 1947；foreword to the 1961 US edition）

11 约翰·昆西·亚当斯是总统家族的一员，也是华盛顿Folger莎士比亚图书馆的第一任馆长。

12　圣路易斯大学至今仍设有"传播学研究及言语传播和修辞学研究"硕士专业，这个专业主要从科学、人文的角度对各种模式、媒介和语境中的人类传播行为进行批判性研究。专业课程包括人际传播、小组传播、组织传播、职业传播、跨文化传播等的理论和实践，听说课，语言互动和身体语言互动，修辞学理论及其批评，表演研究，论证与说服，技术辅助的传播，大众文化，各种语境的应用等课程。

13　麦克卢汉生于 1911 年，翁生于 1912 年。

14　这是与 Jerry Rubin、Abbie Hoffman 和 Yippies（青年国际党）有关的一个自创词汇。

15　麦克卢汉的名言"媒介即讯息"也被用在《广告狂人》一剧中。这句名言当时是如何出现又如何为人们所理解的，"加拿大文化遗产"（Canadian heritage）节目中有一部分重现了当时的情形。

衷心感谢安东尼·戴利（Anthony C. Daly）和克劳德·佩维尔（Claude Pavur）的热情相助，他们阅读书稿并提出宝贵的修改意见。

承蒙大英图书馆允许作者和出版社复制托马斯·埃利奥特爵士（Sir Thomas Elyot）所著《统治者之书》（*The Boke Named the Gouernour*）的封面（见图5-1），不胜感激。

前言 | INTRODUCTION

近些年来人们发现，原生口头文化（完全没有书写形式的文化）中人们管理知识和言语的方式与深受书写影响的文化迥然不同。这些新发现的意义重大，令人惊叹。很多我们一直习以为常的文学、哲学和科学的思维及表达，甚至是许多受过教育的人的口语表达，其实并不是从人类诞生之初就相伴而来的；相反，它们是随着书写技术不断发展，人类意识可以驾驭的资源不断丰富的过程而产生的。

本书的主要论题就是口头文化与读写文化之间的区别。本书或任何其他书的读者都已具备内在的读写思维，所以更确切地说，本书主要探讨两方面的内容：第一个方面是口头文化中的思维及其言语表达，这些思维或表达对现代的我们而言非常陌生，有时甚至很古怪；第二个方面是读写式思维与表达，本书将探讨它们是如何从口头文化中脱胎而来，以及它们与口头文化的关系。

本书的主题不属于任何阐释"学派"。关于口头文化与读写文化并没有类似于形式主义、新批评主义、解构主义或结构主义那样的专门"学派"；但反过来说，如果能够深入认识口头文化与读写文化之间的关系，则能够影响人文科学和社会科学体系所涵盖的上述所有"学派"或"运动"的研究。深入了解口头文化与读写文化之间的差异和关联，并不会让我们执着并沉迷于理论，而是会鼓励我们去反思人类生存不胜枚举的方方面面。如果要穷尽所有方面需要浩繁的多卷本，那么本书将主要探讨其中的某些方面。

无疑，比较实用的方法是共时性研究法，即对比某个特定时期共同存在的口头文化与读写文化。但同时，历时性研究法（即从历史角度对其进行研究）

也是非常重要的，我们也要对比先后出现的各个时间阶段。人类社会的组织最初是基于口头语言的，直到很晚期读写文化才形成，而且起初文字也仅限于某些地区的人群。智人早在3万到5万年前就存在了，而最早的书写却是6 000年前才出现的。对于口头文化与读写文化进行历时性研究，也就是说按照人类进化的不同阶段来设立参照体系，这样我们不仅可以更好地理解原生口头文化及其后来的书写文化，而且也能够更加明晰印刷文化如何将书写带向新的高峰，以及电子文化如何在书写和印刷的基础上应运而生。在这种历时性的框架下，过去与现在、荷马与电视，它们彼此点燃、遥相呼应。

但是这种点燃和呼应来路漫漫。想要深入理解口头文化与读写文化之间的关系以及这些关系带来的含义需要有一个过程，绝不会是心理历史学或者现象学方面的顿悟。这个过程需要广泛甚至是广博的学识，需要痛苦的思索，也需要认真的论述。其中涉及的论题有相当的深度和复杂度，而且它们还会挑战我们固有的成见。我们这些读书人已经将读写能力内化于心，所以对我们而言，去想象一种完全用口语来沟通和表述思维的世界有很大的难度，我们往往会将其视为读写世界的一个变种。这本书将试图在某种程度上克服我们的偏见，并开辟出新的理解之路。

本书主要关注口头文化与书写文化之间的关系。读写文化开始于书写，当然，后来又包含了印刷。因此，这本书对书写和印刷文化都会有所涉及。本书也会顺带提及收音机、电视机或卫星中对文字的电子化处理方式。我们对口头文化与读写文化差异的认识也是从电子时代才开始的。正是电子媒介和印刷媒介之间的巨大差异才使我们开始意识到早先书写文化与口头文化的根本不同。电子时代可以被视为"次生口头文化"（secondary orality）时代，在这个阶段，电话、收音机和电视机等电子媒介中的口头语言都离不开书写和印刷媒介。

从口头文化到读写文化，继而再发展到电子化处理，这个过程会影响到社会、经济、政治、宗教以及社会的各种架构。然而，这些仅仅是本书间接关注的问题，本书的主要关注点还是口头文化与读写文化带来的不同"思维模式"。

本书目前为止关于口头文化和书写文化的对比主要是指口头文化和字母式书写文化的对比，对其他的书写体系（如楔形文字、汉字、日本假名、玛雅象形文字等）基本没有涉及。而且，这种对比中的字母式书写也主要指西方文化中使用的字母表（而在东方，如印度、东南亚、韩国等国家和地区也都有各自的字母表）。本书中的讨论主要基于现存学术研究的主要脉络，当然，在某些相关的节点，讨论也会涉及字母表之外的书写或西方国家之外的文化。

沃尔特·翁

于圣路易斯大学

第 1 章

语言的口头属性

• • •

文字的思想和口述的过往

近几十年来，学术界开始觉醒，意识到语言的口语属性，认识到口头语言和书面语言差异背后更为深层的含义。人类学家、社会学家和心理学家都对口语社会进行了一定的田野调查并发表著述。文化历史学家对史前史的探究也愈来愈深入，让我们得以了解书面文字记录出现之前的人类世界。现代语言学之父费尔迪南·德·索绪尔①曾特别指出，口头语言是最为基本的语言形式，它是其他各种语言沟通形式的基础。他还提醒人们，一直以来整个社会，甚至是很多学者们，都倾向于（错误地）认为书面语言才是语言的基本形式。他认为，书面语言"在拥有实用性的同时也有其缺憾性和危险性"。除此以外，他还认为书面语言是口头语言的一种补充形式，绝非语言表达的变革方式（Saussure 1959，pp.23-4）。

---

① 费尔迪南·德·索绪尔（Ferdinand de Saussure，1857—1913）是现代语言学之父，他把语言学塑造成为一门影响巨大的独立学科，其代表作《普通语言学教程》被视为语言学领域的开山之作。——译者注

索绪尔以后，语言学家在音位学（即语言的发声方式方面）逐渐发展出非常完善的研究体系。与索绪尔同时代的英国学者亨利·斯威特[①]很早就提出，单词的构成单位不是字母，而是功能性的语音单元，或说是音位。尽管有上述这些对语音的研究，但当代语言学家的各个流派却直到最近才开始关注原生口语（即没有被书面语言影响过的口头语言）和书面语言之间的差异，在此之前，这方面的研究几近空白，或说是凤毛麟角（Sampson 1980）。结构主义学者详细分析了人类口头语言的历史，但大多没有将之与书面语的行文进行对比（Maranda and Maranda 1971）。还有不少研究文献探讨了口头语言和书面语言的差异，但它们的研究对象大多是那些同时拥有阅读和书写两种能力的人（Gumperz, Kaltmann and O'Connor 1982 or 1983, bibliography）——这与本书的核心关注点不同。本书的主要研究对象是原生口语，说这种语言的人对书面语几乎是完全陌生的。

然而，后来又出现了新的变化。应用语言学和社会语言学都在越来越多地开展对原生口语的动态变化及书面语言的演化二者之间的比较研究。杰克·古迪[②]在其专著《野蛮思维的驯化》（*The Domestication of the Savage Mind*，1977）以及另一本早期与他人的合著《传统社会的读写》（*Literacy in Traditional Societies*，1968）中，皆就书写是如何改变思维结构和社会结构这一问题做出了很有价值的论述。之后，蔡特（Chaytor 1945）[③]、翁（Ong 1958b, 1967b）、麦克卢汉（McLuhan 1962）、霍根（Haugen 1966）[④]、察菲（Chafe 1982）[⑤]、坦能（Tannen 1980a）[⑥]等学者又在此领域做了进一步研究，贡献了更多的语言和文化方面的

[①] 亨利·斯威特（Henry Sweet，1845—1912）是英语语言学家，语音学家和语法学家。作为语言学家，他专门研究日耳曼语，特别是古英语和古挪威语。此外，斯威特还研究语言和语言教学中的语音及语法问题。他的许多思想仍然具有影响力，他的许多文章仍出现在大学教材中。——译者注

[②] 杰克·古迪（Jack Goody, 1919—2015），英国著名社会人类学家、历史学家，剑桥大学社会人类学系荣誉教授，圣约翰学院成员，因其对人类学研究的贡献被英国女王封为爵士。——译者注

[③] 亨利·蔡特（Henry Chaytor，1871—1954），英国学者、古典主义学家和西班牙语研究者。——译者注

[④] 埃纳·霍根（Einar Haugen，1906—1994），美国语言学家、作家，被誉为美国社会语言学先驱及生态语言学开创者。——译者注

[⑤] 华莱士·察菲（Wallace Chafe，1927—2019），美国语言学家，在印第安人语言、语篇分析和心理语言学方面较有影响。——译者注

[⑥] 德博拉·坦能（Deborah Tannen，1945—），美国作家、社会语言学家和跨文化专家。她在两性社会行为和两性语言差异方面的研究非常有影响力。——译者注

数据与分析。福利（Foley 1980b）[1]对此做了专门的研究，并梳理出了大量的相关参考书目。

在思维和表达方面，口语模式和书面语模式有鲜明的差异，对这种差异最深刻的觉醒最早并非来自描写语言学或文化语言学领域，而是发端于文学研究，其中最有代表性的要数米尔曼·帕里对《伊利亚特》（*Iliad*）和《奥德赛》（*Odyssey*）的文本研究，这个研究在帕里去世后由艾伯特·洛德接续并完成，后续又由埃里克·哈夫洛克等学者做进一步的充实和补充。应用语言学和社会语言学著作，无论是理论性文章还是田野调查，但凡是涉及口头文化和书面语文化对比研究的，都少不了会引用上述著作及其相关著作（Parry 1971；Lord 1960；Havelock 1963；McLuhan 1962；Okpewho 1979；etc.）。

在详述帕里的发现之前，有必要先思考一个问题：为什么学界对语言的口语属性会兴趣重燃？对这个问题最显而易见的回答是：语言本身就是一种口语行为。固然，人类可以用无数种方式沟通，能够调动其所有的感官，包括触觉、味觉、嗅觉，以及最重要的视觉和听觉来交流（Ong 1967b, pp.1–9）；并且，有些非口语沟通方式的内涵极其丰富，手势语就是一个典型。然而，从更深层次来说，清晰的吐词发音才是语言最重要的属性。不仅是沟通，就连思维本身都以某种独特的方式和语音建立了一定的关联性。常言道，一图胜千言。然而，若事实果真如此，这句话本身又何必存在呢？实际上，"一图胜千言"需要有其特定的前提条件，这些前提条件往往包含着由言语组成的语境，而图片恰恰是存在于语境中的。

凡是有人类活动的地方就有语言，且每种语言都以声音的形式被表述、被倾听（Siertsema 1955）。尽管手势语很丰富，但即使是先天失聪群体所使用的繁复的手势语，也只能是言语的替身，而且这些手势语的产生本身也是建立在口语体系之上的（Kroeber 1972；Mallery 1972；Stokoe 1972）。事实上，绝大多数的语言都是口头语言。正因如此，人类历史长河中出现的数千种甚至数万种语言之中，真正能够诉诸纸面，并最终发展出文学形式的只有约 106

---

[1] 约翰·迈尔斯·福利（John Miles Foley），口头传统对比研究学者，在中世纪文学和古英语文学、荷马和塞尔维亚史诗研究领域颇有建树。——译者注

种。在现存的 3000 种口头语言中，仅有 78 种语言有书面文献（Edmonson 1971，pp.323，332），更遑论不知有多少种口头语言在发展出书面形式之前就已经消亡或演化为另外一种语言了。即便是当今，也有数百种仍在为人们所活跃使用的语言没有任何的书面形式，也就是说，没有人能够为它们设计出任何有效的书写方式。因此我们可以说，语言的基本口语属性是其固有且从未改变过的。

本书中我们并不研究所谓的计算机"语言"，它们虽然在某些方面类似于人类语言（英语、梵语、马来语、汉语、特维语、肖肖尼语等），但从根本上说，它们又与人类语言迥然不同——计算机语言不是无意识产生的，而是人为创造的。计算机语言是先有规则（语法），才有语言表达。而人类语言恰好相反，其语法"规则"是在使用后才被抽象和提取出来的，并且往往很难被清晰和完整的界定。

书写赋予语言空间，使语言的可能性几近无限。书写重塑思维，在这个过程中，文字将一些方言转化成了"书面语方言"（grapholects）（Haugen 1966；Hirsh 1977，pp.43–48）。书面语方言是指由书写来表述并可以超越方言而存在的语言。书写赋予书面语方言以力量，使其表达力大大超过了之前的口语方言。事实上，标准英语也是一种书面语方言，根据记录，它可以驾驭使用至少 150 万个单词，这些词汇无论是它们现在的意思还是过往的千万种含义都被记录了下来，供众人学习知晓。相较之下，一种简单的口语方言通常只有几千个语汇，且其使用者对这些词汇的历史语义也往往是一无所知。

文字为我们开启了一个又一个精彩纷呈的世界，尽管如此，口头语汇仍旧保留并流传下来；这是因为无论是直接地还是间接地，书面语言都要先跟语言的"自然栖息地"——语音世界产生关联，然后才能生成意义。"阅读"文本意味着将文本在现实或头脑中转化为声音，无论是慢速阅读时逐个音节的"朗读"，还是快速阅读时的"扫读"，都是如此。通常，在科技水平较高的文化背景下，人们更倾向于快速阅读。书面语言永远无法脱离口头语言。借用尤里·洛特曼（Jurij Lotman）之前一个功能非常类似的术语（1977，pp.21，48–61；see also Champagne 1977—1978），我们可以将书面语言视为"次生模拟系统"，其生成有赖于一个既存的原始系统——口头语言体系。口头语言完全可以独立于书面语言存在，并且大部分口头语言都有过这样的历史，但反过来，书面语言却永远不可能脱离口头语言而存在。

口头语言是所有言语的根源，尽管如此，数百年来，对语言和文献的科学和学科研究却往往对这个领域避而不谈，直到近些年这一现象才有所改观。长久以来，书面语言一直喧宾夺主，以至于人们总是认为口头语言的创作成果只是书面语言的变体，根本不值得从学术角度去认真研究。直到最近，我们才开始对自己在这方面的迟钝感到不耐烦（Finnegan 1977，pp.1–7）。

之所以长久以来语言研究都把重心放在书面语言而非口头语言上，有一个显而易见的原因：学术研究本身与书写密不可分。所有的思维过程，包括最原始的口头文化中的思维，在某种程度上都包含着对事物的分析，也就是说，人们在思维过程中对思维对象进行解构和划分。如果没有书写和阅读，人们几乎无法对现象或真相进行抽象的排序、分类、解释以及考察。原生口头文化中的人们，他们没有以任何形式使用过书面语言，因此，他们虽然掌握并积累了大量来自实践的智慧，但是他们不会从事真正意义上的"研究"。

他们只能通过师徒传承的方式来掌握技能，如通过跟随富有经验的猎人来学会狩猎。这种过程是一种师徒制：人们通过聆听、通过学舌，通过熟悉一些俗语并重新组合它们，通过领会一些做事的既定流程，或者通过集体的回忆来掌握一些技能，但是他们并不会进行严格意义上的"研究"。

严格意义上的"研究"是个漫长的序列分析过程，直到书面语言被内化到社会行为中，这种意义上的研究才真正得以实现。而这种真正的学术研究产生后，文人学者最早的研究对象就包含了语言及其用法。言语与意识密不可分，早在书面语言出现之前很久，在人类意识的萌芽阶段，人们就对自己说出的语言充满兴趣，不断反思。语言无处不在，全世界各种文化中都有许多格言警句，个中充满了人们对语言现象本身进行的观察，体现出语言带来的力量和美感，也提示着语言带来的危险。即使在书面语言出现后，人们对口头语言的兴趣也从未减退过。

在西方，这种兴趣体现在古希腊人广博且细致的修辞艺术中；两千年来，这是所有西方文化中最具综合性的一门学科。尽管修辞是一门具有反思性和条理性的"艺术"或科学，如亚里士多德的《修辞学》一书就提出，修辞学是书面语的产物，且必须是书面语的产物，但其希腊语最早的来源——*technē rhētorikē*（修辞艺术，通常缩写为 *rhētorikē*），主要就是指口头语言。*rhētorikē* 或 rhetoric（修辞）基本等同于公开演讲或演讲术。千百年来，在所有的书面和印刷文化中，修辞学几乎一直是各种话语的范式，其中当然也包括书面语言（Ong 1967b，pp.58-63；Ong 1971，pp.27-8）。由此可见，书面语言从一开始就没有削弱口头语言，恰恰相反，它是强化了口头语言的体系，使人们可以借助书面语言将演讲的组成部分或演讲的原则加以梳理，并形成一门具有科学性的"艺术"。这门艺术通过有条理的叙述揭示出演讲术为何以及如何能够帮助人们达到各种各样特定的效果。

但另一方面，作为修辞学研究对象之一的演讲或任何其他的口头形式的表演，不可能是人们讲述时的原始版本，因为演讲话音一落，它们便荡然无存、杳无踪迹了。而供人"研究"的材料必须是被记录下来的演讲文本——这些记录一般是演讲结束后整理的，且往往是演讲过后很久才进行的。在当时，大部分演讲者都是脱稿演讲，只有水平较差的演讲者才需要借助事先起草的讲稿，这种表现往往是很让人看不起的（Ong 1967b，pp.56-8）。因此，人们在对口头演讲进行研究时，大多针对的是演讲结束后的转录版本，而非其真正的现场版本。

并且，除了上述的演讲（或其他口语活动）转录版本，书面语言经过长期发展，最终还形成了严格意义上的书面著作，让人们得以从文字层面直接吸收信息。尽管当时有些书面著作（如李维①的历史书籍和但丁的《神曲》）最初的目的是让人聆听，而非默读的，但这些著作的出现促使人们更加关注文本，因为它们都是以文本形式存在的（Nelson 1976-7；Bäuml 1980；Goldin 1973；Cormier 1974；Ahern 1982）。

---

① 提图斯·李维（Titus Livius，前 59—17），古罗马历史学家，著有《罗马自建城以来的历史》。——译者注

你说的是"口头文献"吗

学界把关注点都放在了文本上，这在意识形态方面产生了一些不太好的影响。随着学者们目光向文本的转移，他们往往不假思索地认为口头语言跟书面语言大同小异，无论为了何种用途，出于何种目的，各种各样的口语艺术形式究其本质也不过就是些文本，只是没有被书面记录下来而已。于是，一种错觉在学界越来越流行，即除了遵从书面语表达规则的演讲以外，其他的口头艺术形式都是不成熟的，因此不值得人们认真研究。

然而，这种想法并非所有人都接受。16世纪中期开始，人们越来越意识到书面语和口头语之间的关系很复杂（Cohen 1977）。尽管如此，文本性的主导地位从未被动摇，时至今日，一想到口头艺术，无论是有意识地还是无意识地，学者们都还是会以书面文字作为其参照物，至今都无法有效地或者从容地将口头文化单独剥离出来。然而事实上，许多口语艺术形式早在书面文字出现之前几万年已发展成型，因此其产生与书面语的存在毫无关系。在英语中 literature（文学、文献）这个词语的基本意思就是"书面文字"（其拉丁语词汇 *literatura*，来自词根 *litera*，意为字母），我们用这个词语来指代某些特定的书面材料，如英语文学、儿童文学。但是我们始终没有一个令人满意的对称词汇或概念来指代纯粹的口语遗产，如口头历史传说、箴言、祷告语、套语（Chadwick 1932–40）等。其他的口语遗产，如北美的拉克塔俗语（Lakota Sioux）、西非的曼德语（Mande）、荷马时代的希腊语等，也都没有这样的概念和术语。

如前所述，我把未曾被书面语或印刷文字染指的文化中的口头语言称为"原生口语"；与此相对应的就是当代高科技文化背景下的"次生口语"，这种口语往往依存于电话、收音机、电视机或其他电子设备，而这些设备的存在和运行都离不开书写和印刷。现在，严格意义上的原生口头文化几乎已不复存在了，因为当今世界所有的文化都受到书面语言的浸染和影响。尽管如此，许多文化或亚文化，即使在当今的高科技背景下，仍然或多或少地保留了些原生口语的思维模式。

究竟什么是纯粹的口语传统或原生口语？准确思索并表述它们的意义绝非易事。书写使"词汇"变得近似于事物本身，因为它们是传递给解码者的可见标记：我们可以在文本和书籍中触摸这些"词汇"。因此，书面词汇是沉淀物，而口语传统却没有这样的沉淀物。即使是一个流传广泛的口头传说，一旦不被讲述，关于它的一切就只存在于人们的记忆和讲述能力中。我们这些读书人大都已经非常习惯书面文本，仅仅依存于唇齿之间的口头语言在我们看来虚无缥缈，令人倍感不适。其结果就是，学界杜撰出了若干怪物般的扭曲概念，"口语文献"就是其中之一，尽管后来学者们也越来越意识到这个术语本身实在令人尴尬，所以对它的使用频率已经降低了不少。但无论如何，至今学界还有这种术语的身影。它的存在反映出这样一个事实：我们想不出一个好的语汇来表述口语遗产，因此只能把所有的口头传承都定性为文字的某种变体。然而事实上，它们的产生与文字毫无关系。哈佛大学有一个"米尔曼·帕里口语文献馆"，该馆的名称本身就是最好的印证，反映了当时学者们的观念，当然，后来几任馆长的观念可能已有所改变。

　　有人（如芬尼根，Finnegan 1977，p.16）也许会反驳说，"文献"一词虽然最开始主要指书面资料，但是其意义范围已逐渐拓展至那些没有书面语言的文化中的传统口语叙述。按照这种说法，许多语汇原本意思简单明确，后面都变得笼统概括了。但是一个概念的形成应该是基于最初的词源的。一个词语最初的构成元素也许一直会或总是会以某种方式存续下去，这些元素也许会模糊，但是其含义往往还是很强大甚至难以磨灭的。并且，正如我们会在后文中详述的，书写是一种尤其擅于先发制人和具有帝国主义性质的行为，往往无需词源就可以将其他事物纳入囊中。

　　尽管词汇来自口头言语，但文字的出现却霸道地将它们固定为永恒的视觉对象。例如，如果我们要求一个有读写能力的人想到 nevertheless 这个单词时，他往往会（我觉得应该是"极有可能会"）在脑海中想到这个单词的书写方式，哪怕只是很模糊地想起。不出 60 秒他大多会联想到构成它的字母，却不会仅仅想到它的发音。换句话说，一个有读写能力的人已经很难还原那些口头文化中的人们在听到一个词语时的感受。鉴于读写文化的这种"先发制人"的属性，我们如果用 literature（文献）一词来指涉口语传统和口语行为，难免就会对这些指涉对象造成难以察觉却不可复原的扭曲，不知不觉中将它们变为了书写的某种变体。

将口语传统、口语行为遗产、口语流派或风格视为"口语文献"，就好像是把马想成没有车轮的机动车。当然，你有权这么做。设想一下，你要写一篇关于马的论文，你的读者从没有见过马，他们只认识机动车。在你的论述中，屡屡提到马是一种"没有车轮的机动车"，你试图通过让读者想象"没有车轮的车子"来调用"机动车"这个语汇的所有含义，为"机动车"这个词赋予纯粹的"像马一样"的含义，从而向这些只认识车辆的读者描绘出二者之间的所有区别。这些机动车没有轮子，相反，它们长着被称为"蹄子"的大型脚趾；它们没有前车灯或后视镜，而是长着眼睛；它们没有漆面涂层，取而代之的是毛发；它们用的不是汽油燃料，而是干草；以此类推，凡此种种。到了最后，你描绘出来的东西只能离马越来越远。无论你的正面描述多么精确，无论你的反面描述多么细致，最后你的这些只有驾车体验却从未亲眼见过马匹的读者，当他们在听到"没有车轮的机动车"这样的描述时，脑海中浮现出来的"马"必定还是一个很奇怪的形象。同样的道理也适用于"口头文献"——"口头书写"这一表述。明明是一个原生现象，你却一定要用一个次生现象来描述它，尽管描述过程中你想方设法"抚平"二者之间的区别，但最终往往还是会导致严重且畸形的扭曲。的确，用这种回溯的方式——从汽车去反推马匹——无异于本末倒置，使人永远无法认清二者真正的区别。

虽然 preliterate（前文字）这个词本身很有用，且有时也很必要，但如果不假思索地乱用，那么它也会跟"口头文献"一样带来很多问题，只是问题可能没那么严重。"前文字"代表的是口头文化，而口头文化这个"原生模型体系"却被错误地当成了"次生模型体系"（文字）的衍生物，成了后者的变种。

与"口头文献"和"前文字"一样，我们也经常听到人们说起口头言语的"文本"。"文本"（text）的本意为"编织"，究其本源，它比"文献"（literature）一词与口头语言在词源方面更契合，因为"文献"一词从词源上就是指字母（literae）。即使在口头环境中，口头语言也通常被视为一种编织或缝补一样的行为——*rhapsoidein*，即英文中的 rhapsodize（热情地歌唱），其希腊语原意就是"把歌曲编织在一起"。但事实上，今天的学者们在用"文本"一词指涉口头行为时，他们是用书写作为参照物来思考这类行为的。在学者们的辞典中，用"文本"一词来描述原生口头文化中的口头叙述是一种逆构法，这又是一种用"没有车轮的机动车"来形容马的行为。

考虑到口头语言和书面语言差异巨大，我们究竟该用什么语汇或方法来避免"口头文献"这样错置和自相矛盾的表达呢？我们不妨采纳诺斯罗普·弗赖伊（Northrop Frye）在《批评的解剖》一书（1957，pp.248-50，293-303）中在论述史诗时所提出的一个建议，我们可以将所有的纯口头艺术称为 epos，从词源上说，这个词跟拉丁文 *vox*（即英语中的 voice）一词有相同的印欧语词根 *wkew-*，所以非常贴切。这样一来，人们就可以感知到口头言语和其他口头活动的"声音"特性。但是 epos 一词更常用的英文意思是（口头）叙事史诗（Bynum 1967），所以可能也会或多或少带来一些歧义和混淆，使之无法指涉"所有的口头创造"。voicings 一词似乎又包含了太多互相矛盾的含义，当然，如果有人觉得这个词足够合适，我也非常乐意努力让它"崭露头角"。但是无论如何，我们似乎还是无法找到一个涵盖性的语汇来指涉所有的口头艺术及其内容。所以在下文中，我还是会和别的学者一样，沿用一些意思明确却又非常绕口的表达，如"纯口头艺术形式""言语艺术形式"（后面这个表达包括口语形式、书面形式以及所有介于二者之间的形式）。

值得庆幸的是，目前"口语文献"这种表达逐渐失势，当然，如果想要彻底消灭它恐怕永远不可能。对大多数有读写能力的人来说，一想到单词就难免会想到其书写，要把二者彻底剥离是个太过艰巨的任务，令人难以承受，即使有时专业的语言学或者人类学研究需要如此，也很难做到。无论你做什么，书面语汇都会不断出现。而且，对于有读写能力的人而言，将二者彻底剥离也会带来心理上的不安，因为他们对语言的掌控力本身就离不开语言的视觉变形：如果没有了词典，没有了语法规则、标点以及可以去"查阅"的各种工具，读书人将如何生存？使用标准书面语（如标准英语）的读书人的词汇量可能要几百倍于单纯的口语使用者。在这样的语言学世界中，词典是必不可少的。然而不要忘了，人的脑海中原本是没有词典的，所有的"词法工具书"其实都是在原有语言基础上后来添加的新语言；所有的语言其实在没有任何书面形式之前就已经发展出了精密的语法体系；而且，在高科技文化以外的许多其他文化中，大多数语言使用者完全可以仅仅使用口头语言来交流，完全不需要将语音转换为视觉对等物（文字）。想到上述这些事实，着实有些令人（有读写能力的人）泄气。

无疑，口头文化产生了许多非常美丽且有力量的口语作品，这些作品具有很高的艺术和人文价值。然而，一旦书写占据了我们的心灵，这类作品就很难继续生成了。但另一方面，如果没有书写，人类的意识又不可能实现其所有潜能，不可能产出其他一些美丽而有力量的作品。从这个意义上说，口头语言需要发展成也必然会发展成书面语言。正如我们即将探讨的，读写能力的存在是绝对有必要的，无论科学发展，还是历史、哲学、文学或其他任何艺术形式的诠释，甚至是对语言本身（包括口头语言）的理解，都离不开这种能力。曾经口头文化占据主导地位的那些文明，凡能够存续至今的，都会或深或浅地认识到，如果没有读写能力，这门语言就会缺失许多复杂而又深远的力量。对于原生口头文化中的人来说，这一领悟令他们痛苦——尽管他们非常渴望读写能力，但同时他们也知道，一旦迈入读写世界，许多深深根植于口头文化且激动人心的世界就会在他们的身后消失无踪。为了延续生存，必先面对死亡。

幸运的是，虽然读写文化的产生吞噬了之前的口头文化，甚至如果没有仔细维护的话，还会进而摧毁所有口头文化留下的印记；但与此同时，读写文化又有无限的延展力：我们完全可以利用它来恢复口头语言留下的记忆。人们可以利用读写能力来为自己重新构建原始社会背景下的人们的意识（当时人们还没有任何读写能力），尽管这种重构可能并不完美（因为我们很难完全脱离自己身处的当下去构建一个完整的从前）。这种重构有助于我们更好地理解无论是步入高科技文化的过程中，还是已经身处其中的背景下，读写能力在塑造人类意识方面所扮演的重要角色。本书意欲在一定程度上理解口头文化与读写文化，而这样一本书无疑需要的是书面文字的承载，仅凭口头表达是很难实现的。

第 **2** 章

现代对原生口头文化的发现

• • ◦

口头传统的早期意识

近些年来学界对于言语口头特性（orality of speech）的新觉醒并非无迹可寻。公元前几个世纪，《旧约》的匿名作者，希伯来语化名 Qoheleth（即传道者），也对应着希腊语中的 Ecclesiastes（传道书），很明确地提到他的这部作品引用了很多口口相传的内容："再者，传道者因有智慧，仍将知识教训众人；又默想，又考查，又陈说许多箴言。传道者专心寻求可喜悦的言语，是凭正直写的诚实话。"（《传道书》12：9—10）

"陈说……箴言。"有读写能力的人们，从中世纪的话语集锦采集者到伊拉斯谟 ① 和维塞斯莫·诺克斯 ②，再到他们的后来人，都把代代相传的口头言语转化成文本；当然，有一点也不能忽视，最晚从中世纪和伊拉斯谟的年代开始，至少在西方文化中，大多数的口头言语采集者所采集的"言语"并非直接来自

---

① 伊拉斯谟（Erasmus，1466—1536），中世纪尼德兰著名的人文主义思想家和神学家，他对马丁·路德的宗教思想有很大影响。——译者注

② 维塞斯莫·诺克斯（Vicesimus Knox，1752—1821），英国散文家、英国国教牧师。——译者注

人们的口头话语，而是转录自一些书面材料。浪漫主义运动的重要标志就是人们对于遥远的过去以及民间文化的关注。从那时起，从苏格兰的詹姆斯·麦克菲尔森①，到英格兰的托马斯·珀西②，到德国的格林兄弟（Jacob，1785—1863；Wilhem，1786—1859），再到美国的弗朗西斯·詹姆斯·蔡尔德③，再到后来数以百计的采集者，都直接或间接地针对口头传说、准口头传说，或近似于口头传说的内容进行过研究，从而赋予口语传统以正式的地位。到20世纪初的时候，以苏格兰学者安德鲁·朗④为代表的许多学者们已经推翻了"书面形式的神话'更高级'，而口头民间传说不过是其遗留残渣"这样的观点。上一章中我们已经讨论过，这种错误观点主要源于书写和印刷文化带来的偏见。

早先的语言学家曾极力抵制将口头语言和书面语言区分开。比如索绪尔，尽管他对于口头语言提出了很多新的见解，也或者说正是基于这些见解，他认为书面语不过是口头语的可见形式（1959，pp.23-4），持类似观点的还有爱德华·萨丕尔⑤、霍基特⑥、伦纳德·布卢姆菲尔德⑦等人。布拉格语言学派的学者，尤其是韦切克⑧和厄恩斯特·普尔格拉姆⑨都注意到了书面语和口头语的区别，但由于他们更关注语言的普遍特性，而非语言的发展，所以都没有针对这种区别再做任何的进一步研究（Goody 1977，p.77）。

---

① 詹姆斯·麦克菲尔森（James Mcpherson，1736—1796），苏格兰作家、诗人、文学收藏家、政治家，整理了凯尔特民间神话史诗《奥西恩》（*Ossian*）。——译者注
② 托马斯·珀西（Thomas Percy，1729—1811），爱尔兰的一位主教，也曾是英国国王乔治三世的牧师。他最大的贡献是编辑出版了《古英语诗遗》（*Reliques of Ancient English Poetry*）一书，为英语诗歌的复兴做出巨大贡献。——译者注
③ 弗朗西斯·詹姆斯·蔡尔德（Francis James Child，1825—1896），美国学者、教育家、民俗研究者，他广泛收集英格兰和苏格兰地区的儿童民谣并编辑成书。——译者注
④ 安德鲁·朗（Andrew Lang，1844—1912），苏格兰诗人、小说家、文学批评家，对人类学研究做出了很多贡献。他最为人知的是搜集整理了许多的民间传说和神话传说。——译者注
⑤ 爱德华·萨丕尔（Edward Spair，1884—1939），美国犹太人类学-语言学家，被视为是美国语言学领域最重要的人物之一，最主要的贡献之一是对美国印第安人的语言做了细致的分类和详述。——译者注
⑥ 霍基特（C. Hockett，1916—2000），美国语言学家，他在20世纪中叶对结构主义语言学的发展产生了深远的影响。——译者注
⑦ 伦纳德·布卢姆菲尔德（Leonard Bloomfield，1887—1949），美国语言学家，为美国结构主义语言学的发展做出巨大贡献。他1933年出版的教科书《语言》对美国结构语言学进行了全面的描述。——译者注
⑧ 韦切克（J. Vachek，1909—1996），捷克语言学家，布拉格学派代表人物之一。——译者注
⑨ 厄恩斯特·普尔格拉姆（Ernst Pulgram，1915—2005），奥地利裔美国语言学家，主要研究领域是意大利语和罗曼语。——译者注

荷马问题

既然长久以来"读写之士"就对口语传统有一定认识，并且安德鲁·朗和其他学者也已经证明纯粹的口头文化能够生成精密复杂的口语艺术形式，那么到底我们对于口头文化的理解有什么新洞见呢？

新的理解来自几条不同的发展路径，但也许其中最好的一条路线是追随"荷马问题"的历史。过去 2000 多年来，学者们一直没有停止对荷马的研究，他们对此有深浅不同的见解，当然其中也有不少有意识或无意识的错误与偏见。因此，相较而言，这一领域能提供最为丰富的研究语境来供学者们研究口头文化与读写文化之间的差异，并映照出难以反思自身的书写和印刷思维中的盲点。

"荷马问题"脱胎于 19 世纪学界对于荷马的更深入的研究，与之伴随的是当时对于《圣经》的研究也进入了较高的层次，但这些研究的根源都可以追溯到古典时期。（Adam Parry 1971，以下几页中会较多引用他的著述。）西方古典时期的文人偶尔会注意到一点：《伊利亚特》和《奥德赛》与其他的古希腊诗歌不同，而且它们来源不明。西塞罗（Cicero）曾提出现存的荷马史诗文本实际上来自皮西斯特拉妥 [①] 对荷马作品的改编（虽然他认为荷马作品本身也是有文本的），约瑟夫斯 [②] 甚至提出荷马根本不识字，他之所以这么主张倒不是为了解释荷马作品的风格或其他特征问题，而是为了证明希伯来文明懂得书写，所以更优于古希腊文明。

其实从一开始，我们就因为各种局限而没能认清荷马史诗的真相。从古至今，大家都认为《伊利亚特》和《奥德赛》是西方文化传统中最具代表性、最真实、最富灵感的民间诗歌。为了说明它们这种已为众人所认可的卓越性，

---

① 皮西斯特拉妥（Pisistratus，前 607—前 527），古代雅典统治者。贡献之一是尝试整理并确定荷马史诗的版本。——译者注

② 提图斯·弗拉维乌斯·约瑟夫斯（Titus Flavius Josephus，37—100），是公元 1 世纪犹太历史学家。——译者注

每个年代的学者都倾向于将它们解释得非常精彩，超越自己年代其他诗人的作品和梦想。到了浪漫主义运动时期，人们其实已经将史诗产生的"原始"时期重新诠释为一个精彩而非遗憾的文化阶段，尽管如此，学者和读者们通常还是会将他们自己年代认为的诗歌优秀特征嫁接到远古时代的诗歌身上。打破这种文化沙文主义的最成功的学者要数美国的古典学者米尔曼·帕里（Milman Parry，1902-35），他开始依照荷马史诗的本来面目去研究"最原始"的荷马史诗，虽然其中的很多特征与人们对诗人或诗歌固有的观念相左。

早期的许多研究其实也冥冥中预示了帕里日后的发现，因为在人们对荷马史诗的一片盛赞中总是夹杂着几许不安，大家总能或多或少地感觉到这些诗歌似乎有些不对劲的地方。17 世纪法国奥比涅克修道院院长富朗索瓦·埃德林（Francois Hédelin，1604—1676）用充满争辩而非学问探究的精神抨击《伊利亚特》和《奥德赛》两部作品，认为它们情节糟糕、人物干瘪、道德沦丧、宗教堕落，由此他推断说历史上根本没有荷马这个人，这些诗集不过是一些普通人的狂谈呓语。古典学者理查德·本特利（Richard Bentley，1662—1742）曾因证明《法拉里斯书信》（Epistles of Phalaris）一书可疑而闻名，他也是间接激发斯威夫特写出反印刷文化的著作《书籍之战》（The Battle of the Books）的人，本特利认为荷马确有其人，但是他所"写"的各种诗歌是他 500 年后的皮西斯特拉妥时期才被人采集在一起汇集成的叙事诗集而已。意大利历史哲学家詹巴蒂斯塔·维柯（Giambattista Vico）则认为并没有什么唯一的荷马，那些史诗是一群人的集体创作。

一位名为罗伯特·伍德（Robert Wood，1717—1771）的英国外交家和考古学家仔细辨认和研究了那些在《伊利亚特》和《奥德赛》中提到的地点，并由此做出了一些推测，他的推测跟后来帕里的结论最为接近。伍德相信荷马并不具有读写能力，是他强大的记忆力帮助他记录下这些诗歌。伍德的观点令人耳目一新，他提出记忆力在口头文化中和读写文化中扮演的角色有很大不同。尽管伍德很难解释清楚荷马的记忆术，但是他提出荷马的诗句在当时应该很普遍，并算不上博学多彩。卢梭（1821，p.163-4）曾引用佩雷·阿杜安（Père

Hardouin）（这两个人亚当·帕里[①]都没有提及）的话指出，荷马以及他同时代的希腊人很可能都不会书写。卢梭的确发现了《伊利亚特》中的一些问题。例如，第六部分中贝勒利芬（Belerephon）呈给利西亚（Lycia）国王一块石板，事实上，并没有证据证明石板上的那些召唤贝勒利芬自行处决的"符号"是真正的文本。事实上，荷马的叙述中，他们听上去像是某种原始的象形文字。

到了 19 世纪，对荷马的研究理论逐渐发展出一个"分析学派"，弗雷德里希·奥古斯特·沃尔夫[②]1795 年出版的《荷马引论》是这一学派开始的标志。分析学派认为《伊利亚特》和《奥德赛》是早期零散诗歌的合集，并且努力通过分析来判定这些片段原来是怎么样的，它们又是如何被拼接在一起的。但是，正如亚当·帕里所指出的（1971，pp.xiv–xvii），分析派认为那些组成荷马史诗的片段都是书面文本，他们从来没有想过有其他可能性。所以，到了 20 世纪，分析派不可避免地被"统一派"取代了，"统一派"大多是虔诚的文人，他们对荷马迷之崇拜，把一切相关证据像救命稻草般紧握在手，力证自己的观点。他们认为《伊利亚特》和《奥德赛》的结构异常精美，人物描绘非常连贯，总体而言艺术价值相当之高，所以它们绝不可能是毫无组织的采集者先后记录的；相反，它们必定是某一个人的创作。这些观点基本是当时学界的主流，这也是米尔曼·帕里的学生时代和观念形成期的大背景。

米尔曼·帕里的发现

正如许多开创性的著作一样，米尔曼·帕里的见解言之凿凿、很有深度，但同样也并不好懂。帕里的儿子——已经离世的亚当·帕里（1971，pp.ix–lxii），追随了父亲的研究，并清晰又美丽地描绘出了父亲从 20 世纪 20 年代在加

---

① 亚当·帕里（Adam Parry，1928—1971），法国古典学家、希腊文化史专家，米尔曼·帕里的儿子。——译者注
② 弗雷德里希·奥古斯特·沃尔夫（Friedrich August Wolf，1759—1824），德国古典主义学家，现代语文学的创始人之一。——译者注

州伯克利做硕士毕业论文起到他1935年去世为止的思想脉络。

帕里的思想中并非所有元素都是全新的。20世纪20年代早期开始主导他思想的基本原理就是荷马史诗中"选词及词语形式都是由（口头创作的）六步格诗句的形式决定的"（Adam Parry 1971，p.xix），这一说法，之前的艾伦德特（J. E. Ellendt）和敦茨尔①都有过讨论。帕里最初思想中的一些其他元素也可以在其他学者那里找到源头：阿诺德·范·热内普②注意到自己同时代的口头文化中诗歌的固定结构；穆尔科③发现在这些口头文化中，诗歌并没有准确的逐字逐句的记忆；最重要人物要数耶稣会牧师和学者马塞尔·茹斯④，他从小生长在在法国仅存不多的口头文化的农村中，成年后去了中东，在那儿他又汲取了很多当地的口头文化，他清楚地区分了这些文化中口头创作与书面创作的不同。茹斯（1925）将口头文化及其产生的人格特征称为"言语发动机"（*verbomoteur*）（英文中的verbomotor，遗憾的是，茹斯的作品并没有英文译本；见Ong 1976b，pp.30，147-8，335-6）。米尔曼·帕里的见解可以说是融合了上述所有的洞见及其他一些内容，他进而提出了许多有证据的解释，说明了荷马史诗究竟是什么样的作品，它们的产生背景是怎么样的，以及这些背景是如何诞生出这些作品的。

尽管帕里的见解部分与前人相重合，但无疑他的见解都是自己的原创，因为显然在20世纪20年代早期，当他最早提出这些想法的时候，对上述学者的存在是一无所知的（Adam Parry 1971，p.xxii）。毫无疑问的是，当时学界氛围带来的细微影响不仅影响了之前的学者，也影响到了他。

帕里的思想在他巴黎博士毕业论文中有非常成熟的体现，他的发现可以被总结如下：实际上荷马史诗所有鲜明的特征都源自口头创作对言辞简洁的需要。通过仔细研究这些诗句，我们可以重构当时的口语创作方式，当然重构这些方

---

① 敦茨尔（H. Düntzer，1813—1901），德国语文学家、文学历史学家。——译者注
② 阿诺德·范·热内普（Arnold van Gennep，1873—1957），荷兰-德国-法国民族志学者和民俗学研究者。——译者注
③ 穆尔科（M. Murko，1861—1952），斯洛文尼亚学者，最广为人知的是他对塞尔维亚、波斯尼亚、克罗地亚的口头史诗传统的研究。——译者注
④ 马塞尔·茹斯（Marcel Jousse，1886—1961），法国耶稣会信徒、人类学家。——译者注

法的另外一个前提是能够抛开人们之前关于诗歌表达的一些根深蒂固的成见，这些成见主要源自读写文化对一代又一代人的心智产生的影响。帕里的这一发现在整个文学界有革命性的意义，在文化心理历史研究的其他领域也产生巨大的回响。

这项发现，尤其是帕里提出的"选词及词语形式都是由（口头创作的）六步格形式决定的"这一原则究竟有哪些更加深远的影响呢？敦茨尔曾指出荷马用于指代酒的名号（epithet）在韵律上各不相同，很多时候词语的选择不是由其具体意思决定的，而是由其上下文的格律决定的（Adam Parry 1971，p.xx）。从前，荷马史诗中描述语的贴切性由于过度迷信而一直被过分夸大了。过去的口头诗人有大量的名号储备，这些名号多种多样，当他们需要把故事"缝合"在一起的时候，如果有韵律上的需要，他们就可以自由调用这些储备。因此，相同的故事，诗人在每次讲述的时候可能用词不尽相同，正如我们下文中会谈到的，当时的口头诗人并不会逐字逐句去记忆诗句。

目前为止，我们已经很清楚地认识到是诗歌的格律需求决定了诗人创作时的选词。但之前更普遍的想法是：这些恰到好处的格律语汇不知怎么就融入了诗人的想象力，它们的出现不可捉摸、不可预见，因此，诗人的这种表现只能说是一种"天赋"（也就是说，一种无法解释的能力）。诗人的形象被书写文化及后来的印刷文化一步步地理想化，因此在人们心目中，他们绝不可能用任何预先编制的材料来创作。即使一个诗人的确采用了之前诗歌中的一些语句，那么他也一定会将这些融入自己的"个性创作"中去。但事实上，的确有很多特定的做法是与这些想法不同的，尤为明显的一个例子是写作"后古典拉丁文诗歌"有专门的词汇手册，告诉人们描述事物的标准表述。拉丁文的语汇辞典非常受欢迎，尤其是印刷技术出现后编撰书籍非常方便，它们一直到19世纪后期都非常流行，当时很多学校里面的学生都会学习《诗歌进阶》（*Gradus ad Parnassum*）（Ong 1967b，pp.85-6；1971，pp.77，261-3；1977，pp.166，178）：这本书里面提供了许多古典拉丁文诗歌中的名号和其他表达，上面都根据其音律标注好了音节，这样想要作诗的人就可以用书里提供的语料来组合自己的诗歌，就像小男孩用拼装玩具来组合出自己想要的玩偶。整体的结构是写诗人的原创，但是所有的零件都是之前就有的。

然而，过去人们一直认为只有初学者才可以用这种方式，有能力的诗人应该是自己创作合乎格律的语汇和表达。思想的平凡不足为奇，但语言的平庸却是无法原谅的。亚历山大·蒲柏①在其《批评论》（Criticism）一书中说到，诗人的"智慧"应该保证他们能够用读者"从未想到过"的方式来表述常见的想法。他们可以表达平常的思想，但一定要用全新的方式。在蒲柏后不久，浪漫主义时期的学界更加重视原创性。对于最纯粹的浪漫主义学者而言，最优秀的诗人应该就像上帝一样，有"无中生有"的能力：他的水平越高，他创作出的内容就越应该是前所未有、不可预料的。只有初学者或者很蹩脚的诗人才会使用事先编制好的材料。

数百年来，人们对于荷马的共识都是他绝非初学者，更不是平庸之人，甚至有可能是位地道的天才，是无需经过丑小鸭的蜕变就可以展翅高飞的美天鹅，就像伊昂加人（Nyanga）史诗中的英雄主人公——姆温多②，他"天生会走路"。无论如何，《伊利亚特》和《奥德赛》都被视为是技艺精湛的大成之作。然而，现在才发现原来荷马当时是有个现成的词语库的。类似于米尔曼·帕里这样的仔细研究让我们意识到，事实上荷马诗歌中使用了许许多多的套语（formula）。英文中的 rhapsodize（热情称颂）来自希腊词语 rhapsoidein，其原意即"把诗歌缝合在一起"，现在看来这个词很有预示性。荷马，与其说是名创作者，不如说是名组装者。

对于深受读写文化浸染的学者而言，这样的想法尤其令人不安。因为对于有读写能力的人来说，他们从小接受的教育就是不要使用"陈词滥调"。但现在随着研究深入，我们发现荷马诗歌越来越像是由陈词滥调组装而成的作品，我们又该如何面对这样的真相呢？后来的学者又沿着帕里的道路继续研究，结论也愈加明确：《伊利亚特》和《奥德赛》中只有极小部分内容不含现成的套语，

---

① 亚历山大·蒲柏（Alexander Pope，1688—1744），18世纪英国最伟大的诗人，杰出的启蒙主义者。他推动了英国新古典主义文学的发展。——译者注

② 姆温多（Mwindo），非洲伊昂加人的史诗英雄，神话中的部落首领，口头禅是"我是生来会走路的小不点"。——译者注

这个事实真是令人（学者们）崩溃。

荷马史诗不仅有标准化的套语，它们还都围绕着标准化的主题展开，如议事大会、军队集结、正式宣战、掠夺输家、英雄盾牌等（Lord 1960，pp.68-98）。类似的诗歌主题库在世界范围内的口头叙事或是其他的口头言语中都可以找到。（书面叙事或篇章在有必要的时候也会使用一些固定主题，但是这些主题数量繁多、种类丰富，所以不是那么明显。）

荷马史诗的所有语言都是一种奇特的混合体，它结合了早期和晚期伊欧里斯方言（Aeolic）和爱奥尼亚方言（Ionic）的各种特性。对这种现象的最佳解释是这种语言并非多个文本的交叠，而是一代又一代的叙事诗人根据格律需要，然后再使用自己的固定语汇储备对之再加工之后的产物。《伊利亚特》和《奥德赛》被创作出来，历经数百年的一次又一次的打磨，最终才在大约公元前700—前650年有了其希腊语的文字版本——它们也是这门语言中最早的长篇作品（Havelock 1963，p.115）。所以这两部史诗中的语言并不是当时希腊人的日常语言，而是一代又一代诗人不断学习传承之后形成的语言。（直至今日，我们也可以发现类似的语言痕迹，如在今天英语民间传说中仍保存着许多奇特的套语。）

荷马史诗毫无遮掩地使用了那么多套语，那么多预先编制好的片段，它们怎么还可以如此精彩夺目呢？米尔曼·帕里并没有回避这个问题。无法否认的是，我们当代读者看起来不值一提，甚至毫无价值的固定表达、套语和名号——更直截了当地说是"陈词滥词"，在荷马时代却极受重视，并成为作品最主要的构成元素。

后来，埃里克·哈夫洛克对这个问题中隐含的其他一些话题又做了更细致的研究（1963）。荷马时期的希腊文重视"陈词滥词"是因为在当时的口头文化中，不仅仅是诗人，所有有学识的人，或说有思想的人都依赖这种模式化的方法来思考。在口头文化中，知识一旦被获取就要经常被重复，否则这些知识就可能会被遗忘：固定且公式化的思维模式对于智慧传承而言非常关键，也是管理知识的有效手段。但是，到了柏拉图的年代（前427?—前347），一种变化出现了：希腊人终于有效地将书写内化了——这距离公元前720—前700年希腊词汇表的出现已经几百年过去了（Havelock 1963，p.49，citing Rhys Carpenter）。书写成为新的知识存储方式，人们不需要再依靠记忆术中的套语。这样一来，人的大脑就可以被解放出来，去进行更多创新性和抽象性的思维。哈夫洛克指出柏拉图的理想国中没有诗人的一席之地（也许是有意而为之），因为柏拉图发现自己身处的时代人们的心智和认知是以书写为特色的，之前所有传统诗人善用的那些套语或陈词滥调已经完全过时、不再能够促进文化进步了。

西方文化长久以来都将荷马的作品视为理想化的希腊传世珍宝，而上述结论却向我们表明荷马时期的希腊所培养的诗人和心智美德可能是我们今天认为的恶习，由此进而说明荷马时期的希腊与柏拉图及其之后的希腊哲学，无论表面是多么和谐、多么一脉相承，其本质上却是互相对立的，虽然这种对立往往并非故意为之，而是不知不觉中形成的。这种冲突也折磨着柏拉图的无意识——他在《菲德罗篇》（Phaedrus）和《第七封信》（Seventh Letter）中都表达了自己对书写的保留态度，他指出"书写是一种缺乏人性的知识处理方式，这种方式缺乏对问题的即时回应，而且会破坏人的记忆力"。然而，柏拉图为之努力一生的哲学思想最终也是有赖于书写才被记录下来流传至今。这也就难怪为什么口头语言和书面语言之间的对立关系那么久都难以浮出水面。古希腊文明对全世界而言有了新的意义，它标志着一个新的历史节点：深度内化的书写文化第一次与口头文化分庭抗礼。并且，尽管柏拉图深感不安，但是，无论他本人还是其他任何人都没有意识到这种冲突其实就是当时的现状。

帕里关于套语的概念源自他对古希腊六音步诗句的研究。其他学者在进一步研究和讨论套语的定义时，不可避免产生了很多争论，比如说该如何界定、引申或调整其定义（Adam Parry 1971，p.xxviii，n.1）。这些争论产生的一部分原因也是由于帕里的概念里有一层更深的含义，但是这层含义从字面上看不是很明显，帕里是这样定义套语的："一组用于表达某种既定基本思想的相同格律的词语。"（Adam Parry 1971，p.272）对这层隐藏含义挖掘最认真的是大卫·拜纳姆[①]，他在《树林恶魔》（The Daemon in the Wood，1978，pp.11-18，并散见全书

---

① 大卫·拜纳姆（David E. Bynum，1936—2021），生前致力于斯拉夫语叙事传统的研究，他收集了许多南斯拉夫口头诗人和说书人的作品并将它们与荷马史诗进行比较。——译者注

各处）中提到"虽然帕里给出的定义很简单，套语本身很简洁，史诗的传统风格单一，大多数套语的词语指涉也很平常，但事实上，帕里这里所谓的'基本思想'却并没有那么简单"（1978，p.13）。拜纳姆区别了"套语的"元素以及"严格的格式化（精确重复的）语汇"（Adam Parry 1971，p.xxxiii，n.1）。尽管后者标志着口头诗歌（Lord 1960，pp.33-36），但是它们在诗歌中往往是"成群结队"地出现的（例如，拜纳姆的一个例子中，"高大的树"往往会伴随着"善战勇士出场时带来的骚动"——1978，p.18）。这种出现方式是套语的组织原则，所以诗歌的"基本思想"并不受制于清楚、直接的公式，相反，它是来自无意识中对许多虚构概念的复杂组合。

拜纳姆的这本书非常精彩，书的内容主要围绕着"虚构故事的基本框架"（elemental fiction）这一概念展开，他将这些故事框架归纳为"两棵树"（Two Tree）模式，并且他发现从古代的美索不达米亚和地中海到当代的南斯拉夫、中非和其他地区，无论是民间传说还是很多图形艺术中都可以发现这种模式的身影。总体来说，"关于分离、赏金和不可预知风险的概念"属于一棵树（绿树），而"关于团聚、补偿、互惠的概念"属于另一棵树（干木、被砍倒的树）。拜纳姆提出的这个"两棵树"模式以及他对其他有特色的口头"虚构故事的基本框架"的研究帮助我们比从前更清晰地认识到了口头叙事和书面–印刷叙事两者在组织形式方面的区别。

本书对于这些区别的讨论与拜纳姆的观点既有类似也有不同。福利（1980a）的研究很清楚地揭示出究竟什么是口头套语，并指出口头套语的运用是与其文化传统紧密相关的，但是所有类型的文化传统又有很多共通之处，所以这个套语的概念在各种传统中都是站得住脚的。除非另作说明，否则本书中我提到的"套语""套语式的""公式化的"都是用来涵盖并指涉那些在诗句和文章中不同程度、不同频率反复出现的固定语汇和表达（如谚语），这些固定的语汇和表达我们后文中也会有所论述，它们在口头文化中扮演的角色远比它们在书写或印刷文化中扮演的角色要更加重要、更加普遍。（Adam Parry 1971，p.xxxiii，n.1）。

口头套语式的思维和表达深深地进入人们的意识和潜意识中，即使书写开始出现它们也不会立刻消失。芬尼根（1977，p.70）不无惊讶地转述奥普兰的发现：当科萨人（南非开普敦一带的牧羊人——译者注）开始学习书写时，他们创作的诗歌仍旧充满了套语。事实上，如果不这样才令人惊讶。更何况，套语式的表达不仅出现在诗歌中，而且早已深深印刻在原生口头文化背景下人们的思维和表达习惯中。所以，世界各地的书面诗文最开始无疑都是对口头诗歌的模仿。人们的头脑最开始并没有书写资源的储备，即使在书写时也是会想象自己在一个被许可的环境中大声说出这个词。慢慢地，书写才演变成书写创作，书面语篇（无论是诗歌还是其他种类）的形成才可以不再借助头脑中的大声朗读（早期书面创作者的惯例）。正如我们后文会说到的，克兰西[1] 提到即使到了 11 世纪，坎特伯雷的厄德麦[2] 还是认为写作就是“自己给自己的听写”（1979，p.218）。口头文化的思维和表达习惯，包括大量使用套语式的元素，这些能够长久地维持下来，很大程度是由于学校里面的古典修辞学课程，即使在柏拉图提出反对口头诗人约 2000 年后，在都铎王朝时期的英国，这种风格还是出现在各种书面语篇中（Ong 1971，pp.23-47）。200 年后，随着浪漫主义的兴起，这种风格才真正走向没落。许多现代文明虽然已经掌握书写技术数百年了，但仍旧没有将书写真正内化，如阿拉伯文化和其他一些地中海文化（如希腊文化——Tannen 1980），还是会大量使用套语式的思维和表达。哈利勒·纪伯伦的毕生事业就是为有读写能力的美国人提供书面的套语式作品，对于美国读者而言，这些谚语式的言语异常新奇。然而，据我的一位黎巴嫩朋友说，贝鲁特的居民对这种表达习以为常。

后续的相关研究

当然，米尔曼·帕里的很多结论和要点都得到了后来的学者不同程度的修正（如 Stoltz and Shannon 1976），但他的核心思想——关于口头文化及其对诗歌结构和审美的影响的结论——彻底革新了荷马研究以及从人类学到文学历史

---

[1]　迈克尔·克兰西（Michael Clanchy，1936—2021），中世纪史学家、英国国家学术院院士。——译者注
[2]　厄德麦（Eadmer，1060—1124），英国历史学家、神学家。——译者注

等的其他研究领域。亚当·帕里（1971，pp.xliv-lxxx）描述了父亲引发的这场革命的最直接的影响。霍洛卡（Holoka 1973）[1] 和海默斯（Haymes 1973）[2] 在他们极具价值的传记研究中也记录了很多其他影响。尽管帕里的研究也被人们抨击过，很多细节方面也被修订过，但是少数不接受他的研究的想法现在基本不值一提了，因为这些想法大多是因为人们被书写-印刷思维模式所局限，无法真正理解帕里的思想，所以它们也都随着人们对帕里观点的深入了解而逐渐被淘汰。

学者们至今还在认真论述帕里的发现和见解带来的全部影响，并尝试为这些学说定性。惠特曼（1958）立志勾勒出整个《伊利亚特》的结构，他发现诗歌的每一小节的结尾都会重复开头的元素；整个史诗像一个中国的鲁班锁般环环相扣。然而，在理解口头性和书面性的区别方面，帕里之后最重要的发展还要数学者艾伯特·洛德和埃里克·哈夫洛克。在《故事的歌手》（*The Singer of Tales*，1960）一书中，洛德以细致入微的态度令人信服地延续了帕里的研究，他记述了许多漫长的田野研究之旅以及大量对塞尔维亚-克罗地亚叙事歌手的录音和访谈。此前，佛朗西斯·马古恩 [3] 和那些与他以及洛德在哈佛共事过的人，尤其是罗伯特·克里德 [4] 和杰斯·贝辛格 [5] 都已经将帕里的观点应用到了他们对于古英语诗歌的研究中（Foley 1980b，p.490）。

哈夫洛克的《柏拉图导言》（*Preface to Plato*，1963）一书将帕里和洛德关于口语史诗叙述法中的口语性的发现又做了进一步的发展，并将其推及整个古希腊口头文化，令人信服地揭示出希腊哲学离不开书写带来的思维重构。柏拉图在《理想国》中对诗人的排斥究其本质是对荷马作品中那些集群式、并列式

---

① 霍洛卡（James Holoka，1947—），美国古典学教授、古代历史学教授。——译者注
② 海默斯（Edward Haymes，1940—），美国作家，主要研究领域是现代语言、宗教及中世纪历史。——译者注
③ 佛朗西斯·皮博迪·马古恩（Francis Peabody Magoun，1895—1979），中世纪研究以及英语文学史研究领域最重要的人物之一。除此以外，他从足球到古代日耳曼人的起名方法都有研究，涉猎非常广泛。他还是一战中英国的皇家飞行中尉，曾获英勇十字勋章。——译者注
④ 罗伯特·克里德（Robert Creed，1915—2015），生前为马萨诸塞大学英语教授，主要研究领域是古英语诗歌，最有影响力的研究是对古代英语诗歌《贝奥武夫》的整理与复原。——译者注
⑤ 杰斯·贝辛格（Jess Bessinger，1921—1994），生前是纽约大学的英语教授，古英语诗歌《贝奥武夫》研究专家。——译者注

和口语风格的摈弃，相较而言，他更偏爱字母表内化到希腊精神文化之后对世界和思维的那种认真的剖析与分解。哈夫洛克在后来的著作《西方文化源头》（*Origins of Western Literacy*）一书中将希腊分析式思维的产生归因于希腊字母表中元音的出现。最早由闪米特人发明的字母表中只有辅音和一些半元音。随着元音的引入，希腊人的思想的分析能力和抽象能力达到了一个新的高度，能够更好地借助于书写来视觉化呈现出之前捉摸不定的语音世界。这些成果也预示并推进了希腊人后来在探究学问世界中所取得的成就。

帕里的这条研究道路还有待于跟其他领域的研究线路相汇合。不过目前为止，已经有了一些跨领域的结合。例如，伊西多尔·奥克霍佩[1]在其权威且审慎的著作《非洲史诗》（*The Epic in Africa*，1979）中，将帕里的见解和分析（正如洛德书里所详述的）产生的影响辐射到了完全不同于印欧文化的语境中，由此非洲史诗和古希腊史诗可以互相呼应、相映成趣。约瑟夫·米勒（Joseph C. Miller 1980）[2]主要探究了非洲的口头传统和历史。尤金·奥扬（Eugene Eoyang 1977）[3]揭示出人们对口头文化的心理动力学的忽略导致了对早期中国叙事方式的许多错误理解。普兰克斯（Plaks 1977）[4]总结了一系列作家的作品，这些作家都仔细研究了中国书面叙事出现之前的口头套语模式。兹韦特勒（Zwettler 1977）研究了古代阿拉伯诗歌。布鲁斯·罗森堡（Bruce Rosenberg 1970）研究了美国民间布道者现存的口头文化的遗存。在一套纪念洛德的文集中，约翰·迈尔斯·福利（John Miles Foley 1981）搜集了学者们对巴尔干半岛、尼日利亚、新墨西哥从古到今的口头文化的最新研究。其他的一些专门研究也在不断涌现出来。

人类学家更直接地进入口头文化的研究领域。杰克·古迪（1977）不仅

---

[1] 伊西多尔·奥克佩霍（Isidore Okpewho，1941—2016），尼日利亚小说家、文学批评家。1976 年非洲文学艺术大奖获得者，1993 年英联邦最佳奖、非洲优秀图书奖等。

[2] 约瑟夫·米勒（Joseph C. Miller，1939—2019），美国学者、历史学家。他的研究非常广泛，包括非洲早期历史、大西洋奴隶贸易、大西洋历史以及世界史。

[3] 尤金·奥扬（Eugene Eoyang，1939—2021），比较文学和翻译方面的知名学者。他的研究领域包括翻译理论与实践、中国文学、中西文学关系、全球化、跨文化研究等。

[4] 普兰克斯（Andrew Plaks，1945—），美国汉学家，主要研究中国明朝和清朝的小说。

引用了帕里、洛德和哈夫洛克的研究，还引用了其他很多学者的著作，包括本人早期关于印刷术对于 16 世纪思想进程的影响的研究（Ong 1958b — cited by Goody from a 1974 reprinting），他令人信服地提出，之前被称为从巫术到科学的转变，或说从"前逻辑"到意识越来越"理性"的状态的转变、从列维-斯特劳斯①所说的"野蛮"思维到"驯化"思维的转变，凡此种种，都可以被更简洁或更贴切地解释为从口头文化向读写文化各阶段的演进。我之前曾经指出（1967b，p.189），许多所谓"西方"观念和其他观念之间的差异都可以归纳为深深内化的读写文化与或多或少残存的口语意识之间的差别。已故的马歇尔·麦克卢汉的名著《谷登堡星汉璀璨》（*The Gutenberg Galaxy*，1962）和《理解媒介》（*Understanding Media*，1964）中都曾区别过耳与目、口头与文本之间的差异，并提醒人们关注詹姆斯·乔伊斯（James Joyce）对听-看两极超前且敏锐的意识。麦克卢汉凭借其广博的学识和惊人的见解与这两极建立关联，将之前许多互不相通的学术研究汇聚在了一起，兼收并蓄，成为集大成者。对麦克卢汉的关注不仅来自学界（Eisenstein 1979，pp.x–xi，xvii），还来自大众媒体、商界领袖，以及普通的有学识的大众。人们对他的迷恋很大程度也源自他充满神秘或神谕风格的宣言，可能有的读者会觉得它们有些故弄玄虚，但不可否认的是这些论述的确非常有感知力。他把自己的研究称之为"探针"（probes）。他总是会很快从一个探针转到另一个探针，几乎很少或从不给予任何线性的（或分析式的）诠释。他最核心的格言式语录——"媒介即讯息"（The Medium is the message）——表明了他敏锐地认识到口头文化走向读写文化、印刷媒介走向电子媒介这两种转变的重要性。很少有人能够像麦克卢汉这样对如此多不同领域的人的思想产生影响，其中甚至包括那些与他意见相左的人或自认为与他意见相左的人。

然而，如果说某些学术领域正逐渐兴起对于口头文化-读写文化复杂差异的关注，在许多其他领域，这种必要的关注还非常稀缺。例如，朱利安·杰恩

---

① 列维-斯特劳斯（Claude Lévi-Strauss，1908–2009）是一位法国人类学家，也是结构主义人类学和结构主义思想的重要代表人物。他在 20 世纪中叶对人类学和社会科学领域产生了深远的影响。——译者注

斯（Julian Jaynes, 1977）[①] 描述了人类早期和晚期的意识，它们与神经生理机制在 "两分制头脑"（bicameral mind）的改变有关，如果从口头语言向读写文化转变的角度来分析，对这些转变的分析也将变得更加简单，更加容易被证实。杰恩斯注意到在人类意识的原始阶段，大脑很明显是 "两分的"，右半部大脑产出天生的不可控的 "声音"，左半部负责把这些声音加工成言语。这些 "声音" 在公元前 2000—前 1000 年间逐渐失去其效力。值得注意的是，这个时期恰好被公元前 1500 年左右的字母表的发明一分为二，杰恩斯确信正是书写导致了原本大脑二分化体制的消解。《伊利亚特》中的人物角色为这种两分性提供了很多例证。杰恩斯认为《奥德赛》比《伊利亚特》大概晚 100 年，狡黠多谋的奥德修斯标志着现代自我意识思维成型，人类不再受制于 "声音"。无论我们如何看待杰恩斯的理论，有一点都是无法被忽略的：杰恩斯所描述的早期的或 "两分制头脑" 的心智特征（包括缺乏内省力、缺乏分析力、缺乏对意志的关注、缺乏对过去和未来的区分等）与无论现在还是过去的所有口头文化中人类心智的特征都惊人的相似。意识的口语状态的种种特性对读写式思维来说很古怪，要说明这些影响可能需要长篇大论，在这里我们无须展开。也许 "两分制头脑" 的属性就意味着口头文化的特性。关于这两个概念可能还需要进一步的研究。

---

① 朱利安·杰恩斯（Julian Jaynes，1920—1997），美国心理学家，其最有影响力的代表作是《二分心智的崩塌：人类意识的起源》。——译者注

第 **3** 章

口头文化的心理动力学特征

• • •

作为力量和行动的有声词汇

基于上述的文献回顾以及接下来会引用到的其他研究，我们可以大致总结一下原生口头文化（没有受到任何书写文化影响的文化）的精神动力学特性。为了行文简洁，在下文中只要语境足够清晰，我就直接用"口头文化"来代指"原生口头文化"。

有充分的读写能力的人可能很难想象原生口头文化究竟是怎样的，在那种文化背景下，人们没有任何关于书写的能力和知识。试着去想象一种没有人能"查阅"任何资料的文化。在原生口头文化中，"查阅东西"是个空洞的语汇，不具有任何实际的意义。没有书写，词语就没有视觉形式的呈现，尽管有些词语所指涉的物体是我们可以看见的。词语只是声音，你也许可以"召回"它们，也就是"回忆"它们，但是永远不可能通过双眼去"寻找"它们。它们"无影无踪"（这个词本身也是视觉暗喻，显示了我们对书写的依赖），甚至没有丝毫的痕迹。它们只是发生了，它们是事件本身。

针对这样的一种文化，想知道它究竟是什么，以及这个思考的本质又是什么，我们不妨先思考一下声音本身作为一种发出的音响其本质究竟是什么（Ong 1967b，pp.111–38）。我们所有感官的产生都需要时间，但与其他感官的产生比起来，声音与时间的关系最为特殊。声音只存在片刻就会彻底消失。它不仅可以消亡，而且它本来就是稍纵即逝的，给人的感觉也是如此。如果我读 permanence 这个词语，等我说到 nence 时，perma 的声音已经消失了，而且也必须 perma 先消失，才有可能发出 nence。

我们无法拦住声音来获取它。如果停止放映，那么画面可以定格；但是如果停下声音，我们将一无所获。所有的感官都在时间中产生，但是除了听觉没有任何其他感觉是无法停止或稳定在一个状态的。视觉可以记录运动，但是它同样可以记录静止。事实上，视觉更偏爱静止，因为这更有利于我们用双眼来仔细研究。我们经常会把运动分解为一系列静态图像，以便我们更清楚地观察运动过程。但是声音中没有对等的概念，一切示波图都是无声的，它们不属于声音的世界。

如果你大致了解在原生口头文化或类似文化中词汇意味着什么，那么你就会理解为什么希伯来语中 *dabar* 一词同时具有"词汇"和"事件"两重含义。马利诺夫斯基（Malinowski 1923，pp.451，470–81）特别强调说在"原始"（口头文化）人群中，语言大多是一种行为模式，而非仅仅是思维的对应符号，但是他也并不知道这一切说明了什么（Sampson 1980，pp.223–6），因为在 1923 年精神动力学还不为人知。还有一点对于口头文化人群来说也很正常，那就是这些人通常都认为词汇具有很大的力量。如果没有力量，我们的发声无法被听见。当一头水牛静止不动或是死亡状态下，猎人可以看见它、闻见它、品尝它，并触摸它。但是，如果水牛在嚎叫，猎人就最好当心了：可能有什么事在发生。从这个角度来看，所有的声音，尤其是由体内的有机组织经由嘴巴发出的声响，是"动态的"。

之所以口头文化中的人普遍会认为词语富有某种魔力，是因为他们至少潜意识地感知到词语是必须被人说出的、发出声响的，是由力量驱动而产生的。深受印刷文化影响的大众已经忘记了词语其最基本的性质是口头的，是一种活动，因此也必然是基于力量而产生的。对于他们而言，词语已被同化为某种

"东西"，"躺在"某处的平面上。这些"东西"与魔力联系不大，因为它们不是行动，用比较极端的描述来说，它们虽然也能"恢复动态"，但是基本上已经"死亡"了（Ong 1977, pp.230–271）。

口头文化中人们将名字（词语的一种）视为一种可以为事物赋予能量的东西。《创世纪》中亚当为动物命名的片段经常让人们觉得有些居高临下，认为这里面包含的想法古旧而过时。然而，对于不擅于自我反思的书写和印刷文化的大众而言，其实这些想法并没有看上去那么古怪。首先，名字的确让人类对被命名的东西有了权利。例如，如果一个人不知道大量的化学名词，他就根本无法研究化学或者化学工程。其他各个学科也是一样。其次，书写和印刷文化的人们一般都习惯于将名字视为一种标签，这些被书写或打印的标签毫无想象力地附着于某个物体之上。然而，口头文化中的人们不会认为名字是标签，因为他们不会把名字理解为某个可以看见的东西。书写或打印出来的词汇可能会是标签，真正口述出来的词汇却不可能成为标签。

你知道你能回忆起什么：记忆术和套语

在口头文化中，词语局限于声音，这不仅影响了表达模式，还影响了思维过程。

你知道你能回忆起什么。当我们说自己懂欧几里得几何时，我们不是说自己头脑中此刻有所有命题及其证明，而是指无论何时，只要需要我们都可以通过回忆想起它们。"你知道你能回忆起什么"这条公理也适用于口头文化。但是口头文化中的人如何回忆呢？今天有学问的人都是先学习系统知识，然后才能"了解"这些知识，这些知识绝大多数都是由书面方式呈现给人们的。不仅欧几里得几何如此，美国革命史，甚至是棒球击球命中率和交通规则都是如此。

口头文化没有文本，那么人们如何组织材料便于回忆呢？这就等于在问："口头文化能够以有组织的方式做些什么，了解些什么？"

我们现在假设口头文化背景下，有一个人开始思考一个特别复杂的问题，最后他需要把这个问题的解决方法清楚地说出来，这个解决方法也较为复杂，大概包含几百个词汇。那么有什么办法可以保留住这个人如此费力详述的答案呢？在没有任何书写的前提下，在这个思想者的头脑之外没有任何文本，因此他没有任何手段来确保第二次生成完全一样的语言，或者说他也根本无法验证自己再说一次的时候跟上次是否相同。记忆的辅助手段（在小木棍上做记号或者把一些物品排列起来）都无法帮助留存和检索一系列较为复杂的言论。事实上，首先我们要问究竟如何才能将一个较长的分析性解决方案组织成语言呢？对话者很重要，一个人很难持续几个小时自言自语。口头文化中持续的思考是离不开人际交流的。

但是即使有听众来刺激你的思维，帮助你定位自己的思考，你还是无法借助潦草的笔记来保存思想的每一个片段。你之前费尽心力的思考成果究竟该如何被唤回到头脑中呢？唯一的答案就是：确保自己的思想是容易被记住的。在原生口头文化中，之前曾经仔细且清楚说过的话语，如果想要将它们保留并能够供日后检索，你必须用一些固定模式来作为记忆术，以便于日后的重复。思想的成型方式必须有强烈的节奏感及平衡性，必须充满重复或对仗，采用头韵或者谐音，绰号或者其他一些套语式的表达，并且用一些固定的主题模式（集合、用餐、决斗、英雄等），用那些人们耳熟能详因而极易保留和回忆的言语，或者用其他形式的记忆术。严肃的思考与记忆系统交织在一起。对记忆术的需求甚至决定了所有的句法（Havelock 1963，pp.87-96，131-2，294-6）。

篇幅比较长的基于口语的思索，即使不是诗歌格式，也往往是非常有节奏感的，因为节奏感有助于记忆，从生理角度来说也是如此。茹斯（Jousse 1978）的研究指出，在古阿拉米语（Aramaic）和古希腊语（Hellenic）的《希伯来圣经》意译本中，节奏化的口语表达、呼吸及手势与人体的二分有很密切的关联性。古希腊人中，赫西奥德的年代正好介于荷马时期和读写文化成熟期之间，他用套语式的诗句模式来表述自己的半哲学思想，而这一切正脱胎于他所在的那个年代的口头文化（Havelock 1963，pp.97-8，294-301）。

套语有助于使话语变得更有韵律感，而且它们本身也有利于记忆，因为固定的表达可以让人们更容易听懂，也利于口口传播。"清晨望见红，水手内心恐；夜晚望见红，水手欢喜浓""分而治之""凡人皆有过，唯神能宽恕""忧愁胜于嬉笑，面露忧色之时，正是智慧增长之时"（《传道书》7：3），"附着的藤蔓""坚固的橡木""江山易改，本性难移"等，这些固定表达充满节奏感，它们偶尔或有时也会出现在书面作品中，或者出现在那些可供"查阅"的谚语辞典中，但在口头文化中，它们却是无处不在，甚至构成了思维的主体。没有这些固定表达，思维就无法延展，固定表达就是思维的栖息地。

口头文化中，一个想法越成熟，那么表达这个想法所用的固定表达也会越精美。从古至今，世界各地的口头文化都是如此。哈夫洛克的《柏拉图导言》（*Preface to Plato*，1963）以及像钦努阿·阿契贝 [1] 的小说《再也不得安宁》（*No Longer at Ease*，1961）这类的虚构作品（这本小说中引用了许多西非伊博人的传统口语表达），这些书中用大量例证告诉我们：在口头文化中，那些有学识的人能够游刃有余地利用这些口头记忆工具去应对自己身处的各种局面。口头文化中的律法也充满了套语、箴言，这些套语和谚语不仅是行文中的点缀，而且就是法典本身。在断案时，口头文化中的法官通常会清楚地说出很多固定的相关箴言，并基于这些谚语来对这起诉讼做出最公平的裁决（Ong 1978，p.5）。

在口头文化中，基本不太可能用一些非套语式、没有固定格式、没有任何记忆功能的词语来帮助自己思考，即使有这种可能性，这样的思考也只能是浪费时间，因为无法依靠书写，所以这些思考一旦停止，就不会留下任何痕迹，且日后再也不能被找寻回来。因此，这样的思想无论多么复杂都只能是一闪而过，无法成为固定持久的知识储备。在口头文化中，这些繁复的格式和大家共用的固定套语可以说是充当了读写文化中书写的功能，但是无疑这样的表达方式也决定了当时人们的思考方式和组织知识的方式。在口头文化中，经验都是通过各种记忆术来化为知识的。这也就是为什么希波的圣·奥古斯丁 [2] 在论及

---

[1] 钦努阿·阿契贝（Chinua Achebe，1930—2013），尼日利亚小说家、诗人、文学批评家，被认为是现代非洲文学最重要的人物。

[2] 圣·奥古斯丁（St Augustine，354—430），罗马帝国时期北非的神学家、哲学家，被认为是早期基督教会最伟大的神父之一。他认为记忆力就是灵魂或思想，能够让我们拥有各种类型的知识（感知型知识、自我了解、对上帝的了解）。

头脑的力量时，认为记忆力至关重要。因为他生活的那个年代虽然读写文化已经产生，但口头文化留存下来的传统及其影响还相当广泛。

当然，所有的表达和思想在某种程度上都是格式化的，因为每一个单词及其传递的概念都是一种处理经验数据的公式化、固定化的方式，经验和反思就是用这样的方式被组织起来，转化为知识，所以说，所有的词语在某种意义上都是记忆工具。将经验用词语表述出来（当然，这里的意思是经验被转型，而非被篡改）可以帮助我们回忆。然而，口头文化中的套语比单个的词要复杂得多，尽管有些套语表达也很简单。例如，在《贝奥武夫》（*Beowulf*）中，诗人口中的"鲸鱼之路"就是一个套语，意思是"大海"，但它与单纯的"大海"两个字所表达的内涵是不一样的。

口头文化中思维和表达的更多特征

口头文化中，思想和表达的基础都与记忆术密不可分。有了对这一点的理解，我们就可以理解这种思维和表达除了套语风格以外的一些其他特征。我们接下来会讨论这些特征，它们可以被用来区分口头文化与书写印刷文化中不同思维表达方式，它们对于从小生长在书写印刷文化中的我们而言会是非常新奇的。当然，我们所列出的特征并不是口头文化所独有的，也无法涵盖口头文化所有的特征，它们只是起到一个说明的作用。要想对口头文化中的思维方式有更深入的理解，我们还要做更多的工作和思考。有了对口头文化思维方式更深入的了解，我们也可以更好地理解书写文化、印刷文化以及电子文化中的思维方式。

原生口头文化中的思维和表达通常有以下一些特点：

1. 叠加的而非附属的

关于这一特点，大家很熟悉的一个例子就是"《创世纪》1: 1-5"的内容，这段虽然是书面文本，但仍保留了很多可辨识的口语化的模式。杜埃版《圣经》

（1610）产生时，还有很多口头传统习惯被保留着，因此与希伯来语的原文在叠加性方面非常接近（杜埃版《圣经》经由拉丁文版本转译成英文）：

In the beginning God created heaven and earth. And the earth was void and empty, and darkness was upon the face of the deep; and the spirit of God moved over the waters. And God said: Be light made. And light was made. And God saw the light that it was good; and he divided the light from the darkness. And he called the light Day, and the darkness Night; and there was evening and morning one day.

这里有九句话的开头都用了 and。后来，为了适应书写和印刷文化的鉴赏习惯，《新美国圣经》（*New American Bible*）版本中这一段改成了这样的表述：

In the beginning, when God created the heavens and the earth, the earth was a formless wasteland, and darkness covered the abyss, while a mighty wind swept over the waters. Then God said, 'Let there be light', and there was light. God saw how good the light was. God then separated the light from the darkness. God called the light 'day' and the darkness he called 'night'. Thus evening came, and morning followed—the first day.

这段文字中只有两个 and，而且都出现在复合句中。杜埃版本将希伯来语中的 *we* 或 *wa* 全部简单地译为 and。而新美国版中却将之分别译为 and、when、then、thus 或 while，其叙述中包含了分析性和理性的从属关系，而这正是书写文化的主要特征（Chafe 1982），所以对 20 世纪的读者而言也更加自然。口头表达的结构一般更加注重语用目的，即为了说话者的方便［谢尔泽（Sherzer 1974）记录了库那族印第安人（Cuna）公开场合进行的冗长的口语演讲的内容，但这些内容对听众而言无法完全理解］。书写表达的结构［如吉冯曾指出的

（Givon 1979）]会更加注重句法（对语篇本身的组织）。书面语篇较之口头语篇发展出了更复杂和更固定的语法，这是因为口头语篇的产生往往有非常完整的现场语境来确定其中每一句话语的意思，所以对语法的依赖性较弱；但书面语篇没有这样的语境，因此如果想要表达清晰的意义就必须依靠清楚的语言结构。

如果认为杜埃版与新美国版相比仅仅是更"贴近"原版，那就错了。它将希伯来语中的 we 或 wa 按照其本意翻译成 and，的确更接近原作；但对于当代读者的鉴赏眼光而言，杜埃版的语言给人感觉遥远、古老甚至是古怪。然而，在原生口头文化或口头表达传统痕迹较重的文化中（其中也包括《圣经》产生的背景文化），人们丝毫不觉得这些表达方式有任何过时或古怪的地方。他们眼中的杜埃版本就像我们眼中的新美国版本，里面的语言表达都非常自然和正常。

其他关于这种"叠加"属性的例子可以在全世界的口头文化中被找到，截至 20 世纪 80 年代，我们已经积累了大量的录音记载（部分录音记录列表见：Foley 1980b）。

2. 聚合的而非分解的

这一特征与记忆力对套语的依赖密不可分。口头文化中的思想和表达元素通常并非单个的完整词语，而是一些完整词语的聚合体，如并列结构、对仗的词语、短语、从句或名号等，口头文化中的人们在表达时，比起"士兵""公主""橡木"，会更爱用"勇敢的士兵""美丽的公主""坚固的橡木"。因此，这些口头表达往往包含了很多特有名称以及一些繁复的套语，这种表达方式在读写能力较强的读者看来非常笨重和多余，令人感到乏味（Ong 1977，pp.188-212）。

口头文化中也许会有谜语问"为什么橡木坚硬"，但这样的提问只是为了进一步确定这个答案，而非真的是有疑问或者说是想质疑橡木的这种属性（可参见扎伊尔卢巴人的直接例证，Faik-Nzuji 1970）。口头文化中的传统表达绝不可以被分割：它们是数代人努力之后词汇的固定聚合，除了借助自己的头脑人们没有别的工具记忆它们。所以，士兵永远是勇敢的，公主永远是美丽的，橡木永远是坚固的。当然，关于"士兵""公主"或"橡木"还会有其他的固定名称，甚至是与上述搭配意思全然不同的表达，那些意思相左的表达也会有一些固定搭配，如"虚张声势的士兵""不幸的公主"等，它们也是口语表达机制中的一部分。能够被用于固定名称的语汇也可以被应用于套语。一旦某个套语形成，那么它最好保持一成不变。在没有书写体系的背景下，去分解思维或去做分析是件很危险的事情。正如列维-斯特劳斯的精辟总结："野性的（原生口头文化的）思维擅长整合。"（1966，p245）

3. 冗余的或"丰裕"的

思维需要一定的连贯性。书写在我们的头脑外通过文本建立了一条连贯的"线"。如果外界的干扰搅乱了我们的思路或者让我们一时忘记了自己读的内容的上下文是什么，那么我们完全可以通过浏览相应片段来找回语境。这种回看可以是非常偶然或临时发生的。我们的头脑会将主要精力用于继续"往下（读）"，因为需要回看时，那些内容就静止地躺在头脑之外，可以随时从那些白纸黑字的页面上零碎地获取。但对于口语语篇而言，情形就完全不同了：在头脑之外我们没有别的地方去回顾信息，话语一旦出口就瞬间消失。因此，我们的头脑继续思索的节奏一定要慢下来，让注意力聚焦于那些我们已经思考出的内容。添加一定的套语或重复之前刚说过的话都有助于让讲话者和倾听者不偏离轨道。

由于口头文化中思维和言语的主要特征是冗余，所以对它们而言，冗余远比言辞简洁的线性思维更加自然。言辞简洁的线性或分析性思维表达都是人为的产物，是由书写技术带来的结构类型。要想大幅度地减少冗余，必须有一种节省时间的技术——书写，书写给人的心智带来一定压力，使其不会落入惯常的模式。而人类的心智可以应付这种压力的一部分原因是书写从生理角度而言是个缓慢的动作——其速度通常是说话的十分之一（Chafe 1982）。有了书写，我们的头脑就被迫进入了一个比较慢的状态，从而也就有机会去干预和辨别那些冗余的状态。

与面对面的交流相比，听众人数众多的公开发言也会比较偏爱冗余的表达，这是由其客观条件决定的。一大群听众中，并非每一个人都能够理解演讲者说出的每一个词汇，即使有时只是由于声响方面的问题。所以如果说话者可以重复自己的话语，或者用差不多的方式再多讲几遍，那么一定是有好处的。如果听众没听清"不仅（not only）"，那么他可以通过后面的"而且（but also）"来做出推断。在没有电子扩音设备来解决声响问题之前，即使到了很晚期，威廉·詹宁斯·布赖恩①还是会在公开演讲中保持言辞冗余的习惯，这一风格也延续到他后面的写作中。在某些代替口头言语交流的发声设备中，冗余达到了极高的维度。例如，非洲的对话鼓（African drum talk）中通常用普通言语中8倍的词汇量来表达一个相同的意思（Ong 1977，p.101）。

公开演讲者要一边讲一边思考自己接下来的话语内容，这一点也会使其言语变得较为冗长。在口头表达中，虽然也许停顿是有效的，但犹犹豫豫总是会让语言效果大打折扣。因此，如果在思考接下来该说什么的时候，最好是能够巧妙地重复一遍前面的话，而不是停下来什么都不说，陷入沉默。口头文化推崇流利、丰满、健谈。修辞学家后来将这些特点称之为"丰裕"（copia）。即使当修辞从一种公开演讲艺术转化为写作手法时，他们还是推崇这种特征。贯穿中世纪和文艺复兴的早期书面文本都往往充满了"增益"（amplification），用今天的标准来看非常冗余，令人不适。在西方，只要文化中还有大量口头文化残留，他们对"丰裕"就会很看重，这种情况一直持续到浪漫主义时期甚至更后来。托马斯·巴宾顿·麦考莱②就是维多利亚早期众多行文冗长繁复的作家之一，他冗言赘语的作品读上去就像一篇滔滔不绝的口头发言，具有类似书写风格的还有温斯顿·丘吉尔（1874—1965）。

4．保守的或传统的

在原生口头文化中，概念化的知识如果不经反复，那么说出口后很快就会消失。正因如此，千百年来，口语社会中的人们必须花很大精力一遍遍重复说出学

---

① 威廉·詹宁斯·布赖恩（William Jennings Bryan，1860—1925），美国政治家、民主党领袖、杰出的演说家。曾在 1896、1900、1908 年三次竞选总统。——译者注
② 托马斯·巴宾顿·麦考莱（Thomas Babington Macaulay，1800—1859），英国维多利亚时代辉格派历史学家、政治家。曾著有《英格兰史》和《古罗马叙事诗》。——译者注

到的东西。这样就需要人们的思维模式高度保守、严循传统，这无疑是不利于人们尝试新的想法的。知识来之不易，非常珍贵，所以社会非常尊重那些智慧的老人，他们擅长保存知识，熟悉古老的故事并能为大家讲述它们。书写可以帮助人们用头脑以外的媒介来储存知识，印刷术出现后更是如此。这样一来，那些只会重复过去的智慧长者就没那么重要了，取而代之是那些擅长发现新事物的年轻人。

书写当然本身也是保守的。人类发明书写没多久，就用这种方式固化了早期苏美尔人的法典（Oppenheim 1964，p.232）。但是书写文本通过自身承载保守功能，它将人的头脑从保守的任务（记忆）中解放出来，由此头脑可以进行新的思考（Havelock 1963，pp.254-305）。的确，任何一个特定的书写文化，要想看其中还有多少口头文化的残留，在某种程度上都可以由它给头脑的记忆任务有多重来判断，也就说，看这个文化的教育过程中对背诵要求的多少（Goody 1968a，pp.13-14）。

当然，口头文化本身也并不缺乏原创性。叙述中的原创性不在于编新故事，而在于在某时某刻与某些听众互动时用的某种特定的互动模式——每一次讲述中，故事都会因讲述场合的独特性被赋予独特的讲述方式。因为在口头文化中，通常是需要听众有回应的，而且往往是热烈的回应。讲述者也会为故事带入新的元素（Goody 1977，pp.29-30）。在口头文化传统中，一个故事每重复一遍，可能就会被细微改动一次，而一个故事被讲述的次数可能是多到无法计数的。对首领的颂扬之歌也需要创新精神，之前诗歌中的套语和主题需要被调整来适应新的、复杂的政治局面。但人们往往是将这些套语和主题打乱了重新组合，而非添加新内容。

在口头文化中，人们的宇宙观、一些根深蒂固的想法，以及宗教习俗也会发生改变。某个圣坛崇拜仪式的治疗功能如果总是不灵验，或是治疗效果过于可怕，那么人们往往就会感到不满。这时，口语社会中的"智者们（intellectuals）"（Goody，1977，p.30）通常会打造一个新的神殿，并构想出新的宇宙概念。只不过这些新宇宙概念或新变化所体现出来的创新也基本采用了非常模式化和主题化的简单样式。它们很少，甚至从不会被标榜为创新，相反，它们往往以契合祖先传统的形式被呈现出来。

5. 更贴近人们的生活

书写可以帮助人们依靠分析的手段来建立精密分类的知识结构，这样人们就可以与真实的生活经历保持一定的距离。显然，原生口头文化缺少书写这样的工具，因此，其中的智者的思维和语言表达都或多或少要参照真实的人世生活，并将外部的物理世界中的事物吸收同化为与生活更贴近、更熟悉的内容。书面（书写）文化能够跟现实保持一定距离，甚至可以为人类"去掉人性（denature）"，它可以将所有的领导人或者政治机构的名称完全抽象化，变为一个中性的列表，这些名字只是里面的一个列项，整个列表都没有任何人类行动的背景。在口头文化中，没有像列表这样的完全中性的事物。例如，《伊利亚特》第二卷的后半部分中，有一段很著名地对船只的分类罗列，在诗中占了 400 多行的篇幅，这些船名都与领袖的名字以及他们辖域的地名有关，但是这些名称全都被置于人类行动的背景中：所有人名和地名的出现都是与某些行为事件联系在一起的（Havelock 1963，pp.176-80）。像前面所说的姓名列表那样的政治信息在荷马史诗中唯一有可能正常出现的语境是族谱讲述，但是族谱讲述并不是抽象和中性的，而是对人际关系的一种描述（Goody and Watt 1968，p.32）。口头文化很少包含完全脱离人类活动或各种类似活动的统计或事实。

与之类似，口头文化中也没有什么与现代各种行业手册相对应的东西（事实上，这种行业手册在印刷术出现前的书写文化中依然很少见，内容也都很粗陋，它们是到了印刷文化兴起之后才开始被真正地内化——Ong 1967b，pp.28-9，234，258）。各种行业知识都是通过学徒制来传承的（在高科技文化背景下这种情况仍大量存在），这就意味着主要的学习方法是观察和练习，无需太多言语解释。当然，也有一些行业需要大量清晰的口头表达，如荷马时期必不可少的航行线路和过程等，但这些口述也绝不会很抽象，而是像下文中"《伊利亚特》i.141-4"片段一样，抽象的描述被放置在具体的行动命令或具体的行为描述中：

现在一艘黑色的海船将带我们驶向茫茫大海，

让我们召集水手，把百牲祭品牵上船，

再把娇美的克律塞伊斯送上船，

让我们登船。一个当船长，一个当顾问，必须这样。

（引自 Havelock 1963，p.81）

原生口头文化很少会用抽象、独立于文本的语料库来保存那些关于技能的各种知识。

6. 对抗的基调

也许不是全部，但是大部分口头或保留至今的口头文化中的口头话语都会带给现代读者这样一种感觉：他们的言语很有对抗性，他们的生活方式也是如此。书写将事物抽象化，从而使知识逐渐远离人与人之间的角斗场。书写区分了已知和未知。与此不同，口头语言中的知识存在于人类生活的背景下，因此置身在人们的斗争中。谚语和谜语不是用来保存知识的，而是为了用于跟他人进行语言和知识的对决：某人说出一个谚语或一个谜语，就意味着向对方提出挑战，看他能不能说出更贴切的表达或者能够反驳自己的说法（Abrahams 1968；1972）。在《伊利亚特》《贝奥武夫》中，在整个欧洲中世纪的浪漫主义时期，在《姆温多史诗》和无数其他非洲故事中（Okpewho 1979；Obiechina 1975），在《圣经》中，如大卫和歌利亚的对话中（1《撒母耳记》17：43-7），我们都可以读到类似主角吹嘘自己的能力或用言语狠狠抨击对手的片段。在全世界的所有口语世界中，对骂（reciprocal name-calling）在语言学中有了一个专有词汇：赛诗或赛骂（flyting or fliting）。这些活动并不是真的打架斗殴，而是一种艺术形式，跟其他一些文化中程式化的口舌大战是一样的。

不仅是在知识的应用方式中，在称颂人们的身体行为时，口头文化也会显示出其对抗性的一面。口头文化的叙事中经常会对人们之间的打斗行为展开充满热情的描述。例如，《伊利亚特》第 8 章和第 10 章中的打斗描述，其暴力程度绝不亚于现在的电视或电影中的镜头，甚至描绘得更加血腥和细致。当然，文字上的描绘可能不如视觉呈现那么令人发指。对于身体暴力的描绘，曾经是许多口头文化中史诗的核心内容，在其他一些口语题材以及口语残留较多的早期读写文化中，也都占据着很主要的位置，后来随着读写文化的兴起，这些描述逐渐减少并最终被边缘化。中世纪的歌谣中，我们还可以看到许多这样的描绘，但是在托马斯·纳什的《不幸的旅人》[1]（*The Unfortunate Traveller*，1594）中也已经有对这种描绘的嘲弄。当文学叙事慢慢发展为更严肃的小说，创作者开始更多描述内心行为（心灵危机），而不再是身体的冲突。

当然，早期社会中的人们在生活中会面对很多身体的艰辛，这也部分解释了口头艺术形式中为什么有那么多的暴力描述。对疾病的身体原因以及灾难的无知也会使人际关系更为紧张。疾病和灾难都是有原因的，但有时人们不觉得是自己的身体原因，而是认为它们的出现都是由于另外一个人的恶意（如魔术师、巫师等），因此互相之间的敌意就增加了。但是口头艺术形式中的暴力也与口语语篇的结构特征有关。当所有的言语都要通过说话来表达，这个过程中就充满了声音的动感，充满了你来我往的交流，这样人际关系就充满张力，无论是相互的吸引力还是排斥力都会彰显出来。

在口头文化或仍然保留口头传统的文化中，除了激烈的争吵和谩骂之外，还有与之相对的，就是过分夸张的赞美表达，这在所有与口头传统相关的场合都很常见。无论是人们所深入研究的当代非洲口头颂歌中（Finnegan 1970；Opland 1975），还是在从古代到 18 世纪口头文化痕迹深重的西方文化中，这类内容都广为人知。例如，莎士比亚的《尤利西斯·凯撒》中马克·安东尼在葬礼上大声说"我来埋葬凯撒，而非来颂扬他"，接下来就是他对凯撒的赞颂之歌，这些诗句的修辞结构深深印入每一个文艺复兴时期小学生的脑海里，伊拉斯谟在《愚人颂》（*Praise of Folly*）中对这段也有诙谐的引用。这种口头

---

① 托马斯·纳什（Thomas Nache，1567—1601），英国伊丽莎白时期剧作家、诗人、讽刺文人、重要的檄文撰写人。《不幸的旅人》是其代表作之一，讲述了主人公杰克·威尔顿 16 世纪在各地流浪漫游的经历，他一路上经历了战争、宗教冲突、谋杀、强奸、监禁等。本书的写作形式颠覆了传统的抒情诗和史诗的艺术手法。——译者注

文化或口语传统较深的文化中辞藻过度的赞扬，在现代有学识的人读来感觉充满了虚伪、阿谀和造作，甚至令人发笑。但在那个充满对立，充满"好与坏""美德与邪恶""恶棍和英雄"两极对立的口语世界中，颂扬始终是如影随形的。

口语思维过程及表达的这种动态对立性一直是西方文化发展的中心，它们被修辞"艺术"、苏格拉底和柏拉图的辩证法转化为了一种西方文化的内在体制。有了文字的助力，这种对抗性的口头表达也具备了科学的基础。后文中还会对这一点进行更多论述。

7. 共情的和参与的，而非客观的和疏离的

在口头文化中，学习和了解意味着与被了解的事物建立密切、共情的关系以及共同的认同感（Havelock 1963，pp.145-6），即"与之同步"。书写将学习者和学习对象分离了开来，学习主体置身事外且保持距离，从而为"客观性"创造了条件。与之相比，荷马或者其他口头艺术家的"客观性"主要体现在套语式的表达中：某个个体做出的反应并不是个性化的或者"主观"的，而是被限定在一个集体的反应类型当中，具有集体的"灵魂"。尽管柏拉图反对书写，但在书写的影响下他还是将吟游诗人驱逐出了自己的"理想国"，他认为学习口头诗人的诗歌会让人学会跟"灵魂"打交道，会让人感觉自己能够跟阿喀琉斯和奥德修斯这样的人感同身受[①]（Havelock 1963,pp.197-233）。2000 多年后，在应对另一种原生口头文化时，《姆温多史诗》（1937，p.37）的编辑们也使我们注意到类似的认同感。这部史诗的口头讲述者坎迪·鲁莱科（Candi Rureke）与主人公姆温多之间，以及听众通过鲁莱科的讲述与故事主人公姆温多之间，都产生了一种认同感。事实上，这种认同感有时甚至会影响叙述的文法结构。例如，有时在描绘故事主人公的行为时，鲁莱科讲着讲着会变成第一人称的口吻。因此，有时在鲁莱科唱诵这首史诗的过程中，他会让史诗主人公姆温多本人直接出面对着唱词记录者喊话："记下来，冲锋！"或者"哦，请你记录下来，你

---

① 柏拉图认为诗歌应该提供积极的榜样，而荷马史诗中的神都有自私、懦弱或其他缺点，如果让读者受这些诗歌影响，会影响读者的心智，故而反对。——译者注

知道我马上要出发了。"所以说，讲述者鲁莱科，其口中的人物角色，以及现场的听众都交融在了一起。在讲述者和听众的脑海中，吟唱中的英雄人物甚至把史诗记录员也融入了口语世界，而现实中，记录员却正在将史诗从口语世界带入文字世界。

8. 自我平衡的

与读写社会相比，口语社会有"自我平衡"这样一大特征（Goody and Watt 1968，pp.31-4）。也就是说，口语社会中的人们更加活在当下，他们将与现在不相关的所有记忆都会抛离，由此达到一种平衡。

通过对原生口语环境中的词语状态进行考察，我们可以感受到这种主导平衡状态的力量。印刷术产生后，词典应运而生。在词典中，一个词语在所有的有据可考的文本中具有的意思都被用正式的定义记录了下来，因此，在人们的理解中，词汇大多是有很多层意思的，尽管其中许多意思与现在普通的语境已经毫不相干了。词典凸显了这种语义差别。

当然，口头文化中没有词典，从而也没有那么多语义差别。每个词语的意思都由被古迪和瓦特① 称为"直接语义认可"的行为所控制（Goody and Watt 1968，p.29），也就是说，每个词语的意思都是由此时此刻它所处的真实场景决定的。口语思维对定义不感兴趣（Laura 1976，pp.48-99）。与词典里用词语解释词语不同，口头文化中的词语意思的来源只关乎它们产生的真实情境，包括手势、声音变化、面部表情，以及真实的语言发生的最重要的语境——所有在场的人。词语的意思由正在进行的讲述不断产出，固然其过去的意思会在许多不同的方面影响其现在的意思，但是过去的意思早已无迹可寻了。

像史诗这样的口语艺术形式中会保留有一些词语过去的形式和意义。然而，它往往是通过当前的使用来保留这些词汇。这里所谓当前的使用并非当前普通村民的话语，而是指当前史诗吟游诗人的吟诵。这些诗歌吟诵是人们的日常社交活动之一，所以这些词语的古老形式也被保存至今，但也仅限于这些诵诗活

---

① 伊恩·瓦特（Ian Watt，1917—1999），美国文学评论家、文学史学家，其代表作《小说的兴起》在学界享有非常重要的地位。——译者注

动之中。这样一来，很多古老词语的古老含义也有了一定的延续性，但这种延续性并不会一直存在。

随着一代代人逝去，有些古代词汇所指涉的物体或机构已经不复存在，人们在生活中也无从去体验，因此，有些词语虽然被保留下来，但它们的意思都已经发生了变化，或者彻底被人遗忘了。例如，扎伊尔东部洛克勒人（Lokele）使用的对话鼓（drumming talk）可以用很复杂的套语，这些套语里面保存了许多鼓语者虽然能发声但完全不知其意的古老词汇（Carrington 1974，pp.41-2；Ong 1977，pp.94-5）。无论这些词汇本意是什么，它们在洛克勒人的日常生活中已经失去了意义，因此也就变得空洞了。即使在高科技文化背景中，很多代代相传的童谣或者游戏中的词语也有类似的情况：它们早已失去了本意，不过是些无意义的音节。很多这样无意义词汇的例子我们还可以在奥佩夫妇（Opie and Opie）编撰的《牛津童谣辞典》（*The Oxford Dictionary of Nursery Rhymes*，1952）中找到，奥佩夫妇是读写时代的学者，因此他们设法恢复并记录了许多对于当代口语使用者已经失去意义的词汇的最初含义。

古迪和瓦特（Goody and Watt 1968，pp.31-33）引用了劳拉·博安南（Laura Bohannan）、埃姆里斯·彼得斯（Emrys Peters）、戈弗雷（Godfrey）、莫妮卡·威尔逊（Monica Wilson）的研究，列举了许多能够体现族谱传扬中自我平衡性的典型例子。几十年前，在尼日利亚的提夫人（Tiv）中，人们发现他们用于法庭判案的日常口语交流中的族谱与 40 年前英国人一丝不苟记录下来的族谱并不相同（当时英国人之所以认真记录，也是因为族谱在他们的法庭诉讼中非常重要）。提夫人坚持说他们用的就是 40 年前的族谱，一定是 40 年前的书面记录出错了。但事实上是 40 年后的族谱已经根据社会关系的改变做了调整。对提夫人而言，这些族谱管理真实世界的功能没有变，因此就是一样的。过去的一体性需要从属于当前的一体性。

古迪和瓦特（1968，p.33）详细记录了关于加纳的贡加人（Gonja）"结构性遗忘"（structural amenesia）的典型案例。20 世纪之交，英国人帮贡加人将他们的口头传统故事整理成书面记录，在这些记录中，他们的王国创始人纳德乌拉·雅克帕（Ndewura Jakpa）有 7 个儿子，每个儿子统领一方。60 年后，当学者们再次对这些故事做记录时发现，7片辖域变成了5片，另外两块领土一块被并入他人领地，另一块由于边界变动而消失了。因此，60年后的版本中，纳德乌拉·雅克帕有5个儿子，对于之前消失的两片辖域划分也只字未提。贡加人与过去始终存在联系，这些神话传说使这种联系尤为坚固，但历史中与现在没有什么明显关联性的部分就逐渐被剥离了。现实把目前的经济体制强加在了过去的记忆之上。帕卡德（Packard 1980，p.157）[1] 注意到，列维-斯特劳斯、贝德尔曼[2]、埃德蒙·利奇[3] 和其他一些学者都提出，口语传统叙事更多地是在反映一个社会当前的文化价值观，而非只是闲来无事对过往历史的好奇和八卦。帕卡德发现非洲巴舒人（Bashu）的文化是这样的，哈姆斯[4]（Harms-1980，p.178）发现非洲布班基文化（Bobangi）也是如此。

　　这里我们需要关注这些发现对口传族谱的影响。西非的说书人或者其他口头族谱传扬者会将族谱背诵给听众。如果他们知道某个族谱已经不再有人想听，他们就会将之从自己的"节目单"中删除，这个族谱也就随之彻底消失了。自然而然，政治赢家的族谱会比输家的族谱更容易流传下来。赫尼格（Henige 1980，p.255）[5] 在记录干达人（乌干达的一个部族——译者注）和莫犹如人（非洲的一个部族——译者注）国王名录时也注意到，由于"现实在不断发展和变化，总会有新的事情出现"，因此"口语记录模式……可以让历史中不合时宜的部分被遗忘掉"。并且，技艺精湛的口头讲述者会故意改动他们之前的叙事，因为他们的水平很大程度就体现在他们可以根据不同的观众和不同的场所来调整内容，当然有时也是为了故意卖弄自己的本领。在西非，被贵族家庭花钱邀请来的说书人通常会改动自己背诵的故事来赞美邀请者（Okpewho 1979，pp.25-6，247，n.33；p.248，n.36）。口头文化崇尚胜者为王，但随着曾经的口语社会变得越来越有读写能力，这种思想也在逐渐消逝。

---

① 帕卡德（Randall M. Packard，1945—），约翰霍普金斯大学历史学教授。——译者注
② 贝德尔曼（T. O. Beidelman），纽约大学人类学名誉教授。——译者注
③ 埃德蒙·利奇（Edmund Leach，1910—1989），英国著名社会人类学家、学者，曾任英国皇家人类研究院院长。——译者注
④ 哈姆斯（Robert Harms，1946—），美国历史学家、耶鲁大学教授。——译者注
⑤ 大卫·赫尼格（David Henige，1938—），美国历史学家、传记家、非洲主义学者。——译者注

9. 情境化的而非抽象的

所有的概念化思维在某种程度上都是抽象的。即使是像"树"这样一个含义"具体"的词汇也不仅仅指的是某棵"具体"的树，而是一个脱离了个体和具体感官现实的抽象概念；它指涉的概念既不是专指这棵树，也不专指那棵树，而是指所有的树。任何被我们称之为"树"的单一物体的确是"具体"的，一点也不"抽象"，但是我们用来指称某棵树的这个词本身是抽象的。然而，虽然说所有的概念化思维在某种程度上都是抽象的，有些概念的抽象程度会高于其他概念。

口头文化中对概念的使用往往都在一定的情境化或行动化的背景框架中，这些背景与人类生活世界仍很贴近，因此抽象程度很低。有大量文献讨论这种现象。哈夫洛克（1978）指出苏格拉底前的希腊人对正义的思考方式都是结合一些具体的行为的，而非将之作为某种正式的概念来思考。另外，已故的安妮·帕里（Anne Amory Parry 1973）[1] 对于荷马用于埃奎斯托斯的名号 *amymōn* 也有相同的论述：这词的意思并非"无可指责的"，后来的学者的这个翻译太过抽象和简洁，其实这个词的原意是"像一个准备战斗的勇士那么英气逼人"。

关于操作式思维（operational thinking），没有学者比卢里亚[2] 在《认知发展：文化和社会基础》（Luria 1976）中的论述更为丰富了。在苏联著名心理学家维果茨基[3] 的建议下，卢里亚 1931—1932 年间在乌兹别克斯坦（阿维森纳[4] 的故乡）和吉尔吉斯斯坦的偏远地区对当地的文盲（即以口语为交流方式的人），以及一些或多或少有点识字能力的人进行了广泛的田野调查。但是，卢里亚的俄文版著作直到 1974 年才正式出版，这距离他研究完成已经有 42 年，这本书的英文版于两年后问世。

---

① 安妮·帕里（Anne Amory Parry，1931—1971），美国古典主义学者，对荷马史诗有很多研究。她是前文中提到的亚当·帕里的妻子。——译者注

② 卢里亚（A. R. Luria，1902—1977），苏联著名神经心理学家、内科医生。代表著作有《神经心理学原理》《记忆能手的头脑》等。——译者注

③ 维果茨基（Lev Vygotsky，1896—1934），苏联建国时期的卓越的心理学家，他主要研究儿童发展与教育心理，着重探讨思维和语言、儿童学习与发展的关系问题。他也是卢里亚的老师。代表作有《心理学讲义》《心理学危机的含义》等。——译者注

④ 阿维森纳（Avicenna，980—1037），伊朗医学家、哲学家，著有《医典》《治疗论》等。——译者注

卢里亚的研究极富开创性，他的见解比列维-布留尔（Lucien Lévy-Bruhl 1923）[1]的理论以及布留尔的反对者弗朗茨·博厄斯[2]（并非卢里亚误指的 George Boas）（Luria 1976，p.8）都更胜一筹。布留尔的结论是"原始的"（事实上就是口头文化中的）思维是"前逻辑的"以及魔术式的，因为这种思维的基础是某种信仰而非真实的现实。而博厄斯的理论是原始社会的人思考方式与我们相同，他们只不过使用了不同的分类方式。

卢里亚将其学术理论搭建在马克思主义理论的精密框架之下，除了读写能力带来的直接后果，他也或多或少讨论了些其他问题，如"以农业为中心的无调节的个体本位经济""集体化的开始"等（1976，p.14）。在口头文化与读写文化的对比方面，他并没有将自己的发现用系统的语言很明确地表述出来。尽管卢里亚的论述是在精密的马克思主义框架下展开的，但无法否定的是他的研究事实上开启了口头文化和读写文化对比的学术大门。他按照不同的读写能力将自己的采访对象做了分级，由此他的数据的分类基准就是口头文化为基础和书写文化为基础的两种不同的认知过程。他的研究表明，没有读写能力的人（这些人占了他采访对象的大多数）与有读写能力的人之间的差别是巨大且明显的，这些差距意义深远。这些差异也佐证了卡罗基斯（Carothers 1959）的研究和引用：只要有一点点读写能力就会对人的思维过程产生非常大的影响。

卢里亚和他的助手们通常是在茶馆这样轻松的环境中通过长时间的对话来搜集关于受访者的信息，他们会将问题用类似谜语这样的非正式形式介绍出来，因为受访者对谜语类的形式非常熟悉。也就是说，他们努力让每一个问题都符合受访者平日习惯的环境。受访者在自己的社群中都不是什么领导人，但是基本可以被认定为拥有中等程度的智力水平，所以能够代表自己的文化群体。卢里亚的发现中，以下几点特别值得我们关注：

---

[1] 列维-布留尔（Lucien Lévy-Bruhl，1857—1939），法国学者、哲学家。他推动了新兴人类学和社会学的发展。他主要的研究方向是原始的思维方式。

[2] 弗朗茨·博厄斯（Franz Boas，1858—1942），德裔美国人类学家，现代人类学先驱之一，享有"美国人类学之父"的名号。他也是语言学家，是美国语言学研究的先驱。

（1）文盲（口头文化的）受访者在辨识几何形状物体时就使用它们各自的名字，从不会将它们抽象为圆形、正方形等。圆形的东西会被称为盘子、筛子、水桶、钟表或者月亮；方形的东西会被称为镜子、门、房子、晒杏仁的木板。卢里亚研究中的受访者会将事物的设计样式作为真实事物的代表。他们从来不会说抽象的圆或者方，只会说具体的物品。而学校里有一定读写能力的学生就可以按照几何名词来分类事物：圆的、方的、三角形的等（1976，pp.32-9）。他们经过训练，能够说出课堂里面讲授过的答案，而非真实生活中的回应。

（2）受访者拿到四张图片，每张图片上有个物品，其中三个属于一类，另外一个不同类。研究者请受访者们对这些图片分组，将同类的或者可以用同一名称指代的放在一组。其中一组图片上分别是榔头、锯子、圆木和短柄斧。没有读写能力的受访者一致认为这四样事物（三个工具，圆木不是工具）从类别上无法划分，从现实情境，即"情境化思维"的角度而言，他们也根本不会把除了圆木以外的其他三样东西称为"工具"。在这些受访者看来，如果你是一名工匠，手持工具，然后你看见了圆木，那么你就会用工具去处理圆木，绝不会想到工具应该跟圆木分离，更何况工具的制作材料就是木头——这真是个古怪的思维游戏。一个25岁的文盲村民说："这四样东西都是同类。锯子可以用来锯木头，短柄斧可以把木头砍成一块块的。如果必须有一个不同类的话，那就是短柄斧吧，它不太好用。"（1976，p.56）当研究者向他解释说"锤子、锯子、短柄斧"都是工具时，他仍旧无法接受这种分类，还是坚持自己的情境化思维："没错，可即使我们有了工具，我们还是需要木头，否则我们什么都造不出来。"后来，研究者又问起另一组分类，这个村民还是觉得四个都是同类，但是有个受访者认为其中一个不同类，研究者问这个村民为什么这个受访者会有不同答案，村民回答道："也许他天生就这么思考吧。"

与之全然不同的是，一个在乡村学校仅上过两年学的18岁的年轻人，不仅能够做出预期的分类，而且即使遭到他人反对还是会坚持自己的想法（1976，p.74）。有一位粗通文墨的56岁的受访者，既用情境化分组又用类别化分组，只不过以后者为主。研究者给他一个系列——斧子、短柄斧、镰刀，然后后面有一个填空，备选项是"锯子、麦穗、圆木"，他填了"锯子"并解释"它们都是农具"；但是思考片刻后他又加上了麦穗，"你可以用镰刀来收割它"（1976，p.72）。抽象分类不能完全满足他的需要。

在讨论中，卢里亚有时会设法教给受访者抽象分类的原则，但是他们对此的掌握从来都不牢固：每当他们真的要自己解决一个问题时，他们还是会转为情境化思维而非类别化思维（1976，p.67）。他们认为操作性思维之外的其他思维方式，也就是说类别式思维不重要、很无趣、太烦琐（1976，pp.54–55）。这使人想起马林诺夫斯基曾讲述过（1923，p.502）"原始人"（口头文化中的人们）为自己生活相关的动物和植物命名，对森林中的其他东西却毫不在意，认为它们都是背景的一部分，那个是"灌木"，那个"只不过是个会飞的动物"。

（3）我们知道，形式逻辑是希腊文化将字母书写技术内化后的产物。没有字母表的书写，也就不可能有形式逻辑这种思维方式。由此，形式逻辑也就成了希腊文化思维方式的固有组成部分之一。从这个角度而言，卢里亚的实验非常能够说明问题，他的实验主要目的是考察无读写能力的人对正式的三段论和推断性思维的反应。简言之，他那些文盲受访者似乎根本无法理解演绎法思维——这并不是说他们不会思考或是他们的思维没有逻辑性，只是他们的思想无法契合到纯逻辑形式的框架中，他们觉得这种框架很无趣。这些逻辑框架怎么会有趣呢？三段论关乎思维过程，但是在应对实际事务时，没有人会用正式的三段论来操作。

贵金属不会生锈，黄金是贵金属，那么黄金会生锈吗？

受访者对于这个问题的典型回答包括："贵金属会生锈吗？黄金会生锈吗？"（村民，18岁）；"贵金属会生锈，珍贵的黄金会生锈。"（34岁，村民，文盲）（1976，p.104）

遥远的北方有很多雪，那儿所有的熊都是白色的。诺瓦亚·赞布拉在终年积雪的遥远北方。那儿的熊是什么颜色的？

以下是一个典型回答："我不知道，我见过黑熊，我没见过其他……每个地方有自己的动物（1976，pp.108-9）。""一般人看见熊才会知道它的颜色。""谁听说过要在现实生活中推断一只北极熊的颜色？另外，你怎么知道那个一年到头有雪的地方熊都是白色的，我怎么能相信你说的？"

当研究者对一个45岁、稍有读写能力的集体农场的主席讲述完第二遍三段

论之后，他勉强地说："如果按照你说的，它们应该是白色的吧。"（1976, p.114）
"如果按照你说的"似乎表明他意识到了前面话语的知识结构。所以说，一点
点的读写能力就可能会在认知上造成很大的区别。反过来说，有限的读写能力
也让这位主席在真实世界面对面的交流中比在纯粹抽象的世界中更加舒服："按
照你说的……"暗示出如果结论是这么推导出来的，那么这是你的责任，不是
我的。

　　詹姆斯·费尔南德斯（James Fernandez 1980）在参考迈克尔·科尔（Michael
Cole）和利比亚的西尔维娅·斯克里布纳（Sylvia Scribner 1973）的著作后指出：
三段论是一种独立的结构——它的结论只关乎前提。他指出没有接受过学术训
练的人并不熟悉这种特殊的前提规则，针对给定的陈述他们往往会有自己的解
释，无论对象是三段论还是其他内容，他们的理解都会超出这些话语本身，就
像在真实生活场景中或在猜谜语时（所有文化共同的）那样。对于这段评论我
还想做一点补充：三段论就像一段文本，是固定的、封闭的、孤立的。这一事
实凸显了书写文化中的逻辑基础。谜语属于口头文化世界。要想猜出一个谜语，
人们需要一点小狡猾、小心思：动用那些通常深藏于潜意识中的知识，超越谜
语的字面意思去思考。

　　（4）在卢里亚的田野研究中，哪怕是要求受访者去给最具体的事物下定
义都会被拒绝。"能否试着解释一下什么是'树'？""干吗要我解释？每个人
都知道什么是树，他们不需要我来告诉他们。"一个 22 岁的文盲村民这样回答
（1976, P.86）。明明真实生活的场景远比定义更加令人满意，为什么还要下定
义？从根本上说，这个村民说的没错。因此，你无法去反驳原生口头文化世界，
只能逐渐远离它并步入读写世界。

　　"你能用两三个字词来给'树'下个定义吗？""用两三个字词？'苹果
树''榆树''白杨树'。""假设说你去到一个没有汽车的地方，你怎么向那里的
人描述汽车？""如果我去到那样的地方，我会告诉他们汽车有四条腿，在汽车
前面有椅子供人坐，上面有顶棚和一个发动机。但要直截了当地说，我会告诉
他们，'你有辆车再进去开一会儿，你就知道是怎么一回事了'。"这位受访者列
举了几个特征，但最终又回到了个人的、情境化的经历（1976, p.87）。

与之不同，一个30岁的有读写能力的集体农场工人是这么回答的："（汽车）是在工厂里制造出来的，它一次旅行就可以走一匹马10天才能走完的路程——它的移动速度相当快。它用火和蒸汽。我们得先把火点着，这样水会受热产生蒸汽，蒸汽带来动力……我不知道汽车里是不是有水，我想一定有的。但光有水还不够，汽车还需要火。"（1976，p.90）。

尽管他的学识有限，但他的确在努力给汽车下定义。然而，他的定义是关于汽车运转方式的描述，而不是一个精准的视觉呈现，因为那样的呈现超出了口头文化中思维的能力范围。

（5）在卢里亚的调查中，没有读写能力的人无法清楚地说出对自己的分析。自我分析需要对情境化思维做一定的拆解：首先要将自我这个概念抽离出来，对于每一个自我而言，世界都是以这个自我为中心而存在的；因此要先将每个情境的中心抽离出来，这样才能让这个中心（即"自我"）被充分地检视和描述。卢里亚先跟受访者滔滔不绝地讲了很久人物的性格特征，以及每个个体的差异，然后问道："你是哪种人，你的性格是什么样的？你的优点和缺点是什么？你如何描述自己？"一位38岁来自山区牧场的文盲受访者回答道："我来自乌奇库尔干，我很穷，现在我结婚了，也有小孩了。""你对现在的自己满意吗？想要有什么不同吗？""如果能有更多的田地，种更多麦子就好了。"外在的事物总是让他更加关注。"你的缺点是什么？""今年我种了一块麦地，我们在逐渐解决这块田的缺点。"又是对外界事物的讨论。"好吧，这么说吧，人和人都是不一样的，有人冷静、有人暴躁、有人记性不好。你觉得自己是什么样的？""我们规规矩矩——如果我们是坏人，没有人会尊重我们了。"（1976，p.15）自我评估不觉间被演化成了群体评估（"我们"），然后评估的角度也变成了别人的态度。另一位受访者是个36岁的村民，当被问及他觉得自己是什么样的人时，他的回答触动人心，直截了当："我怎么能说自己的内心呢？我怎么能说自己的性格呢？问其他人吧，他们可以告诉你我是什么样的人。我自己没有办法说。"对个体的评价关乎的是外部世界，而不是内心。

这些仅是卢里亚田野调查中的几个例子，但是非常典型。有人可能会反驳说无论卢里亚多么心思巧妙地把提问环节设计得像个猜谜的语境（以让他们更适应），这些受访者还是不太习惯这类问题，所以他们还是给不出自己的最佳回答。但是这种不习惯恰恰是问题所在：口头文化中确实不会涉及几何形状、抽象分类、正规的逻辑推理过程、下定义，甚至是全面的描述和清晰的自我分析等方面，因为所有这些都不仅仅来自人类思维，而是来自文本形式的思维。卢里亚的问题都是一些与文本使用相关的课堂问题，它们类似于受过教育的人所做的标准智商测试题。这些问题本身是合理的，但是口头文化中的人们没有接触过这样的世界。

这些受访者的反应说明，可能我们根本无法在一个读写的语境中设计出一份书面或口头形式的测试卷来准确评估高度口语化社会中人们的智力能力。格拉德温（Gladwin，1970，p.219）指出，南太平洋普卢瓦特岛（Pulawat）上的水手拥有复杂的技能和指挥的能力，他们备受敬重，并不是因为他们自认为"聪明"，而只是因为他们是非常优秀的导航员。卡灵顿的研究（Carrington，1974，p.61）中记录道，当他问起一个中非人如何评价他们的新任乡村校长时，这人回应说："让我们再观察一下他舞跳得怎么样吧。"口头文化中的人们评估智力时不是依靠书本上的测试题，而是观察现实中的活动。

用分析性的问题来测试学生或者其他人群都是到文本化的晚期才开始的。事实上，这些问题不仅在口头文化中是没有的，在书写文化中也是没有的。（在西方）书面测试的广泛应用在印刷术对人类意识产生影响之后很久才开始，与书写的出现更是相去数千年。古拉丁文中没有需要我们"参加"和"通过"的"考试"这一词汇。在西方直到过去的几代人，以及也许到目前在世界上大部分地方，学术方面的练习都会要求学生在课堂上"背诵"他们在课堂上或者书本中学到的东西，也就是说，对老师进行一个口头的重述（套语——口头文化遗产）（Ong 1967b，pp.53-76）。

智商测试的拥护者们需要认识到，我们平常的智力测试题实际上是为一种特殊的思想意识量身打造的，这是一种深受读写能力和印刷文化的影响的"现代意识"（Berger 1978）。在口头文化或者口头文化痕迹比较明显的文化中，对于卢里亚提出的这类问题，一个比较聪明的人通常不会直接回答这些在他们看来很愚蠢的问题，而是会先评估这些问题令他们困惑的语境（口头文化中的思维擅长整体化）："他干吗要问我这么傻的问题？他想干什么？（又见 Ong 1978 p.4）。'什么是树？'他或者其他任何人都见过成千上万的树，他真的想要我回答什么是树吗？我可以猜谜语，但这个不是谜语啊。那这是个游戏？嗯，肯定是游戏，但我搞不懂这个游戏的规则。"提问的人可能从小就生活在大量这样的问题中，所以他们意识不到回答这些问题所需的特殊规则。

当然，在有一定读写能力的社会中，卢里亚的受访者也许或经常会通过他人了解到一些读写文化思想组织方式。例如，他们也许会听过别人念书面的文章或者听过有文化的人如何交谈。卢里亚的调查的价值之一就在于他发现，至少根据他的调查案例来说，对于读写文化的浅层接触和认识对没有读写能力的人产生不了任何显著的影响。书写只有被个体内化后才会对该个体的思维过程产生影响。

内化了书写之后的人不仅在书写时会被读写能力影响，即使在他们说话时也会受这种能力影响。也就是说，他们在组织口头语言时也会或多或少地使用一些他们如果没有读写能力时根本不会使用的模式和方法。而现在，因为口头文化的思维组织方式与读写文化不一致，所以有学问的人会觉得这种方式很天真。然而，口头文化中的思维方式本身可以是非常复杂并具有反思能力的。纳瓦霍族（Navaho）民间故事的讲述者在讲动物故事时，他们能够说出这些故事对于人类生活的复杂意义，无论是从生理方面、心理方面还是道德方面，而且他们对于物理世界的不一致性也很了解（郊狼的琥珀色眼睛），知道需要用象征的方式来解释故事中的一些元素（Toelken 1976，p.156）。学者们之前一直以为口头文化中的人们基本上都智力水平不高，他们的思维过程都很"粗陋"，所以像荷马史诗这样技巧丰富的作品只可能是书面创作。

同样，我们也绝不应简单地认为口头文化的思维是"前逻辑"的或"无逻辑"的，不要以为他们不懂类似于因果关系这样的逻辑关系。其实他们很清楚地知道如果你用力去推一个可以移动的东西，它就会移动，是推力导致了物体的运动。事实上，因为没有文本的帮助，他们无法将原因用分析式的线性关系集中描述出来。他们创作的像族谱这样的长篇序列往往是累积性的，而非分析性的。但是口头文化完全能够将其思维和经验组织成非常复杂、智慧和精彩的样式。要想了解他们是如何做到这一点的，我们有必要来探讨一下口头文化中记忆的运作方式。

口头文化中的记忆

不难理解的是，在口头文化中言语记忆技能是一种珍贵的财富。但是，口头艺术形式的言语记忆与过去有学问的人通常所设想方式完全不同。在读写文化中，言语记忆通常都是基于文本而进行的，所以也经常需要对照文本来完善或测试这种记忆。因此，在过去，有读写能力的人通常以为口头文化中的记忆也是以达到言语上的完全复制为目的。在录音设备出现以前，这种重复如何去验证我们也不得而知，因为没有文本，所以测试语言复述度的唯一方法似乎就是两个或更多人在一起共同背诵。如果是前后背诵，那么就很难测试彼此的准确度。但是口头文化中的同时背诵的例子似乎很难寻找。学者们因此很乐意于做简单的推定：这种超强的记忆能力肯定是根据他们自己的口头篇章模式并以某种未知方式来实现的。

要更现实地评估原生口头文化中的言语记忆力的本质，我们需要再次提到米尔曼·帕里和阿尔伯特·洛德的革新性的研究。帕里在研究荷马史诗时探讨了这个问题，他证明《伊利亚特》和《奥德赛》无论诞生在什么样的背景下，它们基本上都是口头创作的作品。乍看之下，这一发现似乎印证了言语记忆的假设。《伊利亚特》和《奥德赛》格律严谨，如果一个歌手不是逐字逐句的背诵他怎么可能即兴创作出包含成千上万行六音步诗句的叙事诗呢？读写文化中的人都是基于文本记忆来即兴背诵长篇格律作品的。然而，帕里（1928，引自 Adam Parry 1971）的研究为一种新的说法提供了基础，这种说法可以解释当时的人们如何不经过言语记忆也能有这样的创作。正如第 2 章中提到的，他揭示出这些六音步格律并不来自单个词汇，而是来自套语，即用一些词语集来处理流传下来的材料，每一个套语都可以契合到一句六音步诗句中。有了六音步化的语汇储备，只要是针对那些传统故事材料，他可以无穷无尽地编织出格律正确的诗句。

因此，在荷马史诗中，无论是奥德修斯还是赫克托耳，无论是雅典娜还是阿波罗，诗人都有针对他们的专有名号和动词，可以将他们恰到好处地契合到诗歌的韵律中。例如，诗中每一个角色开始说话前总会有一句话来告知听众，比如 *Metephē polymētis Odysseus*（聪明的奥德修斯说）或 *prosephe polymētis Odysseus*（聪明的奥德修斯大声说）这样的表达在整首诗中出现了 72 次之多。奥德修斯是 *polymētis*（聪明的）不仅因为这是他的特点，更因为如果没有这个词出现就无法将对他的称呼合乎韵律地放置诗歌中。如前所述，由于盲目崇拜，这些名号的妥帖性之前都被夸大了。诗人有数千个类似的套语可以帮助他在描述各种不同情境、人物、事物和行动时满足不同的格律需求。的确，可以辨别出《伊利亚特》和《奥德赛》中的大部分词汇都是套语的一部分。

帕里的研究表明，为格律"量身打造的"各种套语是构成古希腊史诗的主要成分，这些套语可以非常灵活地被使用在各种诗句中，且不会影响故事的主线以及诗歌的情感色彩。那么，口头歌者是否真的会调整这些套语，使得同一个故事在每次口头传唱时在措辞上有所不同呢？还是说歌者会把故事一字不差地记在脑海中，每一次讲述都是一样的？当然，当年那些吟诵荷马史诗的诗人2000 多年前就不在人世了，我们不可能录下他们的讲述来寻找证据。但是我们可以在南斯拉夫现存的口头诗人中寻找直接的证据，南斯拉夫紧邻希腊，部分国土在古代也曾隶属于希腊。帕里发现这些诗人现在还是会创作没有文本的叙事诗。他们的诗歌虽然不是荷马史诗的六音步扬抑格，但是同样也有自己的格律和套语。洛德继续并进一步拓展了帕里的研究，录制并保存了大量当代南斯拉夫叙事诗人的录音，现在这些录音都存放在"哈佛大学帕里收藏中心"。

这些南斯拉夫叙事诗人中的大多数——也可以说是其中最好的那些诗人——都是不会读写的。洛德发现，学习读写会让口头诗人失去原本的能力，读写技能会将文本主导的叙事概念引入他们的大脑，从而干扰他们之前的口头创作过程。口头诗人的创作原本只是对"唱过的歌"的记忆，与文本是毫无关系的（Peabody 1975，p.216）。

口头诗人对唱过的歌的记忆是非常敏锐的：一个能"每分钟唱出 10～20 行10 音节诗句"的南斯拉夫吟游诗人并不少见（Lord 1960，p.17）。然而，通过对比他们不同时候演唱的录音可以发现，虽然格律一致，但是他们每次对这些叙事诗歌的演绎都不尽相同。总体上的套语和主题是差不多的，但是在每一个演绎版本中，甚至是相同的诗人在不同次的演绎中，他们也会根据听众的不同反应，根据自己的不同心情，或者现场的不同氛围，将这些套语和主题以不同的方式组合在一起并演唱出来。

对这些 20 世纪吟游诗人的口头采访也为记录他们的口头吟诵补充了新的材料。通过直接观察和这些访谈，我们了解到吟游诗人的学习方式：他们用数月或数年倾听其他吟游诗人的吟诵，那些诗人也许吟诵相同的诗歌时每次也都会有不同的演绎，但是他们会一次次重复使用与诗歌主题相关联的套语。当然，套语在某种程度上跟主题一样，也是可变的：每个诗人的叙事和吟诵方式可能都会跟其他诗人有所不同，某些语汇的转化会有个人色彩。但是总体说来，故事的素材、主题和套语以及它们的使用都有清晰可辨的传统。创新不在于引入新素材，而在于将传统的素材根据不同个人需要、不同场景、不同听众来有效地嵌入到诗句中。

这些吟游诗人的记忆力是很惊人的，但是这种记忆力与对文本的记忆不是一回事。吟游诗人在听完一遍某个故事后，如果要他重复出来，他往往需要等上一天左右，这一点通常会让读写文化中的人觉得很奇怪。在背诵书面文本时，往往拖得越久，记忆就会越淡。但是，口头诗人不是基于文本或在文本框架内进行记忆的。他需要一些时间来让故事进入到他自己脑海中存储的主题和套语中，他需要时间来跟这个故事"磨合"。在回忆并复述这个故事时，他依靠的并不是对之前歌者版本中格律的死记硬背，因为那个版本从出口的一刻起就消失无踪了，相反，他依靠的是经过思索后自己的演绎版本（Lord 1960，pp.20-9）。诗人记忆中储备的固定素材是大量的主题和套语，利用这些素材各个故事都可以用许多种不同的方式被编织出来。

洛德研究中最有说服力的发现之一就是尽管歌者们都知道任何两个歌者都不会用完全一样的方式去唱同一首歌，但他们都会认为在演唱自己的版本时，他们可以做到"逐行逐句，一字不差"，可以做到真正的"20 年后跟现在一模一样"（Lord 1960，p.27）。然而，如果真的把他们自称相同的演绎版本录制下来加以比较时，人们会发现，这些版本的演绎虽然能辨认出是关于同一个故事，但彼此绝不是一模一样的。对此，洛德的理解（1960，p.28）是：所谓"丝毫不差"不过是为了强调其"相似性"。很明显，"每一行"本身就是个文本概念，甚至"字词"这个概念（构成一连串言语的独立单位）也或多或少是基于文本的。古迪（1977，p.115）指出在全部口头语言中，也许会有关于言语的总称，也许会有指代格律、指代某个发声或指代某个主题的语汇，但是却没有语汇来指代"字词"——言语的"一小片"这个概念。我们平时可能会说，"最后一句话里面包含了26个词"。果真如此吗？也许不是26个，而是28个词语呢？如果你不会书写，那么"text-based（基于文本的）"这个表达究竟包含一个单词还是两个单词呢？每个词语都是独立个体，这一想法实际上是随着书写文化的到来而逐渐形成的，在书写中需要彼此分离的个体单位。（早期手稿中单词的分离往往不是很明显，通常会被连在一起书写。）

非常有意义的是，南斯拉夫的当代口头歌者也表达了在这个读写文化已经广泛存在的社会背景中，他们对于书写的态度（Lord 1960，p.28）。他们非常羡慕读写能力并相信那些有读写能力的人可以比他们做得更好，也就是说，那些有学问的人只听一遍就可以对一首很长的诗歌进行再创造。而事实上，这恰恰是读写文化中的人做不到的事情，或者说很难做到的事情。读写文化中的人会以为口头艺术家有一些读写文化中才有的能力；反过来，口头艺术家也以为读写文化中的人掌握一些口头文化中才有的技能。

洛德早期（1960）采用了口头套语来分析古英语（史诗《贝奥武夫》），其他学者的研究也表明，借助口头套语方式，我们可以用不同方法来解释在欧洲中世纪德语、法语、葡萄牙语以及其他语言中的口头创作或口头传统（Foley 1980b）。全世界学者后来做的田野调查也印证并拓展了帕里的成就，在更为广泛的意义上，也印证并拓展了洛德在南斯拉夫所做的大量研究。例如，古迪（1977，pp.118-9）提出，加纳北部的洛达基人（LoDagaa）中有流传甚广、人尽皆知的"巴格尔（Bagre）神祷告词"，就像基督教徒对上帝的祷告，然而这些祷告词却没有恒定不变的版本。这段祷告词只有"大约十几句"，如果你会他们的语言，开个头，听众就会接下去说出这段祷文的其余部分，并指出他们认为你哪些地方说错了。然而，通过录制人们唱诵的祷告词，古迪发现，没有任何两遍祷告词是一模一样的，每个人说的祷告词都会跟别人不同，即使同一个人或者即使那些纠正你错误的人，他们说的每一次之间也都会有差别。

这里，我们通过古迪以及其他一些学者的发现（Opland 1975；1976）都可以很清楚地认识到，不同口头文化的人们的确都会尝试逐字逐句记忆诗歌或者其他口头艺术作品的内容。那么结果如何呢？如果用读写文化的标准来衡量，只能说他们几乎是失败的。在奥普兰针对南非口语社会的研究中记录道（1976，p.114）："根据我有限的测试，这个社群中的任何诗人在重复一首诗歌时，与其他版本的相似度一般不小于60%。"这样的准确率好像离他们的愿望有相当大的差距，如果是在读写社会，无论是演员背台词还是课堂中背课文，60%的准确度都只能换来一个很低的评价。

就像芬尼根（1977，pp.76-82）所引述的例子中一样，口语社会中许多诗人的"记忆"被作为他们"提前创作"（prior composition）的证据，但这些"记忆"似乎也都没有多高的复述准确度。事实上，芬尼根认为（1977，p.76），这些口头吟诵只有"密切的相似度，有些时候接近逐字逐句的重复"以及"比起南斯拉夫口头文化更准确一些的逐句重复"（1977，p.78；关于芬尼根作品中这些比较的价值以及"口语诗歌"的模糊语义，见Foley 1979）。

然而，后来的一些研究为我们带来了一些口头文化中言语记忆较为精确的例子。其中一个是乔尔·谢尔泽（Joel Sherzer 1982）[①]对巴拿马海岸边的元老院的研究。1970年谢尔泽录制了一位巫师在女孩成年礼上教授其他巫师所吟诵的长篇仪式套语。他将录制的内容转为文稿，1979年他带这些文稿回到这里，发现当年的那个人几乎可以逐字逐句，甚至连音素都丝毫不差地重复这些话语。尽管谢尔泽并没有说明这种精准记忆在使用相同套语的巫师群体中有多么普遍和持久，但是他所记录的例子无疑是一次成功的精准复述。[谢尔泽（1982 n.3）也提到了我们上述芬尼根（1977）的例子，但是他描述得非常模糊，所以跟他自己的例子完全不能同日而语。]

---

① 乔尔·谢尔泽（Joel Sherzer, 1942—），美国人类学语言学家，他以对巴拿马古纳人的研究而出名，另外他将语言学研究的重心放在言语艺术上，并以语篇中心的方法来开展研究，在这方面很有影响力。——译者注

与谢尔泽的例子有可比性的另外两个具体事例不是在仪式背景下，而是在语言学或音乐的背景下形成的。一个例子是索马里古诗，这些古诗往往有比希腊史诗更加复杂和严格的格律模式，所以语言的变化幅度比较受限。约翰·威廉·约翰逊[1] 注意到索马里口头诗人"学习韵律学的方式跟他们学习语法的方式非常类似，甚至是完全一样"（1979b，p.118；又见 Johnson1979a）。他们说不出索马里语的语法或者韵律规则是什么。他们通常不是一边创作一边表演，而是会独自一人先将诗做好，逐字逐句推敲，然后才在公开场合将作品背诵出来或者传授给他人去演唱。这又是一个典型口头逐句背诵的例子。当然，经过一段时间（几年或十几年）后，诗歌内容能够多大程度地维持原样还有待进一步的研究。

第二个例子体现了音乐作为一种约束力如何来使口头叙事保持恒定。埃里克·拉特利奇（Eric Rutledge，1981）在日本做了非常深入的研究，他在自己的研究中记录了一种在日本仍旧残存的传统。例如，口头叙事诗《平家物语》会和着音乐被唱出来，其中会有一些"白音"——没有乐器伴奏的部分，也会有一些单纯音乐的部分。学徒通常从小就跟着师父开始记忆这些叙事诗和音乐。那些师父们（现在在世的已经不多了）会连续数年用非常严格的反复操练法来训练自己的徒弟逐字逐句唱诵这些歌曲，尽管有时他们无意中也会改变一些歌曲的内容。有些情况下，音乐能将文字完全固定下来，但也有些时候，音乐会带来与手抄员（*homoioteleuton*）在手抄文稿时所犯相同的错误：歌曲会从一个小节的末尾语直接跳到下个小节相同的末尾语，从而漏掉当中整整一段的内容。这里，我们又发现了另一种逐句背诵的形式，虽然不是完全一字不变的，但也值得关注。

这些例子中口头诗歌或其他口头言语都是靠有意识的背诵来记忆的，这与荷马时期的希腊或者当代的南斯拉夫或者其他无数口头文化传统都不一样。尽管如此，言语的记忆过程对套语的依赖绝非减轻了，而是加深了。在索马里口头诗歌的例子里，弗朗西斯科·安提努奇（Francesco Antinucci）的研究表明，

---

[1]　约翰·威廉·约翰逊（John William Johnson），美国印第安纳州大学副教授，主要专业领域是民歌和非洲研究。——译者注

这些诗歌不光有音素、格律的限制，还有句法的束缚。也就是说，诗歌中存在的句法格式都是特定的：他们的语言里有数百种可能的句法结构，而在安提努奇给出的诗歌例子中，只出现了两种句法结构（1979，p.148）。这无疑是非常高强度的套语式行文，这里我们看到的是句法方面的套语，它们为诗句提供了"约束力"（帕里和洛德所研究的诗歌中为了言辞简洁也常常会用到句法套式）。而在日本口头文化的例子中，拉特利奇（1981）注意到《平家物语》歌谣中的套语非常普遍，以至于里面有很多古老的词汇连师父们都不知道是什么意思。谢尔泽（1982）的研究也提醒研究者注意一点：那些逐句背诵出的诗歌所包含的套语元素与日常人们疯狂喊叫时的话语很类似。他建议我们想象一条连续谱，一头是套语式元素使语言更加"固定化"，另一头是它们使语言"灵活化"。有时套语式元素会被用于帮助人们逐字逐句的记忆，有时它们又会被用于某种调整或改变（如洛德的研究所示，尽管套语式元素的使用者往往会以为使用的语言很"固定"，但实际上他们的语言是变化的、"灵活的"）。无疑谢尔泽的建议非常明智。

口头言语的记忆（尤其是人们如何背诵仪式用语）值得我们做更多和更深入的研究。谢尔泽的例子来自仪式，拉特利奇在他的论文以及给我的信中（1982年1月22日）也很清楚地说明《平家歌谣》也是非常具有仪式性的。察菲（1982）专注于研究塞内卡语，他指出对于口头文化而言，仪式语言发挥的作用类似于书写，这些语言"具有普通口头语言所缺乏的恒定性。相同的口头仪式一次次举行，虽然不是一字不差地重复，但每一场仪式的内容、风格、套语结构都是基本不变的"。不可否认的是，在口头文化中，总体说来口头背诵都会更靠近连续谱中"灵活"的这一端，仪式用语也不例外。即使是人们掌握了书写甚至开始用书写来交流后，只要还跟原始的口头文化有接触，也就是说只要还有较多的口头文化残留，那么他们的仪式语言也往往不是逐字逐句的重复。"最后的晚餐"中耶稣说"你们也应当如此行，为的是纪念我"（《路加福音》22：19）。基督教徒根据耶稣的口谕庆祝圣餐，这是他们纪念仪式的主要部分。但是关于这个口谕的其他部分，《新约》中的转述没有任何两处是完全一致的（如"这是我的肉身……这是盛我鲜血的杯子……"）。早期基督教徒只能用口头和无文本的形式来记忆；即使后来有了文本化的仪式，即使教徒们被要求一定谨记耶稣教诲（他们的仪式用语还是不可能做到一字不差）。

经常会有一些论述提到印度《吠陀经》完全不依赖文本也可以一字不差地被唱诵。关于这些论述，目前为止就我所知还没有任何类似于帕里和洛德那样严谨的研究。《吠陀经》长篇巨幅，非常古老，大概创作于公元前 1500 年到公元前 900 或 500 年之间——光从创作时间的不确定性就可以知道我们并不清楚这本经书在曲调、祷词和仪式套语等这些主要内容方面，现在的版本与最初的版本究竟还有多少关联性。这些关于《吠陀经》一字不差被唱诵的论述要么来自 1906 年到 1927 年间的著作（Kiparsky 1976，pp.99–100），那个时候帕里的研究还没有完成，要么引用的是 1954 年的研究（Bright 1981），那时洛德（1960）和哈夫洛克（1963）的研究还没完成。在 1965 年出版的《〈吠陀经〉在印度的命运》一书中，著名的法国印度学家和《梨俱吠陀》翻译家路易·勒努（Louis Renou）根本就没有提及与帕里的研究问世后所开启的那些问题。

无疑在《吠陀经》的历史中，口头传播是非常重要的（Renou 1965，pp.25-6-#26 and notes，pp.83-4）。婆罗门教师们或古鲁们[①]以及他们的学生们会花大量的精力来逐句记忆经文，他们甚至用各种模式交叉对比这些词汇来确保这些词汇的相对位置能够被熟记（Basham 1963，p.164）。当然，这种交叉模式的使用最初是在文本出现以前还是以后似乎是个无法解开的谜题。然而，随着近些年来对口头语言记忆的研究结果逐渐问世，问题产生了：如果说《吠陀经》最初的确诞生于纯口头文化的环境下，那么《吠陀经》究竟是如何被记忆的？如果没有文本，一段特定的赞美诗（更不用说是经书中的所有赞美诗）是如何能够经历那么多代人仍旧一字不差、固定成文的？就像我们在前文中看到的，在口头文化中，即使口头诗人很努力地想要逐字逐句地演绎，结果也往往是事与愿违的。所以说，尽管有些学者认为这么长的经文可以一字不差地流传数代，但对于这种观点我们不能不加证实就全盘接受。保留下来的究竟是什么？是经

---

① 古鲁（Guru）是梵文的音译，意为排除无知与黑暗的上师。——译者注

文的创作者第一遍的唱诵吗？谁又能保证创作者在唱诵第二遍时会跟自己的第一遍一字不差呢？保留下来的是经后世某个有影响力的教师润色后的版本吗？这似乎有可能。但是这位教师的润色本身就对最初版本进行了改动，这也暗示如果后面又有其他人传颂时，经文也许又会自觉或不自觉地被改动。

实际上，我们今天所看到的《吠陀经》的文本有着极其复杂的历史，也经历了很多变化，许多事实也表明这些经文很可能并非源自严格的一字不差记忆的口头传播。的确，《吠陀经》中的套语和主题结构即使被翻译成其他语言依然非常明显，这种特性让我们联想到其他已知的口头作品，这也进一步说明学者应该借助学界近年来在套语元素、主题元素和口头记忆法方面的发现来对这部古老的作品做更深入的研究。皮博迪（Peabody，1975）在仔细研究了古老的印欧语系传统和古希腊诗歌之后，也强烈建议学者们展开这一类的研究。例如，可以通过统计《吠陀经》中重复性或冗余性表达出现的频率来判断它在多大程度上属于口头文化的作品（Peabody 1975，p.173）。

在各种情况下，无论逐字逐句的背诵还是普通的表述，口头记忆都会因各种直接的社会压力而有所变化。叙述者需要讲述听众想要听和愿意听的内容。在读写社会中，一本书如果已经不再受欢迎，那么出版社就会停止发行，但是市面上还是会有成千上万这本书的存货。而在口头文化中，如果一个口述族谱失去了听众，那么这个族谱就会从此消失。如前所述，赢家的族谱往往可以流传下来（不断被完善），输家的族谱往往会消失（或被重新演绎）。与现场听众的互动在很大程度上会影响口头表达的恒定性，听众的期望甚至会改变叙述的主题以及其中套语的使用。多年前我就有这样的亲身体验。我给侄女讲故事，当时她尚年幼所以还保留着口头化的思维模式（虽然或多或少也受到过一些读写文化的影响）。我给她讲"三只小猪"的故事："小猪一呼一吸、小猪一呼一吸、小猪一呼一吸。"凯西对我的这种表达不甚满意，她听过这个故事，不喜欢我这种语言表达，所以她噘起小嘴，表示抗议："叔叔，应该是'小猪一呼一吸、小猪一吸一呼、小猪一呼一吸'。"于是，就像所有其他口头叙述者一样，我也按照"听众"的要求改变了这段话的语言。

最后，还有一点值得关注，比起文字记忆，口头记忆中含有更大比例的身体元素。皮博迪（1975，p.197）评论道，"有史以来，在世界各地……古老的作品都会与手的动作有关。澳大利亚和其他地区的原住民会一边唱一边用手在琴弦上做各种动作。其他一些文化中的人们会用手摆弄念珠。大多数对吟游诗人的描述都会提到一些弦乐器或者鼓乐器"。（又见 Lord 1960；Havelock 1978a，pp.220-2；Biebuyck and Mateene 1971，标题页）除此之外，歌手们可能还有许多复杂和各具风格的手势语（Scheub 1977），以及类似前后摇晃或者舞蹈这样的身体动作。《犹太法典》虽然是书面文本，但那些口头传统深厚的正统犹太教徒在大声念诵经文时仍会不住地前后摇晃自己的身体，这些我都亲眼看见过。

如前所述，口头词语跟文本中的词语不同，它们从来不是存在于某个单纯由语言构成的上下文语境中的。口头言语往往是对某个整体的现实场景的再现，说话的同时也会有一些身体动作。发声之外的动作并非偶然的或者刻意的，而是非常自然的，甚至也是很必要的。口头言语中，尤其是在面对一大群听众时，身体保持绝对静止本身是一种刻意为之、彰显力量的姿态。

"言语发动机"生活方式

前文中对口头文化的叙述可以帮我们认识什么是"言语发动机"（verbomotor）文化，即与高科技文化相对的一种文化，这种文化中人们对于事务的态度和行动很大程度上都取决于词语的运用或人际的沟通，而非来自所谓"客观"物理世界的非语言性的视觉输入。茹斯（1925）最初创造 verbomoteur 一词主要指古希伯来和阿拉姆文化以及附近的文化，这些文化中已经有了书写，但在很大程度上还是口头文化，而且日常生活沟通方式也基本都是口头的，而非实物的。在这里我们将该词的使用范围扩大到所有存留了大量口头传统的文化，这些文化中人际互动的场景（口头语境）基本都是更关注话语本身而非话语背后的物体。当然，我们应该意识到，词语和物品从来不是彻底分离的：词语代表物品，对物品的感知从某种程度上说也受控于自己头脑中的词语储备。大自然不会陈述任何"事实"：所谓的"事实"都是来自人们的语言，人们用语言来指涉自己身处的无处不在的现实之网。

这种被我们称之为"言语发动机"的文化在当今高科技文化中的人们看来似乎有些过度重视言语本身、过度重视修辞，也过度使用修辞了。在原生口头文化中，甚至生意都不仅是生意，而成了一种修辞艺术。高科技文化中的我们认为购物就是去像伍尔沃斯大卖场（Woolworth's）这样的地方完成一个简单的经济交易，但在中东的某个露天市场（souk）或集市（bazaar）买东西绝没有那么简单，整个购物过程是一系列口头（和身体）的攻防，是一种礼貌的对决、一次智慧的竞赛、一场口头的论辩。

在口头文化中询问信息通常被理解为双向的互动（Malinowski 1923, pp.451，470–81），往往是具有对抗性的，所以一般被问者不会正面回答问题。发生在爱尔兰科尔郡的一个故事很能说明问题，此地的口头文化还非常盛行。一名游客看到有个当地人靠在邮局门口，就上前去问："请问这里是邮局吧？"而这名当地人不为所动，他先是一言不发地打量了会儿游客，然后很关心地问："你该不是在这里找邮票吧？"他把这个简单的问题视为是一种行为，所以他也要用某种行为来回应，然后看看接下来会发生什么。据说，所有科尔郡的当地人都是这样回答问题的：他们通常回答问题的方式就是再提出一个新问题。口头戒备从不放松。

和读写文化相比，原生口头文化中的人格结构往往有较强的集体性和外向性以及较弱的内省性。口头沟通使人聚集成群。读写都是非常个人的行为，人更多是与自己的精神世界打交道。当教师在课堂上讲课时，教师会感觉整个班级是一体的，班级同学也会有这种感觉。然而，如果这时教师要求学生拿起课本开始阅读一个指定篇章，这个集体的统一性就会消失了——每个人都进入了自己的世界中。在卡罗瑟斯（Carother 1959）的研究报告中，我们可以看到很典型的例子：口头文化中的人通常会将精神分裂行为外化，而读写文化中的人却会将之内化。读写之士表现精神分裂倾向的形式往往是进入到自己的幻想世界中（精神分裂幻想体制），而口头文化中的人在表现这种倾向时往往是借助于极端的外部混乱状态，通常会导致暴力行为，可能会伤害自己或他人。这些行为经常出现，以至于人们都有专门的词汇来指涉它们：古代北欧战士的"狂暴"
（beserk）或东南亚人的"狂乱"（amok）。

英雄般的"厚重"人物以及古怪人物所扮演的思维角色

原生口头文化对英雄人物有很多描述，读写文化早期作品也是如此，因为
它们还带有许多口头文化的痕迹。如此大量的描述与我们之前提到的口头文化
的"对抗性基调"有关，但是更为主要和根本的一个原因是认知过程的需要。
"有分量"人物比较适合口头记忆，具体说来，就是这个人的成就意义重大、令
人难忘、众所周知。因此，口头文化这种属性所决定的认知机制就催生出了许
多夸张的人物形象，也就是说，这些英雄人物的出现其实并不仅是为了让故事
更加戏剧化或更具说教意义，而是为了更加根本的一个目的：将过往的经验用
最容易驻留的方式记录下来。在口头记忆术中，平淡无奇的人物没有生命力。
为了更加有分量，也更加便于记忆，英雄人物往往会被类型化：睿智的涅斯托
尔、愤怒的阿喀琉斯、聪明的奥德修斯、无所不能的姆温多（他的名号是"生
而会走的小不点"——Kábútwa-kénda）等。在存留了口语语境的文学作品中，
这种记忆和认知模式仍旧清晰可辨：极度天真的小红帽、无比邪恶的大灰狼、
杰克要爬的参天豆茎①——这里豆茎虽然不是人物，但通过被夸大也有了非凡
的特质。奇怪的角色也能加深记忆：独眼巨人（Cyclops）②肯定比两只眼的怪物
更让人难忘，地狱三头犬（Cerberus）③也肯定比一个脑袋的狗更令人印象深刻
（见 Yates 1966, pp.9–11, 65–7）。同样地，固定数字的人物组合也更加利于记忆，

---

① 来自英国民间故事《杰克和豆茎》（*Jack and Beanstalk*），讲述了与单亲母亲一起生活的杰克爬上一根非
常高的豆茎，这个豆茎直通天上，他来到巨人家里，偷取财宝，然后通过剪断豆茎成功逃脱巨人追踪，最
后与母亲过上幸福生活的故事。——译者注
② 独眼巨人（Cyclops）是古希腊神话中的巨人。它的独眼长在额头上。——译者注
③ 刻耳柏洛斯（Cerberus）是古希腊神话中的地狱看门犬，赫西俄德在《神谱》中说此犬有 50 个头，而后来
的一些艺术作品则大多表现它有 3 个头，因此在汉语语境里，尤其是通俗文化中，常称其为地狱三头犬。——
译者注

如七雄大战底比斯 ①、美惠三女神 ②、命运三女神 ③ 等。当然这样的分析并不意味着英雄人物或者人物组合产生的原因只是为了便于记忆，的确，从心理分析的角度可以给出许多其他的解释；但是在口头文化的认知体系中，"便于记忆"是个必要条件，无论还有什么其他因素，如果没有合适的记忆法来组织语言，那么这个故事中的人物绝对无法流传下来。

随着书写和印刷的出现，人们原本的口头认知结构逐渐被改变，人物的"分量"在叙事中也就越来越不重要了。印刷术出现约 300 年后，典型的小说叙事大多是关于人们日常的普通生活。在小说中，英雄终于退位了，"反英雄"人物取而代之，大敌当前，他们不挺身而出，却夹着尾巴开溜，就像约翰·厄普代克 ④ 的代表作《兔子跑了》中的主人公。在口头文化的世界里，英雄的或神奇的人物都曾在组织知识方面起到过特殊的作用。随着书写和其后更发达的印刷术开始主宰我们的信息和记忆，我们的故事中不再需要那些过时的英雄来记忆和储备知识。这就是为什么故事中的英雄越来越少了，跟所谓的"理想失落"没有任何关系。

声音的内在性

在分析口头文化的心理动力学特征时，我们主要讨论了声音本身的一个特征——声音的出口即逝性。然而，声音的一些其他特征也会决定和影响口头文化的心理动力学特征。声音还有一个很突出的特征就是声音与内在性的关系，

---

① 七雄大战底比斯（the Seven Against Thebes）是古希腊神话中的一个故事，阿德拉斯托斯召集 7 名斗士一起向底比斯宣战，意欲帮助波吕涅科斯夺回王位，最终以失败告终。
② 美惠三女神（the Three Graces）指的是希腊神话中分别代表着妩媚、优雅和美丽这三种品质的三位女神，分别是光辉女神阿格莱亚（Aglaia）、激励女神塔利亚（Thalia）、欢乐女神欧佛洛绪涅（Euphrosyne）。——译者注
③ 命运三女神（the Three Fates）名字分别叫作阿特洛波斯、克罗托和拉刻西斯。她们是纺人的生命之线的神灵。——译者注
④ 约翰·厄普代克（John Updike，1932—2009），美国小说家、诗人，被公认为美国最优秀的小说家之一。其代表作"兔子四部曲"包括《兔子跑了》《兔子归来》《兔子富了》《兔子歇了》，记录了美国自二战后 40 年来的社会历史的全貌，被称为是"美国断代史"。——译者注

在这方面听觉与其他几种感官都不一样。这个关系很重要，因为人类意识和人类传播都有内在性。这里我只能大致讨论一下，对这个话题感兴趣的读者，可参阅拙著《语词的在场》（The Presence of the Word，1967b，Index）。

如果想要测试一个物体的物理内在性，也许没有比声音这种感官更直接的了。人类的视觉最适应光线照射到物体表面后的漫反射（光线照射到景观或纸张都产生漫反射，这不同于光线照到镜面时的镜面反射）。一个光源，比如火光也许很迷人，但在光学角度上是令人困惑的：目光不可能"固定"（fix）在这团火光的某个点上。与此类似，雪花石膏这样半透明的物质也会有同样的问题，虽然它不是光源，但同样我们的目光无法"固定"在它上面。我们的眼睛可以感知物体的厚度，但是只能看到这个物体的表面，如树丛中的树干、大礼堂里的椅子。眼睛所看到的内部并不是严格意义上的内部。例如，当我们说我们看一个房间内部时，其实我们看到的是墙壁，而墙壁仍旧是表面，是物体的外在。味觉和嗅觉似乎没有什么内部性或外部性可言。触觉在感知的过程中会破坏事物的一部分内在性。例如，如果我想通过触觉来感知一个盒子里面有没有东西，可能我要在盒子上开个洞，然后把手或手指伸进去摸一下，这也就意味着盒子被打开了，那么盒子的内在就暴露出来，不再是内在了。

听觉的过程不会破坏事物的内在性。我可以通过拍一拍盒子来判断里面有没有装东西，可以通过敲一敲墙来感知这面墙是中空的还是实心的，还可以通过听硬币的响声来判断它是银的还是铅的。

无论产生声音的物品的内部结构是什么，声音都会记录它们的不同。塞了水泥的小提琴听上去声音肯定不对劲。萨克斯风和笛子也不会发出同样的声音：它们的内部结构全然不同。最重要的是，每个人的发声都来自内部器官的共鸣。

视觉分离事物，听觉包裹事物。视觉让观察者保持距离，远离观察对象；听觉却让声音进入听者的耳朵。正如梅洛-庞蒂（Merleau-Ponty，1961）[1] 所言：

---

① 梅洛-庞蒂（Merleau-Ponty，1908—1961），法国 20 世纪最重要的哲学家、思想家之一。他在存在主义盛行年代与萨特齐名，是法国存在主义的杰出代表。他最重要的哲学著作《知觉现象学》和萨特的《存在与虚无》一起被视作法国现象学运动的奠基之作。——译者注

视觉擅长分割。观察事物时，同一时刻我们只能观察一个方向：当我们看一个房间或一片景观时，我们必须把目光从一个点移动到下一个点。然而，在倾听的时候，声音同时从四面八方进入我们的耳朵：我们是自己所能感知的声音世界的中心，这个世界包裹了我们，让我们成为感觉和存在的中心。这种"中心效应"（centering effect）就是高保真声音复制在精密技术辅助下取得的最佳效果。你可以让自己完全沉浸在声音世界里，但是视觉却达不到相同的效果。

与视觉的分割感不同，声音带来统一感。视觉的理想境界是清晰和凸显，是一种分离（笛卡尔倡导的清晰和分明象征着人类感官系统中视觉的强化——Ong 1967b，pp.63，221）。而与之相反，听觉的理想境界是和谐，是所有声音的融合。

内在性和和谐性也正是人类意识的特征。每个人的意识都是完全内化的，只能向内感知，外人却无从窥其真容。每个人在说"我"的时候，指代的都是与别人说这个词时不同的个体。对我而言的"我"在你看来却是一个"你"。这个"我"由所有体验融合汇集而成。从本质而言，知识是一种整体性而非碎片化的现象，是对和谐的追求。没有内部的和谐，心灵就会染疾。

我们应该认识到"内部的"和"外部的"并非数学概念，因此不能从数学角度去区分。它们是两个由存在而生成的概念，是基于个体对自己躯体的体验而来的。每个人的躯体都既在"我"的里面（我不会说"别踢我的躯体"，而是会说"别踢我"），又在"我"的外面（在某种意义上，"我"是存在于躯体之内的）。身体是"我"和任何外界事物之间的屏障。我们所谓的"里面"和"外面"只能通过描述身体体验来界定。因此，各种定义这两个概念的尝试都逃不出同义反复的怪圈，"里面的"意思就是 in（在……里面）、between（在……之间），凡此种种，都是在同义反复、自我定义的圈子里打转。"外面的"也是同样情形。即使是指某个物体，当我们说"外面"或"里面"时，其实也是在描述我们对自己的感知：我在里面，其他人都在外面。我们通过这两个语汇来指明自己对身体的体验（Ong 1967b，pp.117-22，176-9，228，231），并分析其他物体与这种体验之间的关系。

在原生口头文化中，词语只存在于声音中，没有任何视觉文本的对应物，或根本意识不到未来可能有文本的出现。我们说出词汇时发出声音，声音的现象学（存在）也就深深地植入我们的生存体验中。对心灵世界而言，对每个词的感知方式都是非常重要的。声音的中央效应（声音场不是在我们面前铺开，而是围绕我们展开）影响着人对宇宙的感知。对于口头文化而言，宇宙是个正在进行的活动，而我们是这个活动的中心。人是宇宙的中心——"肚脐眼"（umbilicus mundi）（Eliade 1958，pp.231-5，etc.）。只有在印刷术产生后，当印刷好的地图大量进入人们的感知世界，人们才开始意识到，宇宙或"世界"大致是一种呈现于眼前的东西，就像一个当代的地图集那样，是一大片表面或表面的集合（视觉呈现物体表面），有待我们去"探索和发现"。在古代的口语世界中，虽然也会有许多来往的商人、旅者、航海家、探险家和香客，但却基本没有"探索发现者"这个概念。

后面我们会谈到，之前我们所讨论的口头文化思维和表达的大多数主要特征都与声音的这种统一感、中心感和内在感有着极其密切的关系。由声音主导的言语体制更符合叠加性（和谐化）倾向而非分析和分割的倾向（印刻的、视觉化的词语会带来这种倾向；视觉是一种分割的现象）。这种言语体制也符合保守的整体论（当前的自我平衡必须保持不变，套语式表达必须保持不变）以及情境式思维（也是整体的，人类的行为是这个情境的中心），人类知识的组织是围绕着人类行为以及拟人化的物品展开的。与之相对的是围绕着无生命事物展开的抽象式思维。

描述原生口语世界的这些共同特征在后文中讨论人类意识时还会提到。后面我们会探讨当书写和印刷将口头–听觉世界转变为可视的页面时，人类的意识会发生哪些变化。

口头文化、社群和祭典

在声音的物理构成中，说出的词语从人体内部出发，进而向他人表述自己的内在意识，说出的词汇将人聚集在一起，从而形成关系密切的群体。当一个人面对一群听众讲话时，这些听众和演讲者会形成了一个整体。如果演讲者要求听众阅读事先分发的书面材料，那么每个读者就进入了自己的私人阅读空间，这种整体性被打破，直到演讲者再次开口讲话时才能被还原。书写和印刷会使人彼此疏离。英文里 audience（听众）是一个集合名词，而 readers（读者）却是可数名词。表示集合意义的 readership（读者群）（例如：This magazine has a readership of two million. 这本杂志有 200 万读者群）又太过抽象。如果要将读者视为一个整体，我们只能用 audience（audience 既可指听众，也可以指受众）一词，似乎他们实际上还是一群听众（listeners）。口头语言也能在更大规模上形成统一体：拥有两种或两种以上不同口头语言的国家，在建立或维持国家统一方面可能会遇到重大问题，就像今天的加拿大、比利时或许多发展中国家一样。

　　口头文化的内化性力量与祭典（人类对于生存的终极关注）有特殊的关系。在大多数地区，口头言语都是庆典或祭祀活动的一部分。后来在更大的群体中，宗教圣典的文本也在逐渐完善，祭典的意义也开始依附于书面的表达。尽管如此，书面语篇中所述的宗教传统还是能够证明口头言语在仪式中的主导地位。例如，基督教传统里，各种礼拜仪式中都会大声念诵《圣经》，这是因为基督徒认为上帝常常会通过"说话"而非书写来向他们传递自己的想法。《圣经》文本中的口头特色的思维模式即使在书信部分都非常明显（Ong 1967b，pp.176-91）。希伯来语中的 *dabar* 一词既指"词汇"又指"活动"，因此也指"被说出的词语"。被说出的词语是一种活动，是时间维度中的一种移动，这与被书写或打印出的静止的如物品一般的文字是完全不同的。在三位一体的神学中，圣子就是"话语"（word）[①]，这里的话语对应的不是人类书写的话语，而是嘴巴说出的话语。圣父是对儿子"说话"，而不是给儿子"写话"。耶稣就是"上帝的话语"，他虽然会读会写，但没有在世上留下任何文字（《路加福音》4：16）。"信道来自听道"（Faith comes through hearing）（《罗马书》10：17）。"那字句叫人死，

[①]　早期基督教义中，有一种三位一体的版本，三位分别为"上帝（圣父）""上帝的话语（圣子）"和"上帝的智慧（圣灵）"。——译者注

那精意（言语所依赖的气息）叫人活"（The letter kills, the spirit [breath, on which rides the spoken word] gives life）（《哥林多后书》3：6）。

词语不是符号

雅克·德里达（Jacques Derrida）发表过一个观点："书写出现之前，世上没有语言的符号。"（1976，P.14）但事实上，如果我们的关注对象是书面文本的口头表述时，文字出现后，还是没有语言"符号"。尽管一个词语的文本和视觉呈现（即文字）可以释放出它之前没有的潜能，但是这种视觉呈现并不是真正的词汇，而只是一个"次生模拟系统"（cf. Lotman 1977）。思想栖息于言语而非文本，文本是通过视觉符号指向的有声世界来获取意义的。读者在页面上看到的并非真正的词汇，而是一些编码符号，这些符号可以帮助有相应学识能力的人唤起意识中的真正词汇。只有借助人的意识，这些书写才能成为或直接或间接、或真实或想象的声音提示符，否则它们不过就是平面上的一些记号。

词汇究其本质实际是声音的，而书写文化或印刷文化中的人们往往会认同一个词语就是一个"符号"，"符号"主要就指通过视觉来理解的事物。符号（sign）源自拉丁文 *signum*，原意是指用于视觉辨认的罗马军团所持的旗杆——从词源上说，意指"一个供人跟随的物品"（其原始印欧语词根是 *skew-*，意指"跟随"）。虽然罗马人认识字母表，但是 *signum* 对他们而言并非一个代表字母的单词，而是某种图画设计或图像，如一只鹰。

"字母的名称是其标签或称号"这种感觉花了很久才确立下来，因为正如我们后文中会看到的，即使在书写甚至是印刷出现几百年后，仍旧有许多原生口头文化的残留。即使到了欧洲文艺复兴时期，非常有学识的炼金术士在他们试管或盒子上贴的标签上都不是文字的名称，而是一些图画符号。商店老板也是用图画来代表他们的店，比如用常春藤来代表酒馆，用旋转的柱子来代表理发店，用三个球来代表当铺。这些标签或者标识没有任何名称的作用："常春藤植物"跟"小酒馆"完全不是一个词，"杆子"也不等于"理发师"。名字仍然是些能够穿越时间的词汇；但这些无声无言的象征物却不同，它们是"符号"，而词语不是。

那么人们为什么会将词汇看成是符号呢？因为人类有一种倾向：将所有的感官体验都简化为某种视觉对等物，这种倾向可能在口头文化时就萌芽了，但真正凸显出来是在书写时代，到后来的印刷和电子文化中就更显而易见了。声音是一种发生在时间里的活动，时光飞逝，无穷无尽，永不停歇。然而，如果我们将时间空间化，将之固定到日历或表盘上，似乎我们就可以人为地将时间分割成一个又一个单元，似乎这样一来我们就驯服了时间。然而事实上，时间是连续的，不存在任何分割：昨天午夜并没有"咔嗒"一声变成今天。没有人能找到午夜的确切点，但如果不是确切的，怎么可能是午夜呢？我们也没有将今天体验为紧挨着昨天，就像在日历上所表示的那样。通过将时间空间化，我们似乎是驯服了时间，但这仅仅是表象，真相是无形的时光会裹挟着我们不断行走，直至死亡。（当然我们并不否定这种用空间化来简化时间概念是非常实用的，而且在技术上也是必需的，我们只是想说这些概念仅限于我们的知识世界，有时也带有蒙蔽性。）我们用类似的手段将声音简化为示波图形和某些特定波长的"波"，这样失聪的人可以更好地感知究竟什么是声音；又或者我们将声音简化为乐谱，甚至是最终极的"乐谱"——字母表。

口头文化中的人们往往不会将词语理解为无声的视觉"符号"。荷马给词语的名号是"插着翅膀的词语"（这也暗示了词语的稍纵即逝、力量及无拘无束，词语是一直处于运动中的，而且是"飞翔的"），这是一种非常有力量的运动，运动中的词语可以飞离那平凡、杂乱又厚重的"客观"世界。

为了与让-雅克·卢梭论辩，德里达驳斥了"文字不过是口头语言的附属物"的观点（Derrida 1976, p.7），他这样驳斥无疑是对的。但是口头文化的确是书写的摇篮，也是书写永恒且确定的大本营，德里达对口头文化并没有进行深入的了解就试图建立书写的逻辑，所以其观点很片面。虽然他的有些见解也非常精彩和迷人，但很多时候他的论述更像扭曲感官的迷幻剂。要摆脱书写和印刷文化带来的偏见的确很难，甚至可能比我们能想到的更难，也难于所谓的文学"解构"，因为所谓的"解构"实际上还是一种读写行为。在下一章我们研究技术内化时会进一步探讨这个问题。

第**4**章

书写重构意识

• • • •

自治性语篇的新世界

对原始或原生口头文化的深入理解可以让我们更好地理解书写带来的新世界，理解这个新世界的本质究竟是什么，读写文化中的人究竟有了哪些本领。在读写社会中，思维过程不再仅仅来自简单的自然力量，而是来自直接或间接被书写技术影响并结构化后的世界。如果没有文字，我们就不会也不可能像现在这样思考，无论在书写的时候，还是在口头表达时候，我们组织思想的方式都会不同。换言之，书写远远超越了其他任何发明，因为它从根本上重塑了人类意识。

书写的出现产生了"上下文无关"的语言（Hirsch 1977，pp.21-3，26）或"自治性"语篇（"autonomous" discourse）（Olson 1980a），这种语篇不会像口头语篇那样遭遇直接的质疑或驳斥，因为书面语篇是可以独立于作者而存在的。

口头文化中也有一种自治性语篇，它们通常存在于固定的仪式套语、占卜或各种预言中，因为这种场合中，说话者通常只被视为一种"媒介"，而非话语的真正来源。德尔菲神庙的女祭司并不为自己说出的话语负责，因为她们只是在"传递神的声音"。书写也有类似的特征，印刷更是如此。书本就像女祭司或者预言家，它们只是传递了来自某个作者的声音，那个作者才是真正"口述"或写下这本书的人。如果读者通过书本可以直接接触到作者，那么他们也许会对作者提出某些问题或质疑。然而，面对文本他们无计可施，他们无法去直接反驳一段文本。即使他们的批评是直中要害、摧枯拉朽般的，也无济于事，那些文本还是会一字不差地躺在那里。这也部分解释了为什么"书上说……"这一表达很多时候在人们看来就等于"事实是……"。如果有一段文本陈述了全世界都知道是错误的事情，只要这个文本存在，它就会永远陈述这个错误。文本本质上是顽固的。

柏拉图、书写和计算机

今天人们对计算机的反对其实可以追溯到柏拉图的《菲德罗篇》（247–7）和《第七封信》，大多数人在得知这一点后都会感觉不可思议，甚至有些不安。在《菲德罗篇》中，柏拉图借苏格拉底之口说道：第一，书写是反人性的，因为它假装可以在人脑之外的现实中搭建出只有在人脑中才能存在的东西。这是一种物质，一种人为生产出来的产品。同样的批驳完全可以被照搬到计算机上。第二，书中的苏格拉底说书写毁灭了记忆。那些使用书写的人会很健忘，因为他们试图借助外源来弥补自己本身没有的东西。书写弱化了思维。今天，有很多家长都担心如果让孩子用计算器做题，那么他们就记不住本该内化于心的乘法表了。计算器弱化了孩子的思维力，让孩子缺少了本可以让思维更强大的锻炼。第三，书面文本基本都是无反馈的。如果你让一个人解释他／她的话语，你可以得到解释；但如果你去问一段文字，最终只能一无所获，你面前躺着的还是那段愚蠢不堪、令人生疑的话语。在当代对于计算机的批评中，也有类似的批驳——"胡乱输入，胡乱输出"。第四，与充满对抗性的口头文化相比，柏拉图书中的苏格拉底也认为书写文字缺乏口头话语的防御能力：真实场景中的对话可以有"你来我回"的争辩或妥协，书写缺乏这样的情境，它存在于不真实、不自然的世界中，因此是很被动的。计算机也是如此。

说到印刷了，这些"指控"同样适用。那些曾与柏拉图一样对文字心存芥蒂的人在印刷品最初问世时可能会感到更加不安。西罗尼姆·斯夸里希菲格（Hieronimo Squarciafico）尽管很提倡古典拉丁文著作的印刷，但他在 1477 年仍然提出"大量的书让人懒惰"（quoted in Lowry 1979, pp.29–31）：这些书本破坏了人们的记忆力，使他们不再勤思，变得懒惰（就像人们对便携式计算器类的指控一样），智慧的人不再受尊重，人们都只会依靠这些便携的提纲。当然，很多人也会欢迎印刷技术的到来：它带来了平等，让每个人都可以变得智慧（Lowry 1979，pp.31–2）。

柏拉图的立场有一个致命要害：为了让自己的辩驳更加有力，他将自己的话语转变为文字；就像那些反对印刷技术的人，为了驳斥对手，他们将自己的论辩印刷成文。同样，为了反对计算机，人们借助计算机来将自己的书籍、文章记录下来。书写、印刷和计算机都是词语的技术化手段。一旦词语被技术化，我们就无法不借助于技术来批驳这种技术。并且，新科技不只是批评的传递渠道，正是有了科技这些批评才能得以存在。如上文所述（Havelock 1963），柏拉图的分析性思维，包括他对书写的批评之所以能够产生，正是因为在那时书写开始对人的思维产生影响。

事实上，对此哈夫洛克有精妙的评论（Havelock，1963）：柏拉图的全部认识论实际上都体现了他下意识地对口头文化中的口语性、流动性、互动性的摒弃（吟游诗人是这种文化的代表，因此柏拉图的"理想国"将他们拒之门外）。idea（思想）这个语汇从词源上说是关乎视觉的，它与拉丁文中的 video 同根，后者衍生出 vision（视力，视野）、visible（可见的）或 videotape（视频录影带）等词语。"柏拉图形式"（Platonic form）是指通过类比方法从视觉中构想出来的形状和样式。"柏拉图思想"（Platonic ideas）是指那些无声、固定、没有温度、没有互动、互相孤立的想法，它们不属于人世，而是一些超越并凌驾于真实生活之上的思想。当然，柏拉图本人对此浑然不觉，他不知道自己心灵中无意识的力量在起作用，这些力量促使像他一样的读写之士对徘徊不去、缓慢踟蹰的口头文化产生了这些反应，或说是过度反应。

这些思考让我们更加关注那些悖论，原始口头话语及其技术变形之间的关系都受到这些悖论的困扰。显而易见，之所以有这些复杂的回旋，就是因为智慧在不停地自我反思，因此智慧用于反思的外部工具也会被内化，也就是说，这些工具也成为自我反思过程中的一部分。

关于书写的本质最显著的悖论就是书写与死亡的关联性。柏拉图对书写的指控就包含了这一点：他认为书写是反人性的、无生命的、摧毁记忆的。这种关联性还大量存在于许多印刷版的引语辞典中，如《哥林多后书》3：6："那字句叫人死，那精意叫人活。"贺拉斯① 将他的三卷《颂歌集》称之为预示自己死亡的"纪念碑"（Odes iii.30.1），亨利·沃恩② 也曾对托马斯·博德利爵士③ 说：牛津博德利图书馆中的"每一本书都是你的墓志铭"。在《比芭之歌》中，罗伯特·勃朗宁④ 提到了至今仍然很普遍的一种做法：将鲜花压在书页之间变为标本，"凋零的黄花 / 在页与页之间"。曾经娇艳的花朵，如今凋零了，就像语言文本离开人的心灵，走向死亡。其中的悖论就在于：文本死去了，它脱离了鲜活的人世，化身为僵硬固定的视觉符号，而这一过程却恰恰保证了文本的长存和复生，在无数读者的心中，它又能够在无限的语境下重获无比鲜活的生命（Ong 1977，pp.230–71）。

书写是一种科技

柏拉图将书写视为一种外在的、外来的科技，就像很多人眼中的计算机。因为柏拉图的时代书写的内化还没有达到这种程度，而今天的我们早已将书写

---

① 贺拉斯（Horace，公元前65—前8），古罗马诗人，与维吉尔、奥维德并称为古罗马三大诗人，也是著名的批评家、翻译家，著有《诗艺》。——译者注

② 亨利·沃恩（Henry Vaughan），威尔士著名的玄学派诗人。——译者注

③ 托马斯·博德利爵士（Sir Thomas Bodley，1545—1613），英国外交家、学者，牛津博德利图书馆创始人。——译者注

④ 罗伯特·勃朗宁（Robert Browning，1812—1889），维多利亚时期代表诗人之一。与丁尼生齐名，是维多利亚时代两大诗人之一。他以精细入微的心理探索著称，对英美20世纪诗歌产生了重要影响。——译者注

深深内化为自己的一部分了，因此我们现在也很难再将书写视为像印刷术或计算机一样的某种科技。然而书写，尤其是字母文字的书写的确是一种科技，它需要借助外在的工具或设备（描画针、笔刷或钢笔等），以及精心准备的平面物品（如纸张、动物外皮、木头长条等）；另外，还需要墨水、颜料等。克兰西在其著作《从记忆到文字记录》（*From Memory to Written Record*，1979，pp.88-115）"书写的技术"这一章中讨论了西方中世纪时期的书写。在某种程度上，书写是比印刷术和计算机影响更大的一种技术，它开启了一个全新的世界：它将动态的声音化为无声的空间，将语词从鲜活的语境中剥离出来；而这鲜活的语境恰恰是口头语言赖以生存的环境。印刷术和计算机延续了书写带来的新格局。

与自然的口头语言不同，书写完全是人工的。书写绝非一种"自然的"行为。全世界无论何种文化背景下，只要一个人身心健康，那么他都是会张口学话的。说话需要意识，它是由思维深处的无意识进入到意识世界的，当然这个过程也离不开社会环境有意识或无意识的助力。语法规则也处于无意识中，我们可以知道如何使用规则，甚至是如何建立新规则，但却往往无法清楚地说出规则的具体内容是什么。

与口头语言不同的是，书写不是从无意识中自然而然涌现出来的，将口头语言化为书面文字的过程受制于有意识的、人为的、清晰的规则，如某个象形符号代表某个特定的词汇，或者 a 代表某个音素，b 代表另外一个音素等。（当然，一旦人学会了清晰、明确的规则，那么由书写生成的作者–读者的情境也会深深地影响书写创作中的无意识思维过程，这一点也是不可否认的。我们后文中会对此做进一步的探讨。）

书写是人工的，这样说并非谴责文字，而是要赞美文字。书写与很多其他人工创作一样具有无限的价值，甚至比其他创作都更胜一筹，在更加全面地实现人的内在潜能方面，书写扮演了至关重要的角色。技术不仅是外部工具，更是意识内部的转型，对词语的影响尤为显著。这种转型可以带来升华。书写提升了意识：从自然环境中脱离出来可以带来很多好处，这是人生通向完满的必经之路。要完全体验并理解生活，我们既需要投入生活，又需要远离生活，与其保持一定距离。书写带给意识的新世界是其他任何事物都取代不了的。

技术是人工的，但此处又有一个悖论：人造事物本身也是人性自然的产物。被恰当内化的技术不仅不会降格人生，反而会提升人生。当代的交响乐团就是个很好的例子，它是高科技的产物。小提琴是一种乐器，也就说它是一种工具；风琴是一个巨大的机械设备，多种动力源（如泵、风箱、发电机等）都会被放置在风琴的外面。贝多芬的第五交响曲的乐谱里面包含了许多对资深技师的细节性指令，非常清晰地说明他们该如何使用各自的乐器。连奏（Legato），即在弹奏下一个音符之前不要把手指从这个琴键上移开；断奏（Staccato），即弹奏琴键，然后迅速将手拿开；等等。每个乐理家都明白，如果仅仅因为声音来自机械设备就去反对像莫顿·萨博特尼克（Morton Subotnik）的《野牛》（*The Wild Bull*）这样的电子编曲作品是毫无意义的，如果以这种逻辑，那么风琴的声音从哪里来？小提琴呢？甚至是一个简单的口哨呢？事实是，通过使用机械装置，小提琴家或者风琴家可以演奏出没有这些装置时他们无法演奏出的具有深刻人性的作品。当然，要取得这样的深度，小提琴家或者风琴家必须充分内化这种演奏技术，使得这些乐器成为他们的第二性，成为他们心灵的一部分。这需要经年累月的"练习"，从而能够对演奏技术了然于心，驾驭自如。这种对工具的内化，对技术的学习，很难说是缺乏人性的。对技术的利用可以丰富人的精神世界，可以增强人内在的力量。人类对书写技术的内化比起对乐器演奏更进一步。但是要想理解书写究竟是什么，要想厘清它与其前身（口头表达）之间的关系，我们必须正视"书写是一种技术"这一现实。

什么是"书写"或"文稿"

书写，尤其是严格意义上的书写，是一种塑造并加强现代人智力活动的技术，这种技术出现在人类历史的晚期。智人大约5万年就开始出现在地球上了（Leakey and Lewin 1979，pp.141 and 168），而我们目前所知的最早的手写稿，或说真正意义上的书写是来自公元前3500年左右的美索不达米亚平原的苏美尔人（Diringer 1953；Gelb 1963）。

当然，人类早在此几千年前就创作了无数的画作，不同文化中的人们也会利用不同的方法或工具来帮助记忆，如在木棍上做记号、把鹅卵石排列成行、印加人结绳记事（一根木棍上悬挂绳子，然后跟其他的绳子打结）、北美平原上的印第安人用"冬日记录"等。但手写稿不仅仅是记忆工具。也许上面会有图形，但手写稿也绝不仅是简单的图画。图画描绘的是物品，一幅画有男人、房子、树，但这幅画本身并不能"说出"任何意思。（当然，如果有事先约定好的代码或者传统，这种图画也可以传递信息，但是代码是没法画出来的，它必须有非图画的其他代码来解释。代码最终还是必须由非图片的事物来解释，即文字或面对面交流的情境。）一份真正意义上的手写稿，不会仅仅包含图画或事物的代表，而是应该代表着某种说出的话、某人说出的词语，或者想象中某人说出的词语。

当然，从广义上，我们也可以将任何有语义的标记都视为"书写"，即将任何个人赋予意义的视觉或理性记号都囊括在这个概念中。这样一来，岩石上的擦痕、木棍上的划痕，只要有人为赋予的某种意义，都可以算作是"书写"。如果这样来定义"书写"，那么它的出现时间就与口头语言一样久远了。然而，如果将所有的可理解的视觉记号都视为"书写"，那么我们就无形中将书写与纯生物行为混为一谈了。这样一来，是否一个脚印、一堆粪便或者一摊尿液都可以被视为"书写"？这样拓展书写的意义反而使其含义琐碎化了。人类在探索新的知识领域时所取得的最关键和最独特的突破不是来自最原始的简单涂画，而是来自人类发明的一整套由视觉记号构成的编码，借助这些编码，书写者终于可以确定读者获得的信息是明确的。这才是我们今天所说的狭义且专指的"书写"。

书写或手稿慢慢走向成熟后，它们能够全面地操控语汇，以至于就连声音中最精妙、最复杂的结构和音符都能够以视觉的方式被精准地呈现出来，而且有了这种视觉上复杂细致的呈现，人们就可以继续探索，进而创作出结构和音符都更加精美复杂的乐曲，远远超出口头演绎的可能性。因此，虽然现在书写已经无处不在了，但无论过去还是现在，它都是人类技术发明中最伟大的创举。书写绝不仅仅是口头语言的附属品：它将言语从口头-声音这个场域带入了一个全新的感官世界，一个属于视觉的世界，从而也彻底改变了人类的语言和思维方式。木棍划痕或者其他的记忆工具的确是书写的源头，但是它们并没有像正式的书写那样重构整个人类世界。

真正的书写系统应该是从比较原始的简单记忆辅助工具发展而来的，大多数也的确如此，因此会有一些中间状态的书面符号。在一些编码系统中，写作者只能大概地判断出读者会如何解读这些文字，就像利比亚人发明的瓦伊（Vai）语言或是古埃及人的象形文字。对语言最严密的驾驭源自字母表文字的诞生，尽管很多例子表明字母表文字也并不完美。如果我将一份文件标为 read，那么也许这是过去分词（读作 red），表示"这份文件已被审阅"；也许这是祈使语气（读作 reed），意为"请审阅该文件"。即使有了字母表，有时也需要文本之外的语境，但通常这些都属于例外的情况——例外的程度取决于字母表与这种语言的契合程度。

万变的书写、不变的字母表

世界各地许多文字的发展都是彼此独立的（Diringer 1953；Diringer 1960；Gelb 1963）：美索不达米亚大约公元前 3500 年的楔形文字（这是大致年份，参见 Diringer 1962）、埃及大约公元前 3000 年的象形文字（也许受到一些楔形文字的影响）、公元前 1200 年的米诺斯语或迈锡尼文字[①]、公元前 3000—前 2400 年的印度河谷文字[②]、公元前 1500 年中国人的甲骨文、公元 50 年的玛雅文字[③]，以及公元 1400 年的阿兹特克文字[④]等。

这些书写都有很复杂的演变，它们大多数可以被直接或间接地追溯某种

[①] 迈锡尼语是希腊语已知的最古老的形式，大约公元前 16—前 12 世纪在克里特岛上被使用。——译者注
[②] 印度河谷文明是南亚青铜时代（约公元前 3300—前 1300 年）时期的古代文明，鼎盛于公元前 2600—前 1900 年间。——译者注
[③] 玛雅文字最早出现于西元前后，由玛雅人创造出来的，是象形文字和声音的联合体，是一种兼有意形和意音功能的文字。——译者注
[④] 阿兹特克文字或纳瓦特尔文字是前哥伦布时期纳瓦人于墨西哥中部所用的一种象形及形意的书写系统，他们将这种文字用于历史记录、宗教占卜及行政事务。——译者注

图画方式，或也许是更基础的层次，即代币的使用。有人认为，目前为止最早的书写体系——苏美尔人的楔形文字（约公元前 3500 年），至少部分是来自当时人们用小型中空容器（通常是密封的豆荚状或气泡状的）盛放泥制物件来记录各种交易的系统，这些容器的外表通常会有一些凹痕来标识里面泥块的多少（Schmandt-Besserat 1978）。也就是说，假如容器外表有 7 道凹痕，那么容器里面可能就会有 7 个形状各不相同的手工泥土制品，分别代表奶牛、母羊以及其他一些还没能解码的东西——仿佛这些就是附带的语言说明。在前书写时代，这些代替物通常都是用于经济交易。这使我们联想到书写的起源，最早出现的楔形文字与这些泡状容器出土于相同的地区，无论这些楔形文字的原型究竟是什么，它们的主要用处就是在城市社会中辅助经济交易或其他的管理行为。城市化进程促使人们开始改进记录方法。将书写像口头语言那样用于想象和创作，进而编写诗歌、神话等，还是书写发展到较为晚期才有的。

图画只能用于帮助记忆，或者它们可以跟一些代码一起在各种语法关系中代指某些确定的词汇，只是准确程度可能不尽相同。汉字究其根本至今都还是图形样式的，但是这些图形已经高度代码和抽象化，所以中文也成为世界上已知的最复杂的书写体系。在北美印第安文化或许多其他文化中（Mackay 1978, p.32）也有很多绘画文字的表达，但是它们最终都没有发展成一套真正的文字，因为这些图画文字中的代码意义太过模糊。用象形图标识的物品充当了一种寓言式的备忘录，供相关的族群处理某些限定的主题，这些主题可以预先确定这些象形图彼此间的关系。但即使是在当时，这些图形传递出的意义也并非一目了然。

象形文字之后，书写体系又发展出了其他的符号。其中一种是写意文字，在写意文字中，意义并非直接由图片传递的，而是由代码来构建的。例如，在中国象形文字中，两棵树图形代表的词汇并不是"两棵树"，而是"树林"；格式化的一个女人和孩子并排而立的图形代表的是词语"好"等。"女"的发音是 [ny]，"孩子"的发音是 [dzə]，而"好"的发音是 [hau]，所以图片词源跟音素词源没有什么关联性。会写中文的人与仅会说中文的人对语言的认同感是完全不同的。从特殊意义而言，类似于 1、2、3 这样的数字是跨语言的会意文字（尽管不是象形的）：在不同的语言中，它们发音不同，但意思相同。即使在某种特定语言的词库中，1、2、3 这几个符号一般也直接关乎数学概念，而非某个词语。例如，在英文中，表示 1、2 这两个概念的单词（one，two）跟"第一""第二"这两个概念更相关，而与这两个概念所对应的词汇（first，second）却没有那么密切的关联性。

还有一种象形文字是画谜文字。图画中一个脚跟（sole）在英文中也会代指鳎鱼（sole）、单一的（sole），或者灵魂（soul）；图画中如果有一个磨坊（mill）、一个拐杖（walk）、一把钥匙（key），可以代指"密尔沃基"（Milwaukee）。[①] 由于在这些文字中符号代表的大多是声音，所以画谜文字通常是一种表音图形（phonogram），但它仅仅是作为中介，声音并不是由像字母那样完全抽象的代码符号来代指的，而是由一幅含有这个声音所指的物品的图形来代指的。

所有的象形文字系统，即使是会意文字或者是画谜文字，都需要大量的符号，这太过繁琐、令人厌烦。中文有世界上最大、最复杂和最丰富的象形文字体系：1716 年的《康熙字典》中收录了 40545 个汉字。从古至今没有哪个中国人或汉学家认识这本字典中的所有汉字。中国的读写之士也很少能够写出他们理解的所有口头语汇。想精通汉字书写一般要花约 20 年的功夫。汉字书写通常非常耗时，也象征着一种精英主义。毫无疑问，现在所有学校统一使用和教授普通话，如果有朝一日全中国的人都能掌握同一种中文（方言），那么这些汉字肯定就会被字母表文字所取代[②]。那样一来，文献界将会遭受巨大损失，但与中文打字机使用的 4 万个汉字的巨大数字相比，损失似乎又没有那么严重了。

象形文字体系的一大优势是讲不同中文"方言"（的确是不同的中文，虽然结构相似，但完全无法互相理解）的人们虽然听不懂彼此说的话，但是能理解共同的文字。相同的汉字他们会读出不同的发音，这有点类似于法国人、卢巴

---

① 英文中 sole 是个多义词，可以指脚跟、鳎鱼、单一等，英文中的灵魂是 soul，跟 sole 同音。第二个画谜文字中，mill（磨坊）、walk（拐杖）、key（钥匙）三个词的发音拼起来正好是 /mɪlˈwɔːki/，跟词语密尔沃基（Milwaukee）同音。——译者注

② 这是沃尔特·翁在 1982 年提出的观点，其理论视野有其时代局限性。——译者注

人、越南人和英国人都知道数字1、2、3是什么意思，但是却无法理解其他语言说出的这个数字。（不过，与阿拉伯数字不同，汉字在本质上是经过精心设计的图画。）

有些语言的书写单位是音节表，每个书写符号代表一个辅音外加一个元音。因此日语片假名音节表有5个专门的符号分别代表 *ka*、*ke*、*ki*、*ko*、*ku*，又有5个专门的符号分别代表 *ma*、*me*、*mi*、*mo*、*mu* 等。日语的构成方式恰巧是可以使用音节表的方式来书写：日语中的每个词都是一个辅音和一个元音的组合（*n* 被视为一个半音节），不会有辅音连缀（如英文中的 pitchfork、equipment 这样的单词就包含辅音连缀）。英语中音节种类繁多，且经常有辅音连缀，所以无法使用音节表来书写。还有些语言使用的音节表不如日语成熟。例如，利比里亚的瓦伊语，它们的视觉符号和声音单位无法做到完全对应，文字只能提供一个粗略的发音图，里面的符号很难读，即使对于精通书写的人而言也是如此（Scribner and Cole 1978，p.456）。

事实上许多书写体系都是混合性的，包含了两种或更多的构成规律。日语体系是混合的（除了音节表，它还使用中文的汉字，但日语发音是用自己的体系，跟中文不同）；韩文体系也是混合性的（除了韩语字母表——也许是世界上最有效率的字母表，它还使用汉字，但是也有自己的发音方式）；古埃及的象形文字系统也是混杂的（有些符号是象形的，有些是会意的，还有些是字谜的形式）；汉字的书写系统本身也是混杂的（各种不同的象形文字、会意文字、画谜文字，以及它们的组合，通常极度复杂，但同时也充满了丰富的文化底蕴及诗意的美感）。的确，由于书写体系往往都是由象形文字向会意文字和画谜文字演化，所以也许除了字母表文字外，绝大多数的书写体系都或多或少是混杂的。即使是字母表文字，也会有时写1，有时写 one，所以说是混杂的。

关于字母表最独特的一点就是它是"一次成型的"，即只被发明了一次。字母表是在公元前约1500年左右由一个或多个闪米特族人发明的，世界上最早的文字——楔形文字也是出现在同一地区，只是时间上早了约2000年。（Diringer 1962，pp.121-2，讨论了最原始的字母表的两种变体，一种是北闪米特族的，一种是南闪米特族的。）世界上所有的字母表 [希伯来字母表、乌加里特语

（Ugaritic）① 字母表、希腊语字母表、罗马语字母表、西里尔语（Cyrillic）② 字母表、阿拉伯语字母表、泰米尔语字母表、马来语字母表、韩语字母表］都或多或少是从这个最早的闪米特族字母表发展演化而来的，尽管乌加里特语和韩语书写中，字母的外观已经跟闪米特语的字母外观迥然不同了。

希伯来语和其他闪米特语（如阿拉伯语），直到今天都没有元音字母。希伯来报纸或书籍中直到现在都只有辅音（和所谓的半元音 [j] 和 [w]，其实这两个半元音是辅音形式的 [i] 和 [u]）。如果我们要在英文中沿用希伯来语的用法，那么单词 consonants 就会被书写成 cnsnts。希伯来字母 aleph 原本被古希腊人用于标示元音 alpha，后来变成了罗马语中的 a，这个字母最初在希伯来语和其他闪米特语字母表中都不是元音字母，而是辅音字母，是一个喉塞音——代表着声门上的停顿（就像英文中意为"不"的这个表达"huh-uh"的两个元音发音中的停顿）。后来，希伯来语字母表中开始增加了元音点，即通过在字母下面或上面加点或划线来标明合适的元音，这样的字母开始出现在很多希伯来语文本中，目的是方便那些不太精通这门语言的人。语言的组织方式各不相同，闪米特语的语言构成方式决定了只写辅音更加利于人们阅读。

希伯来文字只有辅音或半辅音（如 you 中的 y 以及 w），这种书写方式让很多语言学家认为希伯来语字母表是一种"音节表"，或是一种不发声或"简化了的"音节表。然而，这种看法似乎也有些别扭，如将希伯来字母 beth（b）称之为一个音节，而事实上这个字母仅包含一个音素 [b]，读者必须根据单词或文本的需要为其添加元音。除此之外，每当使用"元音点"时，人们需要在字母上面加点或在字母下面划线，就像我们在辅音后面添加元音一样。为了更好地理解书写如何从口头语言演化而来，似乎我们至少应该将闪米特文字视为是一种辅音（或半元音）字母表文字，读者在阅读的时候很容易根据需要添加合适的元音。

---

① 乌加里特语是一种已经灭绝的和迦南语支相关的古代语言，用于公元前 14—前 12 世纪的文本中，范围大致在今天的叙利亚。——译者注

② 西里尔字母（英语 Cyrillic，俄语 Кириллица）源于希腊字母，普遍认为是由基督教传教士西里尔（827—869）在 9 世纪为了方便在斯拉夫民族传播东正教所创立的，被斯拉夫民族广泛采用，因此有时也称为斯拉夫字母。——译者注

尽管如此，说起闪米特字母表，我们必须承认希腊人的创举具有非凡的心理学意义：是他们最终为闪米特语字母表补充了元音，从而生成了世界上第一个包含元音的完整字母表。哈夫洛克（1976）深信希腊文化的知识水平之所以可以超越其他古代文化，其根本原因就是在将单词从声音转化为文字方面，希腊人做得是最彻底的。闪米特文字的阅读者必须利用文本或非文本的数据：他们必须理解正在阅读的语言，这样才能为其添加合适的元音。闪米特语的文字在很大程度上还是沉浸于非文本的人世生活中，而有声的希腊语字母表却可以与人世保持一定的距离（正如柏拉图提出的观点）。希腊字母表将声音高度抽象，变为纯粹的空间元素，人们甚至可以利用这个字母表来读写自己并不熟悉的语言（这个字母表给由于语言不同带来的音素差异留出了空间）。年幼的孩子可以在词汇量仍很有限的时候就习得希腊字母表。希腊字母表对所有人而言都简单易学，从这个角度而言，它是非常民主化的。并且，它还能帮助人们去读写其他语言，因此，又是非常国际化的。希腊人将捉摸不定的声音世界用高度抽象的方式加以分析并将其转化为视觉对等符号（当然并不完美，但的确非常实用），这一伟大的创举不仅预示了并且也促成了他们日后在分析领域取得的成绩。

　　看起来希腊语的结构（它没有沿用闪米特语在书写中略去元音的做法）也许是出自偶然，但的确是非常关键的知识进步。德克霍夫（1981）曾指出，希腊语这种全声字母表会更多地利用大脑的左半部分，从神经生理学角度这会培养出更强的抽象和分析能力。

　　为什么字母表出现得如此之晚，并且可以"一次成型"，如果我们仔细思考声音的本质就能够对这两个问题的答案有所参悟。首先，比起其他的书写文字，字母表文字更加直接地作用于声音本身，将声音直接化为其空间对等物；其次，比起音节表而言，字母表中的每个单位都更加细微、更加彻底，也更加易控。例如，音节表中一个符号有两个声音，如 *ba*，但字母表中两个符号有两个声音，如 *b* 加 *a*。

　　如前所述，声音稍纵即逝。我们甚至不能让一个单词的声音同时存在：当我们说 existence 这个单词时，说到后半段"-tence"时，前半段"exis-"已经消失了。而字母表的发明却改变了这一点：单词不再是一种活动，它变成了一个事物，这个事物可以完整地存在，也可以被分割成小块，愿意的话，甚至你可以倒着拼写或拼读一个单词。例如，"p-a-r-t"（部分）倒过来读就成了 trap（陷阱）。但如果你是录下 part 的声音，然后倒着播放，你却无法得到 trap 这个词的发音，你只会得到一个既不是 part 又不是 trap 的发音。一幅画着鸟的画并不能将声音转化为空间的存在，因为图画代表着一个事物，而非一个单词。你用多少种不同的语言，鸟就可以对应多少数量的单词：*oiseau*，*uccello*，*pájaro*，*Vogel*，*sae*，*tori*，bird。

所有的文本都将词汇呈现为某种事物，它们是静态的物品，是等待被视觉吸收的固定不动的记号。在某些象形文字手稿中偶尔出现的画谜文字或者形声文字会用一个单词的图画来代指另一个单词的发音［就像前文假设的例子中，一个 "sole"（脚后跟）的画面代表了与肉身对应的 "soul"（灵魂）］。然而，画谜文字或形声文字尽管可能会代表几个事物，但画面呈现的仍旧是它所指代的事物之一。与此相反，字母表虽然可能也是起源于象形文字，但它现在已经与事物本身没有了任何关联性，它代表的就是声音本身，稍纵即逝的声音世界由此被转化为了寂静的、近似永恒的空间世界。

经古代闪米特人发明，又经古希腊人完善的语音字母表无疑是所有书写体系中适应性最强的字母表，它在声音的视觉转化方面最为成功。从审美角度而言它也许又是最不起眼的：这些字母的外形可以算得上美丽，但精美程度跟中文汉字无法相提并论。这个字母表简单易学，故而是一种具有民主性的书写方式。而汉字的书写，就像很多其他书写体系一样，究其本质是精英主义的：要想学会和掌握它们需要经年累月的苦练。韩语字母表就很好地体现出了这种民主化特征。韩语的书本和报纸中，文章都是字母拼写的词汇和几百个不同汉字的混合体。但所有公共标识语通常都只用字母拼写，这样几乎所有人都可以看懂，因为他们通常在小学的初级阶段就已经学过这个字母表了。而如果要阅读韩语文献，大概除字母表文字外还要掌握约 1800 个汉字，很多人到中学毕业也无法全部掌握。

也许韩语字母表的诞生可以算是整个字母表历史中最杰出的成就了：1443

年朝鲜王朝的世宗皇帝下令要求发明自己的字母表。在那之前，朝鲜人一直都在用中文书写，他们需要费尽心力地将汉字契合到韩语词汇表中，而事实上两种语言之间毫无关联性（虽然韩文中有许多源自中文的词汇，但这些词汇已经完全韩化，早已失去了其最早的中文含义）。成千上万的朝鲜人，或说所有朝鲜的读书人，都花费了相当大的精力和工夫来学习和掌握复杂的汉–韩书写方式。因此，如果采用新的书写系统，他们之前的心血和练习也就白费了，所以他们对新的书写方式是非常抵触的。但是朝鲜王朝势力很强大，世宗皇帝预料到这一举措会遭遇大面积的反对，他对此不以为意，这也反映出他是一个非常自我的君王。一般来说一个新的字母表与一门语言的融合要花很多年，甚至要历经好几代人才能最终完成。但世宗皇帝召集了大批学者，新的字母表仅用了三年就打造完毕，这个字母表几近完美地将高丽语的音素和书写的美感合二为一，字母的书写仍保留了汉字的外形。但对这一成就的接受程度也如预期一般：字母表只用于那些无关学术、实用性强和比较低层的需求。"严肃的"写作者还是继续使用自己先前通过辛苦勤奋习得的汉字。严肃的文献都是为精英服务的，也需要维护其精英的地位。直到 20 世纪，随着韩国社会的民主化进程更上一个台阶，韩语字母表才取得现今的（仍非全面的）支配地位。

读写时代的开启

无论是字母形式还是其他形式的文字，当其成型并从外部逐渐进入一个社会时，最初阶段必定都只限于一些有限的领域，只能产生一定程度的影响，其隐含的后果也不尽相同。起先，文字被认为是一种具有魔力的神秘工具（Goody 1968b，p.236）。从词源学中我们还能发现这种态度的蛛丝马迹：中世纪的 grammarye，也就是现在的 grammar（语法）一词，指的是书本知识，后来其意义就转化为"神秘的魔法传说"，通过英格兰方言形式演变为英语词汇中的 glamor（施咒的能力）。glamor girls（魔力女孩）从词源上说其实就是 grammar girls（精通语法的女孩）。中世纪时北欧的字母和文字都通常跟魔法联系在一起。

带有文字的小木片被用作有魔力的护身符（Goody 1968b, pp.201-3），也许是因为人们认为书写带来了人们向往的永恒，所以尤其珍贵。尼日利亚小说家钦努阿·阿切贝（Chinua Achebe）描述了一个会识字的伊博（Ibo）人，他将自己所能碰到或拿到的所有带有印刷文字的物品都收集起来——报纸、漫画、收据等（Achebe 1961, pp.120-1）。在他眼中所有这些物品都珍贵不凡，决不能丢弃。

还有些读写能力有限的社会，他们会认为对于粗心的阅读者而言，文字是一种危险的东西，因此需要有大师一样的人物专门充当读者和文本之间的中间人（Goody and Watt 1968, p.13）。读写能力仅限于某些特殊群体的人，如牧师（Tambiah 1968, pp.113-14）。人们感觉文本具有其固有的一些价值：文盲虽然读不懂里面的内容，但是可以通过在额头上摩擦书本或者转动写满经文的经桶来获益（Goody 1968a, pp.15-16）。西藏的僧人过去常常坐在溪流岸边，用佛经雕版在水面上"印刷"符咒（Goody 1968a, p.16, 转引自 R. B. Eckvall）。直到今天，在一些南太平洋岛屿上还流行这样的活动：一些文盲或半文盲认为诸如订单、提货单、收据等的商务文书是一些有魔力的器具，可以让船只和货物从大洋彼岸飘然而至，因此他们为这些文书设计了各种繁缛的仪式，希望货物顺利到达，为他们所用（Meggitt 1968, pp.300-9）。哈夫洛克在古希腊文化中发现了一种许多文化中都有的现象：文字发明初期是一种"匠人手艺"（craft literacy）（Havelock 1963; cf. Havelock and Herschell 1978）。在这个阶段，书写成为一种手艺人的行业，人们雇这些手艺人来为自己起草信件或文件，就像他们雇石匠来盖房子或雇造船工来造船一样。在像马里这样的一些西非国家，这种状态从中世纪一直持续到 20 世纪（Wilks 1968; Goody 1968b）。在这个"匠人手艺"阶段，个人无须学习读写，就像他们无须学习其他某门手艺一样。在古希腊，字母表被发明了约 300 年后的柏拉图时期，这种状态才逐渐改变，文字才开始在所有希腊民众中广泛传播，其内化的程度才真正开始对希腊人的思维过程产生影响（Havelock 1963）。

早期书写材料的物理属性促使抄写文化在很长时间内一直存在（Clanchy 1979, pp.88-115）。早期人们并没有机器制造的平整的纸张和耐用的圆珠笔或钢笔，那时的书写者用的都是些更加粗陋的技术设备。书写表面通常是湿润的泥砖或褪去脂肪和毛发后的动物外皮（羊皮纸、牛皮纸），这些外皮通常需要用浮石打磨，并用粉笔涂白，也时常需要刮去先前的文本（隐迹稿本）。人们还会用树皮、莎草纸（比其他大部分表面更平整，但从现代人的角度来看还是太过粗糙）、风干的树叶或其他植物材料，有时人们也会将木板表面打蜡并悬挂在腰带上形成一个双折记事本（这些蜡板通常用于记事，用完了可以再打一层蜡来重新书写）（Clanchy 1979，p.95）；当然，还有其他各种不同的木头或石头表面。那时没有街角的小文具店贩售便签簿，那时根本没有纸。书写工具的笔尖也各种各样：鹅毛笔需要被反复切割、削尖，并用直到今天我们仍称之为"铅笔刀"的东西来削尖。有人使用毛笔（尤其在东亚），或者其他各种可以穿透表面以及可以涂洒墨汁或涂料的工具。液体的墨汁用各种不同的混合方式被倒入中空的牛角中或者其他防酸的容器中。在东亚，人们也常常先润湿毛笔的笔刷，然后再用笔刷去墨锭上调磨，就像是水彩画的做法。

用上述这些书写材料需要一些特殊的机械技能，并非所有的"书写人"都拥有这样的技能去长时间地书写。纸张使得书写更加便利了。纸张最初是约公元前 200 年在中国被发明的，然后在约 8 世纪时通过阿拉伯人传到中东，而直到 12 世纪，欧洲才开始生产纸张。

长期的口头思维习惯都是不假思索地表达出自己的想法，这种习惯鼓励人们去听写式记录，但书写技术也有同样的效果。中世纪的英国人奥德里克·维塔利斯（Orderic Vitalis）曾指出，书写这种行为令"全身都在劳作"（Clanchy 1979，p.90）。整个中世纪时期的欧洲，写作者通常都会雇佣书写员。的确，从某种程度上说，边想边写，诉诸文字，进行书面创作（尤其是较短篇幅的书面创作）是很早开始就有的行为，但是读写文化和长篇著述的普及时间却是因文化不同而不同的。在英国，直到 11 世纪这类创作都还很罕见，口头文化当时还是如此盛行，所以，即使是为数不多的长篇著述也已经很让人称奇了。11 世纪时，圣·奥尔本斯教堂的埃德麦（Eadmer of St Albans）说，当他用书写来创作时，感觉自己似乎是在给自己口述。圣托马斯·阿奎那（St Thomas Aquinas）书写《神学大全》（*Summa theologiae*）手稿时用了半口语的组织方式：每一部分或每个"问题"的开头都是一连串对托马斯观点的质疑，然后托马斯阐明自己的观点，最后再一一回应那些质疑。类似地，早期诗人在创作诗歌时会想象自己面对一群听众朗诵这些作品。当代小说家虽然也会非常清楚自己作品中每个字词的语音效果，但已经很少或没人这样想象了。成熟的读写文化孕育出真正的书面作品，书写者创作的是真正的书面语篇——文字在纸张上交织融汇。其中的思维模式与口头文化中的思维模式具有不一样的轮廓。后文中会更多谈及读写（书写）文化对思维过程产生的影响。

从记忆到书面记录

书写从刚开始被使用到真正被人重视，中间又经历了很长时间。当代的读写之士通常认为在记录久远的事情方面，书面记录比口头言语有更强大的力量，尤其是在法庭上。然而，在早先那些虽然有读写能力但还没有将之完全内化的文化中，人们的看法却恰恰是相反的。人们赋予书面记录多少的可信度是因文化而异的。学者克兰西（Clanchy 1979）仔细研究了 11—12 世纪的英格兰读写能力在行政事务上的应用，他的研究表明，在行政事务中，虽然当时的人们已有读写能力，但口头文化的特征还是长期存在着。

克兰西发现，在他重点研究的历史时期中，"文书并不能带来直接的可信度"（Clanchy 1979，p.230）。书写改进了古老的口头传播方式，值得人们花费成本和力气去学习，但要让人们接受这个观点并非易事。在用文书之前，人们往往是用集体口头证词来确定某个封建主继承人的年龄。1127 年有一起关于在桑德维奇港口（the port of Sandwich）的关税究竟该缴纳给坎特伯雷的圣奥古斯丁教堂还是基督教会的官司，24 人陪审团包括 12 名来自多佛的人以及 12 名来自桑德维奇的人，挑选标准是"成熟、智慧的长者，有可信的证词"。在审判现场，每个陪审员宣誓"我受教于先人，我从年轻时就看到和听到（正确的做法）"，最后关税判给了基督教会（Clanchy 1979，pp.232–3）。这些陪审员会公开回忆先辈的记忆作为行事的标准。

在最开始，口头证词的确比文本更可信，因为它们可以被当场质疑，证人也可以当场做出回应，文本却不能（我们后文中还会提到这一点，这也正是柏拉图反对书写的理由之一）。用公证法来验证文书是希望在书面文书中建立公证机制，但是公证法是在读写文化出现后很久才发展起来的，并且在英国的出现也比在意大利晚很多（Clanchy 1979，pp.235-6）。从前，人们会用物品而非书面文字来表明某份文书的有效性（如用皮带把刀系在文件上——Clanchy 1979，p.24）。的确，有象征意义的物品就可以充当财产转移的证物。约1130年时，托马斯·德·马斯卡姆（Thomas de Muschamps）将自己在赫塞斯劳（Hetherslaw）的房产转给达勒姆的修道士，他把一柄剑放在祭坛上，作为转让的证物。在《英国土地志》（1085-6）①问世后，书面文档记录越来越多，即使如此，口头文化的思维模式还是非常普遍。沃伦伯爵（Earle Warrenne）的故事就很典型：沃伦伯爵生活在爱德华一世年间（1272—1306年在位），面对法官要求出示证物的命令，他出示的并非什么合约，而是"一把年岁久远、锈迹斑斑的剑"，他抗议说自己的祖先跟随征服者威廉（William）一起来到英国，并用这把剑赢得了战争，所以他要用这把剑来保卫自己的领土。克兰西指出（Clanchy 1979，pp.21-2）这个故事并非完全可信，因为里面有很多矛盾的地方，但是故事能够流传下来本身也说明了人们非常熟悉这种用象征性的礼物来作为证物的思维方式。

早期英格兰的土地转移合约甚至是不标注日期的（1979，pp.231，236-41），之所以如此，有几种可能的原因。克兰西指出其中最重要的原因可能是"确定日期就意味着书写员要表达自己对时间定位的观点"（1979，p.238），也就是说书写员需要选择一个参照点。那么究竟该选哪个参照点呢？应该以上帝创世作为起点来记录时间吗？还是耶稣受难日？还是耶稣出生日？教皇记录文件日期时是用耶稣诞生日作为参照点的，可是如果一份世俗文书也按教皇的方式来确定日期是否太放肆了呢？今天的我们生活在高科技文化中，每时每刻都活在一个抽象计算的时间框架内，我们有无数的印刷版日历、许许多多的钟表。

---

① 这是一本在英格兰威廉姆一世（William Ⅰ，约1028—1087）在位期间撰写的重要典籍。威廉姆一世是一名挪威人，在1066年征服了英格兰并成为国王。他命人调查以获得一份对英格兰土地、财产所有者以及资源的记录。——译者注

但是，在12世纪的英格兰，人们没有钟表，更没有挂历和台历。

在书写通过印刷被深深内化之前，人们并不感觉自己位于某种抽象计算的时间框架内。在中世纪甚至是文艺复兴时期的欧洲，大多数人似乎都不太能意识到自己身处日历中的哪一年——无论参照点是耶稣诞生日还是其他的时间点。他们为什么要知道呢？决定不了从什么时候开始计算时间，这本身就说明计算时间这种事情微不足道。他们的意识没受到过报纸或其他事实材料的影响，所以对大多数人而言，去知道现在具体是哪一年又有什么意义呢？抽象的日历数字与他们的实际生活没有什么关系。大多数人既不知道，也无意去探究他们究竟诞生在日历中的哪一年。

况且，在某种程度上法律文书也被演化为了某种象征性的礼物，如刀或剑。这些赠礼可以从外观上辨识出来。人们也经常按照法庭可能会有的喜好（无论这种喜好多么荒谬）来伪造文书（Clanchy 1979，p.249，citing P. H. Sawyer）。克兰西指出"文书伪造者"并非"行走在合法行为边缘的另类"，而是"12世纪浸润于读写文化和知识文化中的专家"。现存的忏悔者爱德华[①]时期文书共有164份，其中44份是伪造的，只有64份是确定真实的，剩下的文书真伪无从判断。

据克兰西所述，当时的经济类事务和司法类事务的处理仍基本是以口头方式来完成的，据称这种做法带来的可验证错误很少，这是因为完整的过往究竟真貌如何已经超出了人们意识可及的范围。"被回忆起的真相……都是非常灵活的，可以随时变化的。"（Clanchy 1979，p.233）正如之前所述的关于尼日利亚和加纳的例子（Goody and Watt 1968，pp.31-4），在口头思维体系中，往事若与今日无关就会被人们彻底遗忘。"习惯法"自动剔除了过时的东西，所以它总是最新、最适用的，而反过来说，又正是这种鲜活性保证了习惯法的稳定性和悠久性（Clanchy 1979，p.233）。那些在高度读写文明中形成世界观的人们需要提醒自己一点：在口头文化中，历史并非条块分割的领地，里面充满了点滴的或真或伪的"事实"与信息。相反，历史是祖先的领地，是一口洪钟，不断与当下产生共鸣，更新着人们对生存的意识；同时，人们当下的生存也不是条块分

---

① 忏悔者爱德华（Edward the Confessor）：英国的盎格鲁-撒克逊王朝君主，约1042—1066年在位。——译者注

割的领域。因此，在口头文化中没有列表、没有图表、没有图形。

古迪（Goody 1977，pp.52-111）仔细研究了表格和列表对人类认知能力产生的影响，其中日历就是个很好的例子。日历随着书写的产生而出现，的确，某种意义上书写的发明就是为了便于人们制作列表类的东西：我们所知的最早的文字（约公元前3500年苏美尔人的楔形文字）最大的用途就是记录账目。原生口头文化通常在叙事中也会有列表的对等物，就像《伊利亚特》（ii. 461-879）中关于船只和船长的目录罗列——这目录与其说是客观统计，不如说是故事中关于战争的描述。

毫无疑问，《圣经》是书面文本，但是它有很深的口头文化认知和传统的印记。这些篇章感觉不像是静止的物品，而是对历史活动的重构。口头陈述的序列，并没有什么视觉呈现，只是一些说话的声音，话止语尽，因此根本无法去"查证"。在原生口头文化或者口头文化残留还较多的文化中，甚至是族谱也并非简单的数据"列表"，而是"对唱过的歌曲的记忆"。文本像物品，静止在视觉空间中，可以随时"回看"（Goody 1977，pp.49-50）。古迪（Goody）详细地说明了当人类学家在手写稿或者印刷稿的表面记录口头神话中各种事物（部族、各种宗教、风的类型等）的列表时，他们实际上已经扭曲了神话产生时的精神世界。神话所带来的满足感从本质上说并非扁平面上的"连续体"。

当然，如果我们能进行自我反思并意识到古迪讨论的这类列表带来的不可避免的扭曲，那么这些列表还是非常有用的。言语材料在空间中的视觉呈现有独特的机制，有自己的变化和组织规律。世界各地各种各样手稿的文本有各种不同的阅读方式：从右向左、从左向右、从上向下，或者说像牛耕式转行文字那样三种并用。当然到目前为止，还没有文字是从下往上读的。文本帮助人体承载言语的发声。这些书写方式带来的体验引入了"标题"：chapter（章）一词来自拉丁文 *caput*，意为（人体的）"头部"。页面不仅有"头部"也有"脚部"，如脚注。说文章其他部分时会说"上"文或者"下"文，意思是若干页之前，或者是若干页以后。文本的垂直书写或平行书写的意义值得我们认真研究。德克霍夫（Kerkhove 1981）提出左脑主导模式的发展带来了早期希腊语书写的变迁：人们从最开始的由右向左书写发展到牛耕式转行书写（一行向右写，结束后又转个方向，从右向左写，字母的排列也会跟着书写的转向而转向），又发展到垂直式书写，最后发展到固定的从左向右水平书写模式。所有的这些都与口头文化不同，在口头文化的认知中，并没有什么"标题"或者线性排列言语的概念。在全世界范围内，所有的字母表都无情而又高效地将声音简化为了空间物品，所有的字母都服务于空间中的序列：事项会用 a、b、c 等来标明顺序，甚至在读写时代早期，诗篇就按每行诗句起始单词的首字母的字母表顺序来排列。字母表这个简单的序列成为口头记忆术和读写记忆术之间的完美桥梁：通常人们会口头背诵字母表的顺序，然后将之用于视觉世界中的资料检索，如图书馆里的索引。

图表（chart）不仅将其包含的元素排列成行，还会同时做横向参照和交叉参照，与列表式清单相比，这种思维框架离口语认知模式中的思维方式又远了一步。在我们当今的高科技文化中，列表尤其是图表的广泛使用不单纯是书写的产物，而是印刷技术被深深内化后的结果（Ong 1958b，pp.307–18，亦散见全书各处）。印刷文化实现了固定的图表式文字绘图以及其他针对中性空间（neutral space）① 的信息手段；如果仅有手写文化，这些文本形式都是无法实现的。

文本性的一些动力学特征

词语在文本中与它们在口头话语中的状态是完全不同的。的确，文本词语和口头词语对应的都是声音，但两者还是有根本的区别：书面语汇完全脱离了语境，而口语语汇则是情境的一部分。词语在口头表达的自然栖息地中是真实且即时的一部分。口头言语通常都是由一个真实的、有生命的人对另一个或另一群真实的有生命的人在某时某刻某个具体情境中说出的，这些情境包含的绝不仅是词汇。口头词语通常都是一个完整的情境经过调节后的产物，这些词语不是孤立存在的。

---

① 中性空间是指没有个性、没有特定用途的空间，可以是纸张中的空白之处，也可以是立体空间中的无固定用途的公共空间。——译者注

然而，文本中的词语是独自存在的。并且，在创作一个文本时，即当人们"书写"时，书写的主体也是独自一人。书写是一种唯我独尊的行为。我正在写一本我希望日后能被数十万读者阅读的书，因此现在我必须离开众人独处。在撰写这本书期间，我连续数日或数小时留下"外出"的字样，这样就没有人（哪怕这本书日后的潜在读者）会打搅我安静的独处。

　　在文本中，即使是词汇也缺少其语音特质。在口头表达中，一个单词必定有一定的语气语调——活泼的、兴奋的、安静的、气愤的、无奈的，或任何其他语气。你不可能不带任何语气语调来说出一个单词。在文本中标点符号表达的语气却很有限，如通常问号和逗号都需要语调上扬。经验丰富的批评家们通过沿用并调整之前的读写传统，可以为语调补充些语篇外的线索，但还是不全面。演员往往要花很长时间来阅读书面台词才能确定究竟该用什么语气。同样的剧本台词，有的演员可能会吼出来，有的演员可能会轻声细语。

　　读者和作者同样缺少语篇外的情境。写作发生在语境不确定的情况下，因此大多数情况下这个过程都比面对真实观众的口头陈述要痛苦得多。"作家的读者是虚构的。"（Ong 1977，pp.53-81）书写者必须给他不在场且通常也是未知的读者设立一个角色。即使是写信给好朋友时，我也不得不为他虚构出一种情绪。读者也必须在头脑中想象作者。当朋友读到我的信时，我的心境也许与写信时已经大不相同了。的确，甚至可能我都已经不在人世了。文本对信息的传递与作者是否在世无关。许多现存书籍的作者都早已过世。口头言语只能出自活人之口。

　　即使是一本私人日记，创作者也必须想象出读者是谁。事实上，从某种角度来看，私人日记需要最大程度地虚构讲话者和听话人。写作往往是对交谈的一种模仿，在日记中我假装与自己交谈，但是现实中的我从不会这样跟自己说话——如果没有书写能力或者没有打字能力我也不会这样。日记很晚才出现，事实上17世纪之前从没有过关于日记的任何相关记载（Boerner 1969）。这种个人化的言语幻梦是印刷文化塑造出的产物。我究竟是写给哪一个的我呢？是现在的我吗？十年后的我？理想化的我？我期待的别人眼中的我？这一类的问题有可能会给日记书写者带来很多困扰和不安，有时甚至导致日记的中断。如果没有虚构，日记写作者是不可能写下去的。

作者虚构读者是文学史隐蔽的一面，而其公开的一面是文学流派的演化史，是文学作品对人物和情节的处理。早期的作者给读者提供了大量的提示，便于他们在想象的场景中定位自己。那时甚至哲学内容都用对话的形式呈现出来，如柏拉图著作中的苏格拉底，读者可以想象自己旁听到了这些对话。叙事往往是章回体的，读者能想象出故事是连续数日讲述给现场听众听的。后来到了中世纪，哲学和神学文稿往往被创作成"反驳-回应"模式，这样读者可以在脑海中想象出一场场口头论辩。薄伽丘①和乔叟②的作品中虚构了一群男女互相讲故事，即框架故事（frame story），这样读者可以假装自己也在听故事的人群中。但是在《傲慢与偏见》《红与黑》或《亚当·贝德》这样的作品中，究竟又是谁在给谁讲故事呢？到了19世纪，小说家们一遍遍地刻意吟诵着"亲爱的读者"实际上是在反复提醒自己他们不是在口述故事，而是在书写故事，在这个语境中无论作者还是读者都很难定位自己。书写的心理动力学因素在叙事中成熟的过程非常缓慢。

《芬尼根的守灵夜》③的读者该如何自我定位呢？他们是纯粹的读者，但又是一种特殊的虚构类型的读者。大多数英语读者无法也不愿让自己成为乔伊斯所要求的那种特殊类型的读者。有些人在大学的课程中学习如何按照乔伊斯的要求来想象自己。尽管乔伊斯的文字读起来很上口，很有口头性，但这些声音和声音的听众却无法契合到任何我们平时可以想象到的真实生活场景中，这一切只能发生在《芬尼根的守灵夜》所虚构的情境中，这一切的构建全靠书写和印刷。《芬尼根的守灵夜》是由作家书写的，但却是为印刷文化书写的：里面充

---

① 薄伽丘（Boccaccio, 1313—1375），意大利文艺复兴运动代表、人文主义作家、诗人。其最著名的代表《十日谈》中，十位男女青年为躲避瘟疫来到乡间，用10天的时间互相讲述了一百个故事。——译者注
② 杰弗雷·乔叟（Geoffrey Chaucer, 1340/1343—1400），英国小说家、诗人。主要作品有小说集《坎特伯雷故事集》。——译者注
③ 《芬尼根的守灵夜》（Finnegans Wake）是爱尔兰作家詹姆斯·乔伊斯（James Joyce）创作的作品，讲述的是夜晚和梦幻的逻辑。乔伊斯企图通过他的梦来概括人类全部历史，这本书中乔伊斯将他的意识流技巧和梦幻式的风格发挥到了极致。该小说彻底背离了传统的小说情节和人物构造的方式，语言也具有明显的含混和暧昧的风格。乔伊斯在书中编造了大量的词语，潜藏了许多历史和文化的背景以及哲学的意蕴，甚至大量运用双关语。——译者注

满了个性化的拼写和用法，如果是凭借手抄本来流传，那么文稿的原样基本是无法被保留的。这里没有亚里士多德所说的"拟物"，有的只有反讽。书写的确是反讽的温床，书写（和印刷）传统越悠久，反讽的比重就越大（Ong 1977，pp.272–302）。

距离感、精准性、标准书面语和海量词汇

写作产生一种距离感，它将语言从原来口头表达所处的那种丰富但混乱的存在背景中剥离出来，从而产生了一种新的言语精准性。凭借着夸张的演绎或是现场听众的集体智慧，口头表述可以非常精彩，无论其形式是长篇大论的正式叙事，还是言简意赅、意味深长的谚语。然而智慧与一个整体和相对独立的社会情境有关。口头组织的语言和思维在分析性和精准性方面较为欠缺。

当然，所有的语言思维在某种程度上都是具有分析性的：他们将密不可分、持续不断的人生体验分割开来，将威廉·詹姆斯[①]所说的"巨大的、膨胀的、模糊的混乱"分解为或多或少彼此独立、富含意义的片段。但是书面文字让人的分析能力又上了一个台阶，因为彼此分离的词语可以进行更细致的分析。为了让自己在没有任何手势、面部表情、语音语调、真正听众的前提下清晰表述，写作者必须审慎地预见到一段话针对各种读者群有可能生成的所有含义，必须让语言本身在脱离各种语境的前提下清晰无误。写作时的选词择句需要极度认真和谨慎，这就是为什么写作过程总是让人倍感煎熬。

古迪（Goody 1977，p.128）所说的"回看"（backward scanning）使书写者能够消除书写中的不一致性（Goody 1977，pp.49–50），因为书写者可以用反思机制去选择措辞，使思想和词语具有新的区别性表达力。在口头文化中，词语

[①] 威廉·詹姆斯（William James，1842—1910），美国心理学之父，美国本土第一位哲学家和心理学家，也是教育学家、实用主义的倡导者，美国机能主义心理学派创始人之一，亦是美国最早的实验心理学家之一。——译者注

的流动对应着思维的流动，从古代到文艺复兴时期欧洲修辞学家所倡导的"丰裕"一般就是指通过含混过关（gloss over）来解决话语中的不一致性的一种方法——gloss 从词源上说来自 glossa，是舌头（tongue）的意思，就是用"巧舌"来掩盖前后不一。而在书写文化中，"出口"的话语，即使已化为文字，仍旧可以被删除、擦去或修改。但在口头表述中却没有对等的行为，话一出口就难以收回：事后的更正只能是一种补充或修补，并不能彻底根除之前的错误或不当。列维-斯特劳斯（Lévi-Strauss 1966，1970）认为"原始"或"未开化"的思维特征就是"即兴创作"（bricolage）或事后修补（patchwork），这里我们可以看到这些特征是口头文化中的认知环境的产物。口头表述中的纠错往往是不太利于交流的，因为这会让说话者显得不再那么可信。所以，一般人们会尽可能少纠错或者根本不纠错。而写作过程中纠错却是非常有意义的行为，因为读者根本不会知道这些。

当然，书写技术带来的精准性和分析力一旦被内化之后也会反过来影响口头言语，而事实也的确如此。尽管柏拉图的思想都是用对话形式呈现出来的，但其高度精准性主要还是来自书写对认知过程的影响，因为这些对话录都是书面文稿。形式是口头对话，载体却是书面文稿，这种表达方式使这些对话得以辩证地展开，苏格拉底和柏拉图所讨论的问题来自更加"一体化"、非分析性、叙事化的口头表达形式，而现在可以通过分析将它们澄清。

在《希腊人的正义观——从荷马史诗的影子到柏拉图的要旨》（The Greek Concept of Justice: From Its Shadow in Homer to Its Substance in Plato，1978a）一书中，哈夫洛克探讨了柏拉图作品所凸显出来的这种改变。柏拉图针对"正义"这个抽象概念展开了分析，而这一切在口头文化中是不会有的（Ong 1967b, pp.56-7）。与此类似，西塞罗对于对手弱点及其他类似问题有力的抨击也是读写文化思维方式的产物，尽管我们知道今天读到的西塞罗演讲稿不是他演讲前写就的，而是他演讲结束后记录下来的。中世纪大学直到现在的学术研究都有分析思辨性极强的许多口头论辩（Ong 1981, pp.137-8），而要拥有这样的思维能力，人们需要用书写、阅读、对文本进行口头或书面评价等活动来磨炼自己的头脑。

通过将知识拥有者和知识本身相分离（Havelock 1963），书写使得人们可以越来越清晰地表述自己的内心，人类心智也由此进入到一个全新的境界：人们不仅可以意识到对立于自身的恒定的外部客观世界，也可以去探索与这个外部客观世界相对应的自身。有了书写，才有可能产生强大的自省力，佛教、犹太教、基督教等这些具有深度反思精神的宗教才可能真正出现。古希腊人和古罗马人，尤其是古希腊人，在掌握书写技术之后对其加以应用，详细阐述了各种科学知识和哲学思想。但是他们并没有形成类似于《吠陀经》《圣经》这样的宗教性文本。在书写为他们开启的心灵世界的深处，宗教并未扎根下来，而是化为一种古雅的文学资源及外部仪式的参考框架，从而为许多作家如奥维德（Ovid）提供了丰富的写作素材，但缺少对个人的直接意义。

即使是相同的语言，写作形成的编码跟口头语言的编码也是不同的。巴兹尔·伯恩斯坦[1]（Basil Bernstein 1974, pp.134–5, 176, 181, 197–8）区别了英国社会下层使用的"局限型语言编码（restricted linguistic code）"或"公众语言"和中上层人士使用的"精致型语言编码（elaborate linguistic code）"或"私人语言"两者的不同。沃尔特·沃尔弗拉姆（Walt Wolfram 1972）早前也注意到类似的美国黑人英语和标准美式英语之间的区别。如果是在说话者和倾听者都很熟悉的语境中，局限型语言编码可以达到精致型语言编码同样的表达效果和精准性。然而，如果是对话双方不太熟悉的语境中，那么就必须使用精制型语言编码，因为"局限型语言编码"无法达到沟通目的。很显然，局限型语言编码很大程度来自口头文化，因此，其思维模式和表达都具有口头性，这种交流需要有特定的情境，贴近人世生活：在伯恩斯坦的调查中，此类编码的使用者是一些没有受过小学教育的儿童送信员。这些孩子话语中有很多套语式的表达，而且他们的表达没有严密的从属结构，而是成串的，就像"一个框架上成串的珠子"（1974, p.134）——可以辨识出口头文化的叠加性和套语成分。精致型编码是在书写的基础上产生的，印刷文化使其更臻完善。伯恩斯坦调查中使用这类代码的人群来自英国的公立学校——那里提供了最丰富和严格的读写

---

[1] 巴兹尔·伯恩斯坦（Basil Bernstein, 1924—2000）是 20 世纪英国著名的社会学家，他在语言学、社会学和教育学领域著述丰硕、影响广泛。——译者注

教育（1974，p.83）。因此，伯恩斯坦的"局限型"和"精致型"语言编码可以被重新命名为"基于口头的"和"基于文本的"。大卫·奥尔森（Olson 1977）的研究说明了口头表达中意义一般都依情境而定，而书面表达中的意义就在文本里。

书写和印刷发展出来一种特殊的方言。正如前文所述，大多数语言都不是只有纯书面语的。但是有些特定的语言，或更恰当地说是某些方言会有很强的书面性。在很多地方，像英格兰、德国、意大利等国都各自有许多种不同的方言，但是出于经济、政治、宗教或其他方面交流的需要，在读写文化出现后，某一种地方语言会超越其他语言最终成为全国性的语言。在英格兰，伦敦社会上层人士使用的方言后来扮演了这一角色；在德国是高地德语（德国南部高地人使用的方言），在意大利是托斯卡纳方言。的确，从起源上说，这些语言原本都仅属于某个阶层或某个地区，但是在书写文化中，它们成了全国统一的语言，从而与其他未作为书面语的方言就不再相同了。正如古柯斯曼（Guxman 1970，pp.773-6）指出的，全国性的书面语不得不脱离其原本的方言基础，丢弃某些方言形式，发展出不同层次、来自不同源头、不再具有方言性的语汇，并逐渐形成一些独特的句法特性。豪根（Haugen 1966，pp.50-71）给这种语言起了个贴切的名称——"标准书面语言"（grapholect）。

现代正宗书面语如"英语"（一般我们就用"英语"这一简单常用的语汇来指代这种标准书面语）几个世纪以来都在不断被研究，最早期的认真研究大约可以追溯到亨利五世时期的大法官（Richardson 1980），后来规范理论家、语法学家、词典编纂者等也都纷纷跟进。英语文献通过书面形式、印刷品形式，以及近些年来电脑等方式被大量记录和保存，这样精通这门语言的人们就可以通过它与数以百万计的其他人沟通，而且还能了解到几百年前人们的思想，因为英语的其他方言以及数千种其他语言都被转化为了正式的英语书面语。从这个角度而言，某种正宗书面语就涵盖了其他所有的方言：它可以解释其他的方言，而那些方言是无法自我解释的。数百万或数千万的人们使用这种语言彼此沟通，在这门语言中留下了无数的思想和意识的烙印；同时，也将大量的语汇输入到这门语言中，其词汇量是之前的口头语言绝对无法企及的。《新韦氏国际英语大词典（第三版）》①在其序言中提到"词典共收录了45万个单词"，但事实上可供收入的词汇是这个数量的许多倍。假设说"许多倍"至少指3倍，那么我们可以来取个约数：词典编纂者手头可供选择的词汇可能有约150万。口头语言或方言的词汇量与之相比，可能只是沧海一粟。

正式书面语海量的词汇可能源自书写，但其真正走向巅峰应该是在印刷技术出现之后。现代正式书面语的相关资源大多是词典。在书写历史的早期（Goody 1977，pp.74–111），各种词语列表都是很有限的，在印刷技术真正成熟之前，并没有任何关于某种语言的综合性词典。这一点不难理解：我们可以设想一下手抄《新韦氏国际英语大词典》这样的工具书，哪怕只是几十本，或者哪怕只是抄写规模小很多的《韦氏大词典》②，这种工作量都会让人望洋兴叹。这样的词典与从前的口头文化的距离恐怕要用光年来计算。书写和印刷技术对人类意识的改变令人称奇，词典是最佳明证。

任何语言一旦有了正式书面语，那么这种方言的语法和用法就会被视为是"正宗"的，其他方言的语法和用法就会被排斥。"秩序"这个概念的感知很大程度来自视觉（Ong 1967b，pp.108，136–7），正式书面语一般就是以书写或印刷形式呈现的，从而被赋予了规范语言的权利。但实际上，当另一种方言使用不同的语法时，并不一定是语法错误，有时它们只是使用了不同的语法，语言本来就是有结构的，每一种被使用的语言都有自己的语法规则。鉴于这一点，今天很多语言学家会强调所有的方言都是平等的，没有任何一种方言的"固有"语法一定优于其他方言。但是赫希（Hirsch 1977，pp.43–50）进一步指出，从更深层的意义上说，像英语、德语、意大利语中的其他方言的资源都无法与其正规书面语相比，因此，如果把所有其他"方言"都视为是正确的，那就太教条了。如果这样的话，其他方言的人就没有必要学习正规书面语了，那么他们也就与这些海量的资源失之交臂了。

---

① 《新韦氏国际英语大词典（第三版）》（*Webster's Third New International Dictionary*）正式出版于1961年，后面有若干次增加附属词表，其印刷版有2700多页，收录词汇约47万。——译者注

② 《韦氏大词典》（*Webster's New Collegiate Dictionary*）初版于1898年，最新版是2000年的第11版，其规模相较于《新韦氏国际英语大词典》小很多，一般被美国各主流媒体视为权威的参考词典。——译者注

互动：修辞和场域

在西方，书写性和口头性的互动衍生出两个方面的重大发展，反过来，这两个领域的重大发展也影响了语言的口头性和书面性之间的关系。这两大方面就是学术修辞和学院派拉丁文（Learned Latin）。

克莱夫·斯特普尔斯·刘易斯（C. S. Lewis）在其编撰的《牛津英国文学史》（*Oxford History of English Literature*）中评论道："修辞学是横亘在我们和先人之间的最大障碍。"（1954，p.60）面对这个宏大的议题，刘易斯的态度就是心怀敬畏，回避谈论，然而实际上这个问题对于浪漫主义时期及之前各阶段的文化而言都是至关重要的（Ong 1971，pp.1-22，255-83）。修辞学在所有西方文化中都占据着绝对的主导地位，修辞学研究直到浪漫主义时期一直都是古希腊教育和文化的核心。在古希腊，以苏格拉底、柏拉图、亚里士多德为代表人物的"哲学"研究尽管多产，但在整个希腊文化中却只占很小比重，无论是学徒的数量还是影响力方面都远远不及修辞学（Marrou 1956，pp.194-205），苏格拉底不幸的结局也说明了这一点。

究其根源，修辞学萌生于公开演讲或口头发言，其目的是说服（法庭辩论或事务判定）或展示（辞藻炫技）。希腊语中的 *rhetor* 与拉丁文的 *orator* 来自同一词根，意为"公开演讲者"。哈夫洛克经过深入研究后得出结论（Havelock 1963）：显而易见，修辞学深重的传统代表着旧的口头世界，而哲学传统与书写新技术带来的思维结构有关。其实刘易斯和柏拉图一样，都在无意间转过身，无视过往的口头世界。在浪漫主义时期之前的数百年间（到了浪漫主义时期，修辞学的重心开始发生了非常明确甚至是全面的转移，其关注的对象从口头语言变为了书面语言），要衡量某个特定文化中口头语言传统的残留程度，就可以去看看这个文化中有多少种（公开或非公开的）形式各异的对修辞学的正规研究和实践的程度（Ong 1971，pp.23-103）。

荷马时期以及荷马时期之前的希腊人，就像口头文化中的其他各民族的人一样，有漫长的公开演讲的历史，在公开演讲时，他们会采用各种技巧，经年累月之后，这些技巧被简化为了一门"艺术"，也就是说，这些技巧被转化为了一整套可以用来说明和解释说服力并富有条理的科学原则。在亚里士多德的著作《修辞的艺术》中，提出了修辞"艺术"这个概念。如我们之前所探讨的，口头文化中无法产生这种有科学性和条理性的"艺术"。在口头文化中，如果真的要有这种程度的理解力，也必须用口头的方式将这一切表述出来，而现场口述出像亚里士多德这本书一样的作品根本是不可能的。篇幅较长的口头创作往往叠加性更强，分析力更弱。修辞的"艺术"尽管关乎口头言语，但事实上它跟其他"艺术"一样，都是书写技术的产物。

大量的古代文献都与修辞学有关，从古典时期到中世纪、文艺复兴、启蒙主义时期（e.g. Kennedy 1980；Murphy 1974；Howell 1956，1971），人们一直对修辞学兴趣浓厚，花费大量的时间和精力执着地研习这门学科，以至于希腊语和拉丁文中有数百种修辞手法的分类以及无数的相关语汇，如 *antinomasia* 或 *pronominatio*，*paradiastole* 或 *distinctio*，*anticategoria* 或 *accusatio concertativa*，等等（Lanham 1968；Sonnino 1968）。当高科技文化中的人们意识到这一点，往往会忍不住感叹："这简直是浪费时间啊！"然而，对于修辞学最早期的发现者或发明者——5 世纪的希腊诡辩家们来说，修辞术真的是美妙无比。这门学科为他们的兴趣和专长提供了理论依据，有效且不乏炫技的口头表达一直都是非常有人类特色的活动，但是在书写出现之前，由于没有修辞术，所以人们从未对这些口头活动有真正的了解和思考。

修辞学保留了很多古代口头文化的元素，如套语式表达、论辩性的基调等，很明显的例子就是修辞术中关于"场域"（places）的教义（Ong 1967b，pp.56-87；1971，pp.147-87；Howell 1956，Index）。由于其论辩性，修辞术中往往都会假定所有的会话在某种程度上都是为了证明或驳斥某个观点，为了跟对手论辩。论题的形成被视为是一种"发明"过程，也就是说，在他人经常使用的论据中寻找能为自己所用的材料。这些论据被认为是住在或者"就座于"（seated）某些"地方、场域"（places），通常被称为 *loci communes*，即共同的场域，这些通用场域可以为各种话题提供论据。

从至少是昆体良 ① 时期开始，*loci communes* 一词就有两种解释。第一种解释中，它指的是论据的 seats（座位、位置），用今天的说法就是各种 headings（标题、主题），如定义、原因、结果、差异、类似等（这个列表的长度因作者不同而不同）。当人们需要形成某种"证据"时，如想要证明忠诚、邪恶、犯了指控的罪、友谊、战争等时，都可以通过下定义、寻找原因、结果、差异等方式来组织这些现有的论据。因此，这些"名称"就可以被称为"分析性的通用场域"（analytic commonplaces）。第二种解释中，*loci communes* 或说 commonplaces 指的是关于不同话题的各种话语的集合（实际上就是套语的集合），如忠诚、堕落、友谊等，这些话语可以被用到自己演讲稿或写作稿中。这种情况下，*loci communes* 可被称为"累积性的通用场域"（cumulative commonplaces）。很明显，无论哪种解释都保留了古老的口头文化的特点：思维和表达主要是由套语或其他各种一代代积累下来的固定素材构成的。这样说并非要详细分析修辞学的全部复杂教义，这些教义本身也是修辞艺术不可或缺的主要部分。

当然，修辞究其根本很大程度上就是一种论辩（Durand 1960，pp.451，453–9），演说家演讲时面对的是或公开或隐藏的对手，演讲术有很深的论辩性渊源（Ong 1967b，pp.192–222；1981，pp.119–48）。深厚的修辞传统及其发展是西方文化的一大特色，而希腊人以及深受希腊文明影响的后来西方各国的人无论是在内心深处还是在外部世界中往往都有放大对立面的倾向，这两者之间可以说是互为因果。相较之下，印度人和中国人往往都倾向于尽力缩小对立面（Lloyd 1966；Oliver 1971）。

从古希腊开始，修辞术在学术界的主导地位就让整个知识界有一种虽模糊但又实在的印象：演讲是所有口头表达的范式。用今天的标准来看，这种雄辩的演讲术使得他们的话语充满了对抗性。诗歌有时也变得像充满了美丽辞藻的演讲，它们的主要目的不是称颂就是贬损（甚至今天许多口头甚至是书面的诗歌还是如此）。

到 19 世纪之后，西方的大部分文章的风格都或多或少受到学术性修辞学的

---

① 昆体良（Quintilian，约 35—100），古罗马时期著名律师、教育家、第一位皇家委任的修辞学教授，也是 1 世纪罗马最有成就的教育家。其代表作有《雄辩术原理》及后人编选的《昆体良论教育》。——译者注

影响，只有一个明显的例外：女性作家的行文风格。从 17 世纪开始，许多女作家的作品开始被正式出版，几乎没有一个女作家受过专门的修辞学训练。从中世纪开始，女孩接受的教育也非常严格，但教育内容主要关乎家庭的管理：有的家庭规模甚至可以达到 50～80 人，所以家庭管理也是一项颇具规模的事业。但是这类教育往往不在学术院校中进行，学校里的课程一般是修辞学或者用拉丁文教授的其他科目。当 17 世纪的女孩开始越来越多接受教育时，她们上的并不是主流的拉丁文学校，而是一些新建的说本族语的学校。这些学校更注重商贸或家政类的实践，而那些用古老拉丁文教授的课程是为那些要做牧师、律师、医师、外交家以及其他服务公众的人士所准备的。无疑，当时的女作家也会阅读受过拉丁文学科教育的学者创作出来的作品，并受到这些作品的影响，但是她们通常表达想法的方式会与男性作家不同，文字中论辩的感觉也会弱很多，这一点与长篇小说的兴起也有很大的关系。

互动：学院派语言

西方世界的第二个影响口头语和书面语互动的大发展就是学院派拉丁文（Learned Latin）的出现。这是书写的直接产物。在公元 550—700 年间，拉丁文被欧洲各国使用，后来分别发展为意大利语、西班牙语、加泰罗尼亚语、法语和其他罗曼语的雏形。到公元 700 年的时候，这些衍生语言的使用者已经无法理解他们的曾祖父辈才能读懂的古拉丁文了。他们的口头语言与最初的拉丁文相去甚远。但是在学校接受教育时，拉丁文仍旧是教会或者国家最正式的语言，因此很多学科还是会通过拉丁文来教授。这也的确是唯一的选择。欧洲有成百上千种语言和方言，其中大部分直到今天也没有书面形式。各个部族使用的日耳曼语方言或斯拉夫语方言不计其数，甚至更加遥远的非印欧语系语言，如马扎尔语、芬兰语和土耳其语也逐渐流入西欧。因此，人们不可能把在中小学和大学所使用的各种文学、科学、哲学、医学或神学著作翻译成各种各样的本族口头语，这些语言千奇百怪，甚至相距仅 50 公里的两个地方人们语言就无法相通。唯一现实的做法就是给这些接受学校教育的数量有限的男孩教授拉丁文，直到在经济或其他原因的驱动下某种方言可以扩散到其他地方，逐渐演变为新的主导语言。就这样，曾经是欧洲人母语的拉丁文就逐渐演化为了只有在学校中才学习的语言，人们只有在课堂中才讲这种语言，原则上，学校里其他地方也应该使用这种语言，但实际上却很少如此。根据学校的条规，拉丁文成为有学问人的拉丁文，一种只用于书写的语言，而由罗马语衍生出来的各种本族口头语也在继续不断地发展变化。拉丁文经历了声音和视觉的分离。

由于拉丁文深深扎根于学术界，而接受学术教育的又全部是男性（偶有例外，但数量少到可以被忽略），因此，除了同样源于希腊文化，拉丁文跟修辞学又有了第二个共同点：他们都主要是由男性使用的。一千多年来，这种语言都是与性别相关的——说、写这种语言的都是男性，他们在家庭外（学校）学习这门语言，其环境有些像古代的部族，这个过程像是一种男性青年成年礼，其间充满了体罚或其他各种人为强加的艰辛（Ong 1971，pp.113-41；1981，pp.119-48）。它与婴儿时就习得的母语带来的无意识没有什么直接的关联性。

然而，矛盾的是，学院派拉丁文又与口头性和读写性相关。一方面，正如前文谈到的，这种拉丁文是书面专用语言。在接下来的 1400 年间，数以百万计会说这门语言的人都同时也会用这种语言书写，这门语言没有纯粹的口头使用者。但是这种书写主导性也并没使这种语言摒弃它与口头性之间的关系。看似矛盾的是，正是让拉丁文扎根于古代的文本性恰恰成就了它的口头性，因为古代教育理念要培养的不是擅长书写的人，而是 *rhetor*，即擅长雄辩和公开演讲的人。学院派拉丁文的语法来自古老的口头文化世界，它的基本词汇表也是如此，当然，跟其他正在被使用的语言一样，这个词汇表在后来几个世纪的发展中也吸收了成千上万新的语汇。

学院派拉丁文中没有婴幼儿用语，从而也就远离了语言扎根心灵最深处的童年早期阶段；它也不是任何人的第一语言，虽然全欧洲都有人会拉丁文，但他们说出的拉丁文往往彼此不同，只有书写方式是相同的。这种拉丁文是一个非常典型的实例，向我们展示了书写所具有的分离力量以及这种由分离所产生的无与伦比的生产力。如前所述，书写能够将知识和知识拥有者分开，从而建立某种客观性。有学者（Ong 1977，pp.24-9）提出这种拉丁文帮助人们摆脱了母语所带来的深厚和丰富的情感，从而减少了来自人世的其他干扰，使得高度抽象的中世纪经院哲学及尾随而来的数学化的现代科学成为可能，因此，人们以这种语言为基础所确立的学科知识也更为客观。如果没有这种语言，现代科学也许无从发展，即使发展，其道路也会缓慢而艰难。拉丁文是现代科学的沃土：从其诞生一直到牛顿时期，科学家和哲学家都用拉丁文来进行抽象的思考和写作。

在这个时期，欧洲和亚洲也有其他一些书写主导和男性使用的语言在形成和发展，围绕每种语言的都是一个拥有相当数量的人群，每个人群中的人都希望能够借本群的共同语言来分享共同的知识遗产。跟这种拉丁文差不多时代的还有犹太法师所使用的希伯来语、古阿拉伯语、梵文、古汉语，排第六位的是拜占庭时代的希腊语，不过这种语言不是非常明显的学院派语言，因为很多普通希腊人也大量使用这种语言（Ong 1977，pp.28-34）。这些语言都不再被用作母语，顾名思义，母亲养育孩童时不使用这些语言。它们不是任何人的第一语言，而是主要被用于书写、主要为男性所使用（也有例外，但数量太少，基本可以忽略，其中也许古汉语的女性使用者相对多一些），使用者也都会书写这种语言，而且他们对这门语言的学习就是从书写开始的。这类语言现在已经没有了，因此我们很难体会到它们曾经的影响力。现在人们在学校中学习的语言本身也就是人们的母语（或者即使是阿拉伯语，也变得越来越像母语）。这些以书面为主的语言的消失就是书写逐渐失去其垄断地位（尽管书写依然十分重要）的最令人信服的例证。

口头文化的韧性

如前所述，修辞学和学院派拉丁文中口头性和读写性之间存在着悖论关系，其结果就是，从口头文化向读写文化的过渡非常缓慢（Ong 1967b，pp.53-87；1971，pp.23-48）。尽管中世纪使用的文本比古希腊罗马时期多得多，大学中的教师在授课时也都有文本，但那时的教师从不会用书面形式来考查学生对知识和能力的掌握。考试大多是通过口头辩论的形式展开的——随着时代发展，这种考试方法越来越少见，直到19世纪彻底消亡。不过今天我们还能觅得这种做法的一些痕迹，如博士论文答辩中的口头辩论。尽管文艺复兴时期的人文主义发明了现代文本分析和批评，并且也促进了凸版印刷技术的发展，但与此同时，文艺复兴通过重提古希腊罗马的辉煌使口头表达也获得了新生。都铎王朝期间（Ong 1971，pp.23-47）及后来很长一段时间内英语的风格都带有深深的口头表达的印记：固定的名号、格式上的对称、句式上的对仗、套语式的结构和通用场域的素材等。总体上西欧其他各国的书写风格也都是如此。

在古代西方，人们认为书面文本就是应该被大声朗读出来的，这种大声朗读文本及其各种类似的做法一直到19世纪都非常普遍。因此，这种行为一直到近代都深深地影响着书写的风格（Balogh 1926；Crosby 1936；Nelson 1976-7；Ahern 1982）。19世纪的人们还非常向往古代的口头文化，他们发明了"背诵"大赛，试图通过记忆术来一字不差地记忆和背诵文本，从而复原出书面的语篇，并在口头演绎时听上去非常自然，不留背诵痕迹（Howell 1971，pp.144-256）；狄更斯也在演讲台上念诵自己小说的片段。美国出版的著名《麦加菲读本》（*McGuffey's Readers*）① 在1836年到1920年间销量达到1.2亿册，当时这套书是作为阅读辅导书出版的，它们的目的不是用于提高阅读理解能力，而是用于口头的、演讲式的朗读。《麦加菲读本》的文章大多是朗朗上口的文学作品，而且里面有很多伟大英雄的传说（"厚重"的口头人物）。读本里面有大量口头发音和换气方面的练习（Lynn 1973，pp.16，20）。

然而，不可避免的，修辞还是逐渐从口头世界来到了读写世界。从古希腊罗马时期起，修辞术就不仅用于演讲，还用于书写。到了16世纪，修辞课本中开始将原来的修辞五要素（发明、排列、风格、记忆、讲演）变成了四要素，删去了其中的"记忆"部分，因为这个要素不适用于书写。这些课本中也简化

---

① 麦加菲（William Holmes McGuffey，1800—1873）是美国著名教育家。曾担任迈阿密大学语言学和哲学教授、辛辛那提大学校长、俄亥俄大学校长、伍德沃德学院校长、弗吉尼亚大学哲学教授。1835年，麦加菲应"杜鲁门和史密斯"出版社的请求编纂了著名的《麦加菲读本》。这套读本对美国人价值体系的传承有着不可磨灭的贡献。它用优美的文字和真挚的情感冲击着读者的心灵，它强调勤奋、诚实、善良、慈悲、助人，以及对国家的忠诚等优良品德。——译者注

了最后的一大要素——讲演（Howell 1956，pp.146–72，270，*et passim*）。总之，关于为什么做这些改动，课本中给出的要么就是很表面的原因，要么就根本没有任何解释。今天，如果教学课程大纲中有修辞学这门课，一般其目的都是教授学生如何更好地写作。但这种转向并非人们有意而为之，修辞这种"艺术"知识顺应了意识从口头转向书写的潮流，转变是在不知不觉中发生的。一旦转入书写世界，修辞就不再是一门无所不在的学科了：过去教育的基础就是修辞学，教育以学习口头表达为基础，教育内容中充满了大人物，充满了各种论辩，当时的教育对象主要是年轻的男性，目的是让他们以后可以顺利成为教师或为公共服务的专业人士、神职人员或者政务人员；但是现在完全不同了，现在教育的中心是 3 个 R——reading（阅读）、'riting（书写）和'rithmetic（数学），因此修辞不再是核心部分，现在的教育更加书面化，教育的内容也更贴近商务和本土。与此同时，随着修辞学和拉丁文的退出，越来越多女性也进入了学术环境中，这反过来也促使教育更加以商务为取向了。

第 **5** 章

印刷、空间和封闭

● ● ●

听力主导带来视觉主导

尽管本书主要的研究对象是口头文化以及书写带来的思维和表达的改变，但我们也必须简单讨论一下印刷技术，因为印刷技术的出现大大增强并彻底改变了书写对于思想和表达产生的影响。从口头向书面语言的过渡究其本质是一种从听觉向视觉空间的转移，因此印刷技术对于视觉空间的影响尽管不能涵盖我们的所有关注点，但也是非常关键的。要研究这个问题，我们不仅要探讨印刷术和书写之间的关系，还要研究印刷术与书写中遗留的口头传统的影响以及印刷术与早期印刷文化之间的关系。并且，尽管我们不能将印刷术带来的所有影响单纯简化为它对视觉空间使用带来的影响，但很多其他的影响的确与视觉空间的利用相关。

本书研究范围有限，无法列举出印刷术带来的所有影响。伊丽莎白·爱森斯坦（Elizabeth Eisenstein）的著作《作为变革动因的印刷机》（*The Printing Press as an Agent of Change*，1979）中分析了印刷术的诞生为各领域、各方面带来的广泛的影响，读者们哪怕只是粗略浏览一下这本书，都可以看到大量的实例。爱森斯坦详细论述了印刷术如何使意大利的复兴主义成为经典的欧洲文艺复兴运动，除此以外，她还阐述了印刷术带来的各种影响：促进了新教改革运动，从而改变天主教的具体教规，影响现代资本主义的发展并使西欧国家可以踏上全球探索的道路，改变这些国家的家庭和政治生活，并以前所未有的规模传播知识，使得全民读写得以普及，现代科学开始兴起，并改变了整个社会，改变了人类的知识结构。麦克卢汉在其著作《谷登堡星汉璀璨》（*The Gutenberg Galaxy*，1962）和《理解媒介》（*Understanding Media*，1964）中也指出印刷以很多种细微的方式影响了人类意识；乔治·斯坦纳（George Steiner）在其著作《语言和沉默》[①]（*Language and Silence*，1967）中也做了同样的表述；本人在其他著作中也都有相关的论述。我们这里会特别关注印刷术对于意识带来的较为细微的影响，而非那些显而易见的社会影响。

几千年来，人类一直用各种雕刻的表面来印刷各种图形，从公元 7、8 世纪开始，中国人、朝鲜人、日本人就一直在印刷文字作品，最开始使用的是有浮雕的木块（Carter 1955）。但就全世界范围而言，印刷史上最关键的发展节点是15 世纪欧洲字母印刷的发明。字母书写按照音素单位将词汇在空间中进行相应的划分（尽管原则上这些字母从不是音素的指代物）。在文本出现之前，书写中所用的字母并未单独存在过。但字母印刷不同，单词由一个个小单位构成，每一个单位都是事先制造好的，然后才能印刷成词汇。比起书写文化，印刷文化大大凸显了词汇的物品性。

就像字母表一样，字母印刷机也是个特定场合的发明（Ong 1967b，以及该书里的引证）。中国人发明了活字印刷，但是里面没有字母，大部分为象形文字的汉字。在 15 世纪中期，朝鲜人和回纥突厥人有了活字印刷，也有了字母印刷，但是活字印刷里面没有单独的字母，都是完整的单词。在字母表印刷中，每个字母都被单独浇铸在一块金属或铅上，这就是最重要的心理突破。这种印刷将单词深深嵌入到制造的过程中，单词成为某种商品。第一条流水线

[①] 乔治·斯坦纳（George Steiner，1929—2020），美籍法裔哲学家、文学评论家、散文家、小说家、教育者，被誉为"当代文学界最伟大的思想家之一"。——译者注

（用一套固定的程序来生产一批相同的复杂物品，物品中的零件可以被替换）并不是用来生产炉子、鞋子或武器的，而是为了制作印刷版的书本。在 18 世纪晚期，随着工业革命的发生，这种流水线才终于在问世 300 年后被拓展到其他制造领域。尽管许多符号学结构主义者有不同的想法，但的确不是书写而是印刷真正实现了词语的物品化，从而也改变了人类的认知思维活动（Ong 1958b，pp.306–18）。

听觉而非视觉在古老的认知体系中一直占据着主导地位，甚至书写被深度内化后相当长一段时间内都是如此，这一事实意义深远。在西方的手稿文化时期，口头文化也一直徘徊不去。米兰的安布罗斯主教（Ambrose of Milan）在他的《路加福音释经》（*Commentary on Luke*，iv.5）中准确地捕捉到了这种文化氛围："眼见常为虚，耳听可做实。"在西方，一直到文艺复兴时期，学校中教的最多的口头表达就是演讲，而演讲也成为各种类型口头和书面语篇的基本范式。眼见的材料不如耳听的话语，这一点会让今天的我们感到有些不可思议。事实上，在很大程度上，书写可以将口头表达的知识记录下来，然后再交还给口头世界，形成一个循环。中世纪大学开设的论辩课，在小组中朗读文学或其他文本（Crosby 1936；Ahern 1981；Nelson 1976–7）、自己读书时的大声朗读等都是活生生的例子。至少到了 20 世纪的英格兰，要核验书面的金融账务还需要通过大声读出这些账务内容来完成。克兰西（1979，pp.215，183）描述了这种做法并指出，实际上，这类行为在我们的词汇中留下很多印记，甚至今天，英文中的"审计"一词还是用 auditing，而它的词根就是"听"的意思——听取账目，当然现代的会计都是靠视觉来检查账目了。更早期时，深受口头文化传统影响的人们在理解数字时甚至觉得听比看更有效。

手稿文化时期人们甚至在检索文本保存的材料时也大多是用口说耳听的方式。跟后来的印刷文本相比，手稿读起来难度较高，所以人们会尽力将自己读到的内容记在心里，否则想要日后再去重新寻找可能就会比较困难。另外，在手稿文化期，为了便于记忆，书面文本中言语的呈现方式也延续了口头记忆术的模式，这一点也鼓励和促使人们去记忆和背诵。并且，阅读者即使独自一人时也往往会慢慢地大声朗读（*sotto voce*），这种行为也加深了他们的文字记忆。

印刷术出现后很久，听觉处理都还居于主位，视觉印刷文本居于次位；当然，听觉处理逐渐式微，最终让位于印刷。我们可以从早期印刷书籍标题页中看出听觉的主导地位，这些页面对单词排版漫不经心，在现代人看来简直是荒唐古怪。16世纪书籍的标题页中，一个单词经常会被分开打印，包括作者的名字都有可能被一条连接线分成两部分，一部分打在上一行，字体较大，另一部分又拐到了下一行，字体较小。下图中1534年伦敦由托马斯·贝特洛出版商出版的托马斯·埃利奥特爵士（Sir Thomas Elyot）的著作《统治者之书》（*The Boke Named the Gouernour*）的扉页就是一个很好的例子（图5-1；见 Steinberg 1974，p.154）。无足轻重的单词反而可能用非常大的字体，就像图5-1中的书名里的第一个单词"THE"，只是个冠词，在这里却是最显眼的。这种排版方式从审美角度而言也许令人赏心悦目，但是却破坏了我们今天非常重视的文本性。我们今天的做法正是从这种做法发展而来的，我们的态度已经发生了改变，因此需要解释这些现象：为什么这些最初的、在当时看来"非常自然的"做法现在看来却不可取呢？因为现在的我们将印刷词汇看成一个个的视觉单位（尽管在我们阅读时也会在脑海里念出这些词汇）。很明显，与现代人相比，16世纪的人们在处理文本意义时更加关注这些文字的声音属性而非视觉

图 5-1

属性。所有的文本都兼具视觉和听觉属性，今天的我们觉得阅读是一种声音辅助的视觉行为，而在印刷文化的早期，人们仍将文本视为一个听觉处理过程，只不过这些声音的流动借助视觉形式来呈现。如果读者感觉自己主要是靠听取词汇来读书的，那么文本的视觉符合视觉审美就好，排版序列又有什么关系呢？在印刷文化前的手稿时期，甚至所有的词都挤在一起，中间很少留空。

然而，随着印刷文化的深入，在思维和表达的世界，视觉主导性最终还是取代了听觉主导性。但是，如果没有印刷术的出现，只有普通的手写，视觉是无法取得这种主导地位的。印刷以手写文字无法企及的强势和力量将词语定位在了空间，书写使词语从声音世界进入到视觉空间，但最终将词汇锁定在空间的是印刷技术。在印刷技术中，位置排布就是一切。（在最早的印刷排版中）人们手工"制作"铅印的方法就是手工将字母铅印摆好位置，然后用完后再重新摆放归位，便于下次排版使用，大写字母的铅印放在上面的格子中，小写字母的铅印放在下面的格子中，因此英文中大写也叫 upper case（字面意思是"上面的盒子"），小写也叫 lower case（字面意思是"下面的盒子"）。后来有了莱诺整行铸排机（linotype），人们用机器为每一行在矩阵中定位，并整行浇铸出铅印。再后来有了计算机或者是文字处理器，人们事先通过编程将（字母的）电子图案存入电脑中。用"热金属"模块来印刷（用浇铸好的模块来印刷———一种较为古老的做法）需要把模块非常严格地锁定在钢盘中的固定位置上，然后再将钢盘牢固地卡到印刷机上，固定和按压垫板，再用强力挤压带有模块的印版，这样文字可以被印到纸张贴近压印盘的一面。

大部分读者对这些生成印刷文本的机械运动并没有很直观的认识，然而，从印刷文本的样式他们就会有一种感觉：印刷文字跟手写的文字在空间感上有许多不同。印刷文字看上去就像机器制品——当然事实上也的确如此。书写在空间中似乎是装饰性的，就像书法带给人的美感或华丽感一样。而印刷带来的空间感更多是整洁性和确定性：每一行都很规整，每个字符都有正确的位置，在视觉上看来都很均等，也无须像手稿一样需要画好格子或边框。这是一个充满了必然性的世界，由冰冷且没有人情味的事实组成。"事实就是如此"，沃尔特·克朗凯特①的这句标志性语言就是来自印刷文字的世界，也确立了电视的次生口语性（secondary orality）（Ong 1971，pp.284–303）。

　　总体说来，印刷文本比手稿文本要好读得多。这种易读性带来的影响力也是巨大的：人们可以快速默读，而这种阅读方式反过来又在读者和作者之间建立了一种不同以往的关系，也召唤出不同类型的作品。印刷文化中，除作者外还有很多人参与其中，如出版商、代理人、出版商聘请的试读员、编辑等。这些人在印刷前后对作品仔细审读，因此作者往往需要一次次辛苦地修改作品，而手稿年代的作者往往是无需如此的。手稿年代的长篇作品如果拿到今天来肯定都无法通过编辑的审核，因为它们不适合现今印刷文化的习惯：现在的读者需要很强的条理性来快速吸收文本内容。手稿文化是生产者导向的，因为每一个手抄本都蕴含着个体抄写者的大量时间和精力的投入。中世纪的手稿中缩略语泛滥，这方便了抄写者，但给读者带来很多困扰。印刷文化是消费者导向的，因为每个印刷品所需的时间精力大大减少了，只需花费数小时就能生产出成千上万的复制本。印刷技术对思维和文风产生的影响还需做更全面的研究。期刊《看得见的语言》（*Visible Language*，原名 *Journal of Typographical Research*）上面刊载了许多相关的文章。

空间与意义

　　书写在视觉空间中重构了最初的口头语汇。印刷进而又将词汇更明确地嵌入在空间世界中。这种发展历程有很多具体的体现，如各种列表清单，尤其是字母表顺序的索引、用词汇（不再是象形符号）作为标签、用各种印刷图像来传递信息、印刷作品中文字与空间形成几何学上的互动关系，这种互动关系一

---

① 沃尔特·克朗凯特（Walter Cronkite，1916—2009），美国知名电视主持人、记者。1962—1981年间，克朗凯特担任美国哥伦比亚广播公司（CBS）《晚间新闻》节目主持人，一度是 CBS 的新闻台柱。他报道过战争、自然灾害、核爆炸、社会巨变和太空飞行，并评论过美国大大小小的重要事件，一度被称为是"全美最受信任的人"。克朗凯特的经典名言"事实就是如此"也在此时出现在每期节目的最后，成为一种公信力的象征。——译者注

路走来经历了从拉米斯主义到具象诗歌①再到德里达对文本（一般而言不是简单的书面文本，而是印刷文本）的批判。

1. 索引

列表始于书写。古迪（Goody 1977，pp.74-111）讨论过约公元前1300年乌加里特语手稿以及其他一些早期文稿中就出现过列表。他注意到（1977，pp.87-8）这些列表中的信息是从其所在的社会背景中抽象出来的（如"变肥的羊羔""吃草的母羊"等，没有任何其他的说明），并且从语言角度来看，这些信息也脱离了其上下文，因为在口头文化中，名词很少游离在外，通常都是放在句子中使用的。除非是念诵书面或印刷文本中的列表，很少会有人去背诵单纯的一串名词。从这个意义而言，尽管列表中的每一个词语也会通过在人的脑海中发出声响而产生意义，但列表基本都是书面的，它没有"口头表达对等物"（1977，pp.86-7）。古迪还提到早期的人们利用空间来形成列表时，采用过各种蹩脚和笨拙的方式，如用分割符来分离数字和列表条目，以及用方格线、楔形线、延长线等。除了行政事务类的列表清单，他还讨论了活动列表、词汇列表（词汇用各种不同的顺序排列，通常是按照词语意思从高等级向低等级排列，如先是众神，然后是众神的亲属，再后面是神的仆人）、埃及的词源列表或者姓名列表，这些都经常需要人们记忆并口头背诵。手稿文化时期口头活动还是占据着非常重要的地位，因此对他们而言，将口述的内容用手稿记录下来本身就已经是一种知识上的进步了（直到近些年西方教育者也一直有这种感觉，世界上可能大部分教育者都有这种感觉）。这里书写再次为口头表达而服务。

古迪的例子说明：在书写文化中，人们通过对言语材料进行复杂和精密的加工，将它们用一定的空间结构组织起来，这样便于日后的信息检索。人们用

---

① 具象诗歌（concrete poetry）被称为"有形诗"，也被称为"具象诗"。它起源于印刷产业时期，先锋派诗人着手探寻的可视觉化的诗歌形式，并兴起"具象诗"运动。"具象诗"跳脱了传统的文字的排列秩序，用变换的空间赋予文字丰富的情绪。在这里，诗歌不再是高高在上的东西，它变得可视化，更符合当今人们的阅读习惯。——译者注

列表将相关的条目放在相同的物理和视觉空间中。而印刷术出现后，这种便于检索的复杂空间和视觉组织就更加完善了。

索引是其中最首要的发展。字母表顺序的索引令人称奇，它将词汇从话语以及它们所身处的印刷空间中抽离了出来。人们可以按照字母表顺序来编辑手稿的索引，但事实上很少有这种情况（Daly 1967，pp.81-90；Clanchy 1979，pp.28-9，85）。因为任何一部作品的两部手抄稿，哪怕是来自相同的口述版本的手抄本，都很难页页对应，因此不得不给每部手稿编辑一个单独的索引。这对当时的人们来说太耗时耗力，所以人们还是更愿意用听觉记忆来检索内容，尽管这种方法不够精准。如果想要通过浏览手稿来寻找某些材料，人们也会更多运用图形符号，而不是索引。其中最常用的记号是用"¶"来标识"段落"，这个记号根本不是什么话语单位。当字母表索引最早出现的时候，它们很少见，也很粗陋，通常不太好懂，即使到了 13 世纪的欧洲，一部手稿的页码索引经常丝毫不订正就被添加到另一部手稿上（Clanchy 1979，p.144）。索引的出现有时似乎不是为了实用，而更多是为了增强美观性和神秘感。1286 年，一个热那亚的手稿编撰者对自己所编辑的字母表目录赞叹不已，但他认为这不是来自自己的才华，而是"上帝的恩典在我心中流淌"（Daly 1967，p.73）。很长时间以来，索引只按照首字母或者是首音素来排序，例如：甚至是到了 1506 年的罗马，在拉丁文作品中，Halyzones 一词还是被列在 *a* 的索引之下（因为在意大利以及意大利人说的拉丁文中，字母 *h* 是不发音的）（Ong 1977，pp.169-72 对此有讨论）。也就是说，虽然文稿是视觉性的，但查阅资料（索引）又是依听觉（声音）来排列的。乔安尼斯·拉弗索斯·特科斯特（Joannes Ravisius Textor）在《名号大全》（*Specimen epithetorum*，1518）一书中，在 *a* 的索引下面，Apollo 被放在首位，特科斯特解释说，在一部与诗歌相关的著作中，诗神排首位是最合适的。从这些例子我们可以清楚地看出，虽然印刷出来的字母表顺序索引是视觉性的，但检索方式大多是非视觉性的。个人化的口头世界仍旧可以推翻将词汇作为物品来处理的视觉世界。

字母表式的索引事实上是听觉文化和视觉文化的十字路口。Index（索引）一词是 *index locorum* 或 *index locorum communium* 的缩略形式，意为"位置索引"或"通用主题索引"。修辞提供了各种各样的 *loci*，即"位置，场域"，也就是我们说的条目（headings），在这些条目下我们可以找到相应的论据（arguments），如原因、结果、相关的事物、不同的事物等。400 多年前的索引编撰者使用这种以口头表达为基础、套语式的方法来为文本做注释，标识出在某个文本的某个页码上使用了哪个条目，列表中会有这个小标题及其出现过的页码。*loci* 在人们头脑中模糊的概念，大概是指人的头脑中存放思想的"地点"。在印刷版书籍中，这些模糊的心灵"地点"变成了可以在物理世界和视觉世界被定位的点。新的认知世界在空间的架构中形成。

在这个新世界中，书本不太像是嘴巴讲的话，而更像是一个物品。手稿文化中，书本的感觉仍旧像口头言语，是对话活动的书面记录，而非一个物品。手稿文化时期的书本通常没有标题页或者标题，因此对这些书的分类通常依据其"卷首词"（incipit，这是一个拉丁文动词，意为"……是这样开始的"），或者是依据文本的最开头的几个单词（提到《主祷词》[①] 时就用其开头部分"我们在天上的父"，显示出一定的口头文化传统）。上文中我们已经看到，印刷技术产生了，书本有了标题页。标题页就是书本的标签，它们加深了书本作为一种事物或者物品的感觉。在中世纪西方手稿中，书本的开头不是标题页，而是一段对读者说的话："亲爱的读者，这是一本关于……的书。"因此，手稿文化中口头传统还很明显。尽管口头文化肯定有自己的方式或其他传统名称来指称某个故事（像特洛伊战争、姆温多故事等），但在口头文化中像标签一样的标题并不太可行，很难想象荷马在背诵一段《伊利亚特》时先大声喊出"伊利亚特"这个名字。

2. 书籍、目录、标签

一旦印刷术被很好地内化，书本给人的感觉就变成了一种"装载"信息、科学、故事等内容的物体，不再仅仅是先前的话语记录（Ong 1958b，p.313）。在印刷世界中，同一版次的书每本都是相同的，都是一模一样的物体，而手抄

---

① 《主祷文》（God's Prayer），意指主耶稣教导和传授的向在天之父祈祷的经文。他亲授的这篇祈祷文是独一无二的，它是主的祷文。——译者注

本即使是抄同一部作品，也会不同。而现在有了印刷术，同一作品的两个复制本不仅内容相同，从整个物体特性而言也是一模一样。这种情形下，标签开始出现。因为书本是充满字母的物品，所以自然而然也会用字母方式来做标签，因而也就有了书名页（印刷技术之后才产生的——Steinberg 1974，pp.145-8）。与此同时，使用图像的趋势依然普遍，我们可以看到 17 世纪 60 年代之前的印刷书本都会有象征性的雕刻似的标题页，上面绘有各种寓言人物和图案。

3. 有意义的表面

艾文斯（Ivins 1953，p.31）指出，尽管从各种雕刻表面拓印图案的艺术传统已经有数百年的历史，但印刷技术真正用以传播信息是要到 15 世纪中期之后。艾文斯的研究提到，从那之后手工绘画的水平很快就退化走样了，原因是即使是很有技巧的艺术家也往往不知道所要描摹的图像的主旨是什么，除非有对这幅绘画所属的领域非常熟悉的专家在旁指导。例如，原画中是白三叶草，但是经过一个又一个画师描摹之后，最后可能就画成了龙须菜。在手稿文明时期，拓印技术原本能够解决这个问题，因为数百年来人们一直用拓印技术来点缀手稿。在活字印刷发明之前，人们就完全有能力精准地雕刻出一块白三叶草样式的拓印板，这样就可以印出所需的"可精准重复的视觉作品"。但是手稿创作并不适合这样的制作。手稿基本上都是直接手写而成，并不是由各种预制的零件拼凑而成。相反，印刷文化适合这种形式。印刷文化中的文本就是来自预制的零件，所以预先拓印图案同样适用。印刷机印出"可精准重复的视觉作品"就像印一张已经排布好铅块的印版那么容易。

这种新出现的"可精准重复的视觉作品"技术带来的结果之一就是现代科学的产生。当然，精准的观察并非始于现代科学。很久以来，这种能力就是人类生存的必要条件，猎人和各种工匠都需要这种能力。现代科学与之前的区别在于它不仅有精准观察，还有精准的语言描述，即基于对复杂物体和过程的精准观察的精准文字描述。当时的人们可以制作工艺较精致的印版（开头是木刻，后来是更加精准和细节化的金属雕刻），这一点也有助于精确文字描述的实现。技术化的印刻和技术化的语言表达彼此促进，共同发展。由此，一个全新的高度视觉化的认知世界诞生了。印刷技术出现后，文字描述开始变得细致精准，到了浪漫主义时期（或是工业革命时期），这种精准细致更臻于完善和成熟，在这方面，古代和中世纪的写作者是不能与之同日而语的。口头文化或口头文化传统痕迹较深的社会中，言语表达的重点往往是人的行动，而非物体、场景或人物的外表（Fritschi 1981，pp.65-6；cf. Havelock 1963，pp.61-96）。例如，古代建筑家维特鲁威（Vitruvius）[①] 所著的建筑作品就是出了名的言辞模糊。历史悠久的修辞传统所关注的精确度往往与视觉–口述无关。爱森斯坦（Eisenstein 1979，p.64）指出现代的我们很难去想象早期文化中很少有人曾经看到过关于事物的精准画像。

全新的世界由此开启，因为无论是在科学还是文学领域，人们都拥有了可精准重复的视觉描绘以及对客观现实进行精准言语描述的能力。浪漫主义时期之前，没有一篇文章中能有像杰拉尔德·曼利·霍普金斯[②] 笔记那样对景观的详尽描绘，也没有一个诗人能够像霍普金斯在《因弗斯内德》中描绘喷泻而下的溪水时那样细致入微、分毫不差、全神贯注地去观察和描绘他们身边的自然现象。与达尔文的进化生物学和迈克尔逊[③] 的物理学一样，这些细致美丽的文学作品也是印刷世界的产物。

4. 印刷空间

由于视觉表面变得充满了外部赋予的意义，也因为印刷控制的不仅仅是选择哪些词语来形成文本，还控制了每个词语在页面上的具体位置以及词汇彼此间的空间关系，印刷纸张上的空白（"白色空间"）就占据了非常重要的地位，

[①] 维特鲁威乌斯，全名 Marcus Vitruvius Pollio，生卒年不详，是古罗马作家、建筑师和工程师，活跃于公元前 1 世纪。先后服务于凯撒和屋大维，他最具代表性的作品是《建筑十书》，这本著作在建筑和历史上有重要地位。——译者注

[②] 杰拉尔德·曼利·霍普金斯（Gerard Manley Hopkins，1844—1889），英国诗人，他对晦涩句和复合隐喻的运用启发了乔治·赫伯特和其他玄学派诗人。霍普金斯最为人所知的是他使用的"跳韵"（sprung rhythm），这种韵律更关注重音的出现而不是音节数量本身。——译者注

[③] 阿尔伯特·亚伯拉罕·迈克尔逊（Albert Abraham Michelson，1852—1931），美国物理学家。迈克尔逊主要从事光学和光谱学方面的研究，他发明了一种用以测定微小长度、折射率和光波波长的干涉仪（迈克尔逊干涉仪），在研究光谱线方面起着重要的作用。因发明精密光学仪器和借助这些仪器在光谱学和度量学的研究工作中所做出的贡献，被授予 1907 年度诺贝尔物理学奖。——译者注

这种情形一直延续到现代和后现代的世界。古迪（Goody 1977，pp.74–111）所讨论的手绘列表和图表可以将词语之间具体的空间关系确定下来，但是如果这种关系过于复杂，那么后面的抄写本中就可能就会出现偏差，很难忠实再现原稿。印刷技术就不同了，无论多么复杂的列表和图表，通过印刷人们都可以得到完全精确且不限数量的影印本。在印刷年代的早期，非常复杂的图表就已经出现在了学术科目的讲义中了（Ong 1958b，pp.80，81，202，以及全书各处）。

　　印刷空间不仅作用于科学和哲学的想象，也同样对文学想象产生影响，印刷空间在人的心灵中可以有复杂的呈现。乔治·赫伯特（George Herbert）[①] 在诗作《东翼》和《祭坛》中都利用印刷的空间排布来产生意义：每一行诗句长度不同，诗歌的整个形状看上去像翅膀或祭坛。在手稿文化中，这种视觉结构很难实现。在《项狄传》（1760–7）中，劳伦斯·斯泰恩（Laurence Sterne）[②] 的印刷页面的空间排布充满奇思怪想，如他的书里会有一些空白页面，表明他不愿意讨论某个话题或者邀请读者来补充。在这里空白就意味着沉默。若干年后，诗人斯特芳·马拉美（Stephane Mallarme）[③] 用极其娴熟的手法为《掷骰子》（*Un Coup de dés*）这首诗设计了别具一格的样式：诗歌中每个单词字体不同、大小不一，每一行都经过巧思分散排列，形成一种印刷符号自由落体的感觉，以此来暗示抛骰子后的各种概率（这首诗的原型和讨论可参见 Bruns 1974，pp.115–38）。马拉美公开表明他这样书写的目的是"避免叙事"以及让整首诗"间隔开来"，这样一来，构成诗歌的单位就不再是诗行，而是印刷空间所在的页面。诗人肯明斯（E. E. Cummings）[④] 的第 276 号《无名诗》（1968）是描写蚱蜢的，它将诗页上的文本和词语都分解开来，不均等地散布在页面上，直到诗的结尾所有的字母重新集结，形成 grasshopper（蚱蜢）这个词，所有的这一切都暗示出

---

① 乔治·赫伯特（George Herbert，1593—1633），威尔士诗人、演说家、牧师、玄学派圣人，他的作品将丰富的感情和清晰的逻辑融为一体，描写生动形象，隐喻出神入化。——译者注
② 劳伦斯·斯泰恩（Laurence Sterne，1713—1768），18 世纪英国最伟大的小说家之一，也是整个世界文学史上一位罕见的天才，其代表作有《项狄传》和《感伤旅行》。——译者注
③ 斯特芳·马拉美（Stephane Mallarme，1842—1898），法国象征主义诗人和散文家。——译者注
④ 肯明斯（E. E. Cummings，1896—1962），美国诗人、散文家、画家、剧作家，一生著作颇丰，被认为是"20世纪最重要的美国作家之一"。——译者注

蚱蜢飞行时带给人们视觉的那种眩晕感，直到它最终径直飞到我们面前的叶片上停落下来。在这首诗中，空白是整个诗作不可或缺的组成部分，读者根本无法大声朗读这首诗。的确，这些字母组合所指代的声音会出现在读者的脑海中，但是这首诗绝不是关于听觉的，而是关于视觉的，它让读者在阅读中感受到文字带来的动感。

具象诗歌（Solt 1970）在发声的语汇和印刷空间的互动中达到其巅峰状态。这种诗歌会将字母和 / 或单词用精致复杂或精致简单的方式呈现出来，这些诗歌不是用嘴来读的，而是用眼来看的，当然，这些诗歌中的语汇肯定也会让读者产生一定的声音意识。即使具象诗歌根本无法诵读，它们也绝不是简单的图像。具象诗歌是比较另类的流派，通常仅仅关乎炫技，所以我们更有必要来探讨一下这些诗歌的创作意图。

哈特曼（Hartman，1981，p.35）[1]曾指出，具象诗歌和德里达的文字游戏有一种关联性。无疑，这种关联性的确存在，而且也值得我们关注。具象诗歌是对封锁在空间中的文字的辩证性的一种戏耍，而有声的、口头的语汇永远无法被锁定在空间内，也就是说，这类诗歌是在戏耍文本的绝对局限性；反过来说，这种戏耍也揭示出口头语言的内在局限性。这是德里达的研究领域，他在其中以自己审慎的步伐翩翩起舞。由此我们可以看出，具象诗歌不是书写世界的产物，它只能存在于印刷世界中。解构主义不像其拥护者说的那样仅与书写相关，它与印刷技术密不可分。

更多的扩散效应

要论印刷对西方认知体系和"思维体系"所有直接或间接的影响，可能我们永远也概括不完。印刷最终推翻了（以口头文化为基础的）古代修辞艺术在学术教育中的核心地位。它通过数学分析以及图表使我们可以大规模地量化知

---

[1] 杰弗里·哈特曼（Geoffrey H. Hartman，1929—）是久负盛名的耶鲁大学学者，是最早把法国式解构思想在美国发扬光大的学者之一。——译者注

识。印刷技术的出现使原本的图示法黯然失色，尽管在印刷时代的早期，图示法也借助着印刷技术得到了前所未有的传播。图示法描绘的形象就像口头话语中的"厚重"人物，它们与修辞术和记忆术也有关（Yates 1966），这些古老的艺术是古代知识管理的必要手段。

印刷技术带来了详尽的工具书，并且催生了人们制定规则的欲望，他们希望借此使语言更加"正确"。这种欲望很大程度上来自学习"学院派拉丁文"带来的语感。学院派的语言使得语言思想诉诸文本，从而让人产生"语言究其根本就是书面的"这样一种感觉。印刷文化强化了语言的文本性。印刷文本取代书写文本成为文本最全面也最典范的形式。

印刷也为工具书的出现奠定了基础。从 18 世纪最早出现直到几十年前，除少数例外，英语词典通常只把已出版的书籍中的书写方式作为其标准。所有其他的用法，如果与印刷书刊中的不同，则被视为是"错误"的。《新韦氏国际英语大词典（第三版）》（*Webster's Third New International Dictionary*，1961）是第一本跟这种印刷传统划清界限的词典，它里面的引用不光来自印刷文本，也来自其他文本，当然，很多传统思想的人立刻表达了对这种颠覆性举措的不满（Dykema 1963），他们认为这是一种对"真正的""纯洁的"语言的背叛。

印刷技术也是隐私感产生的主要因素之一，而个人隐私感的发展也标志着现代社会的开始。印刷技术产生后，人们印出了比手稿文化中体积更小也更便于携带的书本，这样人们可以在一个安静的角落里独自阅读，这种阅读最终演化为完全无声的默读。在手稿文化以及紧随其后的印刷文化的早期，阅读往往是一种社会活动，一个人读给一群人听。如斯坦纳（Steiner 1967，p.383）所说，私人阅读需要家里足够宽敞，能有个人独处的安静空间。（今天贫穷地区的教师和孩子都很明白，在拥挤不堪的房子里，孩子很难取得很好的学习效果。）

印刷技术带来了一种对文字的私人占有感。在口头文化中，人们也许也会感觉到某首诗是属于自己的，但是这种感觉非常罕见，也几乎是若有若无的，因为人们通常都讲述着相同的传说，使用相同的套语和主题。有了书写之后，对剽窃的痛恨也开始滋长。古代拉丁语诗人马提亚尔（Martial，i. 53.9）使用

"*plagiarius*""折磨者""掠夺者""压迫者"等词语来指控那些挪用他人文字的人，但并没有一个拉丁文词汇是专用于指代"剽窃者"或"剽窃行为"的，而且口头表达中通用场域的传统也很深重。然而，在印刷文化的早期，约从1518年到亨利三世时期，皇室常常会颁发法令或privilegium（优先令）来禁止其他出版商印刷出版某本已经被出版的书籍。1557年伦敦成立了"出版商公司"（the Stationer's Company）来专门监管作者和印刷商，确保他们的权利。到了18世纪，现代版权法在西欧国家也逐渐成形，印刷文化将词汇变成了商品，口头世界中社群共有的语言被分裂开来，成为私人拥有永久主权的物品。印刷促成了人类意识向更广泛的个人主义的漂移。当然，词语并不是纯粹的私有财产，它们在某种程度上还是共有的。不管是否出于本意，印刷书籍也是彼此呼应的。在电子时代开启的时候，乔伊斯在《尤利西斯》和《芬尼根的守灵夜》中直面电子时代带来的焦虑感，并有意识地呼应每一个角色。[①]

印刷技术将词语从它们最早诞生的人类互动的声音世界中剥离出来，并将它们明确地转移到视觉空间的表面，也通过各种其他方式来利用视觉空间管理知识，这一切促使人类开始思考他们内在的意识和无意识思想，并越来越强地感觉这些思想像是宗教中立、不带个人情感的物体。印刷促使人的头脑感觉自己内部的思想像是存放在某种静滞思想空间的物品。

印刷与封闭：互文性

印刷术带来一种"封闭感"（a sense of closure），也就是说，文本中的文字就是最终的，是完满的。这种感觉不仅影响了文学创作，也影响了哲学分析和科学分析。

在印刷时代之前，书写本身也带来某种认知上的"封闭感"。书写将思想孤立放置于某个物品的表面，使其远离任何对话者，从而使话语被赋予了某种自

---

① 乔伊斯的这两本小说被誉为最难懂的小说，他在作品中隐晦地提到了很多其他作品及其中的人物，包括古埃及传说、爱尔兰传说、莎士比亚戏剧、中国历史故事等。——译者注

治性，并且也不再受制于任何攻击，由此书写将话语和思想从其语境中剥离出来，所以在某种程度上它们成了自我独立和完满的存在。印刷技术以相同的方式将话语和思想定位在空间的表面，使其脱离所有其他的事物，除此以外，印刷在独立和完满方面也更进一步，因为它将思想用成千上万本一模一样的视觉和物理形式表现出来。校验同一印刷品的不同复制品时，只要看其中的文字是否相符，这时人们无须使用听觉，唯一需要的只有视觉：欣曼校对机（Hinman Collator）把两个影印本的相同页面□□□在一起，然后用闪烁灯（blinking light）来帮助校验者标识出不同的地□□

人们认为印刷文本能代表□□□□□□□□□□□□形式，人们不用担心印刷品的确定性。一旦某□□□□□□某个光刻板制作成型，纸张被印刷出来，文□□□□□□□□□不同，手稿中往往有很多注释或边栏评论（这□□□□□□□□会成为正式文本的一部分），所以与外在世界仍□□□□□□□□□口头表达中你来我往的感觉。手稿的读者更□□□□□□□□□文本带来的封闭感和完满感有时也是物理性的□□□□□□□间都会被填满——有些印刷素材被称为"填□□□□□□□□相对齐一样。不知为何，印刷文字似乎不能□□□□□□□□它不觉中带给人一种微妙的感觉：印刷文本的□□□□□□□□□

印刷也催□□□□□□□□□□□□尤其在叙事方面。在印刷时代之前，唯一有□□□□□□□□而戏剧从最开始就是文本主导的。例如，欧里□□□□□□□的，人们逐句背诵，随后再进行口头表演。有□□□□□□□有了严密的情节设计，这种严密的情节性始□□□□□□□侦探小说年代达到高峰。这些情节的形式我们□□□□□□□

□□□□□□来了形式主义和新批评主义的兴起，这两种□□□□□□□都自成一体，是个封闭的世界，或说是一个"言□□□□□□□标是关乎视觉而非听觉的。手稿文化中，人们对言语艺术□□□□□□而丰富的口头表达有关，也从不会很清楚地去区分诗歌和修辞。在下一章中我们会进一步探讨形式主义和新批评主义。

印刷技术最终也带来了互文性这个现代话题，这个话题也是今天的批评界和现象学界研究关注的核心（Hawkes 1977, p.144）。互文性研究结合了文学和心理学：一个文本不可能仅仅出自一段亲身体验。一个小说家的小说创作一定是基于他/她所熟悉的对人生经验的文本组织方式。

手稿文化中认为互文性是理所当然的。手稿文化与古老的口头文化关系密切，所以"通用场域"的传统也还很深重：写作者在创作时会有意识地使用其他的文本，借用、改编或照搬其他文本中来自口头传统的套语和主题等，当然，如果没有文字，创作者们也不可能利用这些素材创作出全新的文学样式的作品。印刷文化与手稿文化的思维模式不同，它倾向于将作品看成是"封闭的"、与其他作品分离开来的、独立的单元。印刷文化带来了浪漫主义时期的"新颖性"和"创造性"等理念，进一步体现了每一部作品的独立性。这时的观点是作品的来源和意义都是不受外界环境影响的，或者最好是不受外界环境影响的。过去数十年互文性理论的兴起正好反击了浪漫主义时期印刷文化所带来的孤立主义的审美观。互文性理论的提出引发了一场观念的震荡，也引发了作者们的不安：现代作家痛苦地意识到文学发展的历史以及自己作品中的互文性，他们担心自己的作品无法摆脱他人的"影响"，缺乏新意。哈罗德·布鲁姆在其著作《影响的焦虑》（*The Anxiety of Influence*，1973）中谈论了现代作家的这种痛苦。手稿文化中很少或从来没有这种焦虑，那个时代的写作者并不会因为作品受到前人影响而倍感痛苦，而在口头文化中这种感觉更是几乎不存在。

印刷技术产生的这种封闭感不仅存在于文学作品中，也存在于哲学分析著作和科学分析著作中。印刷术产生后，"教科书"及问答类的书籍也应运而生，比起在此之前的大部分学术科目的讲解，这些书内容较为有条理，没有那么散漫，也少了很多辩论的色彩。问答书或教科书都会直接给出"事实"或类似于事实的内容：这些内容往往是对某一特定领域内事物状态的直接、全面、平白的论述，这种表述方式便于记忆。与之不同的是，在口头文化或口头文化传统仍较深厚的手稿文化中，那些供人记忆的陈述往往都类似于谚语、箴言，其内容也并非"事实"，而通常是些格言样式的反思，这些话语中的悖论也会引发听话者的进一步思考。

彼得·拉米斯最先制定出几乎所有科目（辩证的或逻辑的、修辞的、语法的、数学的等）教材的范式：开头部分是冰冷的定义和分类，接下来是进一步的定义和进一步的分类，以此类推，直到将这个科目彻底拆分和分解。拉米斯主义中，任何一本教科书都与教科书之外的世界毫无交流。这些书中不会出现任何难点或者"反对者"，（拉米斯主义者坚持认为）任何一门科目或"艺术"，如果按照拉米斯理论中的方法来讲述，都不会有任何的难点：如果你用恰当的方式定义和划分，那么这门艺术或科目中的所有知识都会不言自明、平实易懂，而这门艺术本身也就完美和完满了。拉米斯认为，如果有难点或者需要驳斥对手，可以另外进行关于辩证法、修辞学、语法、算数等学科的"讲座"。这些讲座都在自我封闭的"学科"之外，并且，拉米斯流派的教科书通常的编排方式都是将提纲或图表一分为二：一半是空间中学习材料本身的样子，另一半是头脑中这个材料的样子。一门门学科之间都是彼此独立的，就像公共空间中矗立的一栋栋房屋，尽管人们在"使用"这些知识时可能会将它们混合在一起，如在理解一篇特定的文章时，人们也许会同时用到逻辑、语法、修辞或其他艺术（Ong 1958b，pp.30–1，225–69，280）。

印刷还带来了与封闭感相关的另一种产物，即马歇尔·麦克卢汉所说的固定的视角（Marshall McLuhan1962，pp.126–7，135–6）。有了固定的视角，一部长篇作品的基调就会是固定的。这种固定的视角和固定的基调一方面揭示出作者和读者之间更远的距离，另一方面也表明了更深的默契。作者可以沿着自己的路线自信前行（距离越远，关注越少）。没必要所有的作品都必须像梅尼普讽刺体[1]那样包含各种视角并混合各种情感基调。作者相信读者会通过自我调整来获得更深入的理解。由此产生了"阅读公众"（reading public）这个概念，它指代的是一群数量可观的读者，他们与作者互不相识，但是有能力去面对书中那些或多或少固定的视角。

---

[1] 梅尼普讽刺体（Menippean satire）是以公元前 3 世纪古希腊加达拉犬儒派哲学家梅尼普的名字命名的，但该词最早出现于公元前 1 世纪把对立的两极集于一体，情节怪诞，亦真亦幻，亦庄亦谐。——译者注

后印刷文化：电子时代

电子时代的到来彻底改变了语言的表达方式，它既加深了由书写时代发端的词汇的空间感，又将意识带入次生口头文化的新时代中。如果要探究电子处理的语汇跟"口头文化-读写文化"两极性之间的关系，那么话题太过宏大，本书无力涵盖，但考虑到"口头-读写"两极性正是本书的主要论题，所以我们在此还是有必要论其一二。

尽管时不时会有人宣称电子设备的出现将带来纸质书籍的消亡，但事实并非如此，电子设备的出现反而增加了纸质书的数量。电子设备录制的访谈催生出无数的"谈话类"书籍和文章，这在没有录音录影设备之前几乎是无法想象的。新媒体的出现反而加固了旧媒体的地位，当然，新媒体也彻底革新了旧媒体，它培养了一种全新的、自觉的、非正式的风格，因为对于印刷文化的人们而言，口头对话通常是非正式的（原生口头文化中的人们认为口头表达通常都是很正式的——Ong 1977，pp.82–91）。并且，如前所述，电脑端的创作取代了过去的印刷创作，因此没过多久几乎所有出版作品都或多或少由电子设备辅助完成了。各种电子设备收集和处理的信息也进入了印刷世界，使印刷品数量不断增多。最后，词语的空间序列感发端于文字产生的年代，在印刷年代达到新的高度，到了电脑时代它又进一步被强化。电脑最大化地将词汇锁定到固定位置及电脑终端的电子运动中，并同时通过分析在瞬间将词语进行最优化的排列。

与此同时，有了电话、收音机、电视机和各种声音磁带之后，电子科技将我们带入了"次生口头文化"。这种新的口头文化与之前的口头文化有惊人的相似性，因为它们都有参与式的圈层感，即它们都培养共同感、关注当下，甚至使用套语（Ong 1971，pp.284–303；1977，pp.16–49，305–41）。但不同之处在于，次生口头文化究其根本更加刻意、更加自觉，它以文字和印刷为基础，电子设备的生产、操作和使用都离不开这一基础。

次生口头文化跟原生口头文化既惊人相似又大相径庭。它们的相同点在于次生口头文化同样带来强烈的群体感，听众通过倾听形成一个群体，一个真正的听众群，而阅读文字或印刷书籍使读者变成单独的个体。但次生口头文化产生的群体感，也就是麦克卢汉所说的"地球村"概念，远大于之前的原生口头文化。并且，在文字产生之前，口头文化中的人们具有群体化思维模式，那是因为他们别无选择。但在现在的次生口头文化中，我们是因为固定的程序或因为自觉而采取群体化思维，因为每个人都意识到自己作为个体必须要有社会敏感性。原生口头文化中的人们注重外部世界是因为他们很少有机会关注自己的内心，而我们恰恰相反，我们关注外界正是因为我们重视自己的内心世界。与此类似，原生口头文化促进了自发性，因为他们那时还不具备自我反思的能力，从而也不擅长分析问题。而次生口头文化中的自发性却恰恰是分析性反思的结果，通过反思我们得出结论：自发性是有益的。我们周密和审慎地计划，以确保事情可以按照我们的愿望自发而成。

过去和今天的口头文化世界之间的这些反差凸显出原生口头文化与次生口头文化的巨大差异。收音机和电视机将重要的政治人物变身为一个个公开演讲者，他们面对的观众群的规模是电子设备出现之前的人们无法想象的。因此某种意义上说，口头文化更像口头文化了，但它又不同于以往了。来自原生口头文化的旧式口头表达已经不复存在了。1858年林肯和道格拉斯的辩论中，那些"战斗者"（实际上他们就是在战斗）经常在伊利诺伊州夏日似火的骄阳下面向彼此，然后再在12000到15000名狂热的观众面前各自进行长达一个半小时的论辩：第一个人先说一小时，第二个人再说一小时，然后再用半个小时彼此反驳，全过程没有任何扩音设备。原生口头文化的风格是叠加、冗余、平衡结构、高度的对抗基调以及演讲者与听众之间的大量互动。辩论者到结束时都已是嗓音沙哑、精疲力竭。今天电视中的竞选总统辩论已经完全不是这种风格了。听众不在现场，候选人看不见他们，也听不见他们。候选人都站在一个小小的演讲台前，做简短的发言，然后是短兵相接的对话，里面的对抗性基调被刻意淡化。电子媒体并不愿意展现公开的对抗。尽管电子媒体培养自发性，但是这些媒体也被一种封闭感所笼罩，这是印刷时代的痕迹：充满敌意的表演可能会打破这种封闭感和这种严密的控制感。候选人也拥有了相应的心态，文质彬彬的学者风范更加流行。也许只有上了年纪的人才能回忆起原生口头文化痕迹仍在时的辩论是什么样的。其他人可能比原生口头文化中的人们听过更多数量的公共人物间的辩论或交谈，但是他们听到的已无法复原电子时代之前 2 000 多年或更久远年代中人们辩论的情形，也无法再体验到那样的雄辩方式究竟脱胎于什么样的生活方式和思维模式。

第6章

口头记忆、故事情节和人物刻画

• • •

故事情节至高无上

口头文化向读写文化的转变在许多语言艺术流派中都留下了痕迹，如歌词、叙事文、描写文、演讲（从纯口头演讲到有文字稿的演讲，再到电视中的公开发言）、戏剧、哲学和科学作品、史书、传记等。然而，在口头文化向读写文化转变的领域，学者们研究最多的是叙事文这一体裁。这些研究可以为我们提供很多新视角，因此我们很有必要思考和探讨一下这些研究。这里我们暂且将戏剧也纳入叙事文的范畴中，因为尽管戏剧大多由人物行动组成，并没有叙事的声音，但戏剧都有故事情节，而故事情节往往都是叙事型的。

很明显，除了口头文化向读写文化的转变，许多其他方面的社会发展会影响从古到今叙事文的发展，如政治组织的改变、宗教的发展、跨文化交际、其他体裁的发展等。我们在这里并不想把叙事文所有的发展轨迹都归因于口头文化向读写文化的转变，我们只是想探讨一下这种转变带来的一些影响。

无论在世界的哪个角落，无论是原生口头文化还是高度读写文化，还是后来的电子信息处理年代，叙事文都是言语艺术的最主要的流派之一。在某种程度上，叙事是言语艺术中最重要的一种形式，因为所有其他形式的艺术，甚至是最抽象的言语艺术形式，都是以叙事为基础的。历史不断发展，人类知识不断积聚。即使在科学的抽象性背后，也有很多对观察的叙述，而正是基于它们，我们才得以抽象出科学。在科学实验室中，学生应"详细记载"实验过程——他们必须记录他们做了什么，以及这样做之后发生了什么。从这些叙事中，人们可以得出一些总体的或抽象的结论。此外，无论是日常话语、箴言、哲学思考还是宗教仪式，它们背后都是人类对于自身经历的记忆，这些记忆在时空中被延展，也经历了叙事的加工。歌词中的诗句暗含了歌者曾经身处其中或与歌者密切相关的一系列活动。上述一切都说明知识和语篇都来自人类经验，而对于这些经验最基本的处理方式就是按照其原本形成和存在的方式来记叙它们，并将之嵌入到时间的长河中。应对时光流淌的方法之一就是形成故事情节。

叙事与口头文化

　　尽管各种文化中都有叙事，但在某些特定的方面，叙事在原生口头文化中比在其他文化中用途要广泛得多。

　　首先，如哈夫洛克所说（1978a；cf. 1963），在原生口头文化中，人们无法用精密、科学、抽象的方式来归类知识。口头文化无法生成这样的分类，因此人们用故事来存储、组织和传播他们已经获取的知识。大多数甚至是所有的口头文化都会有大量的叙事或者说一连串的叙事，如古希腊人的特洛伊故事集、许多北美洲原住民中关于郊狼的故事、伯利兹城和其他加勒比海文化中关于安纳西（蜘蛛）的故事、古代马里人关于桑迪亚塔国王的故事、伊昂加人关于姆温多的故事等。这些故事中都包含数量众多且非常复杂的情景和行动，因此这类叙事往往也是内容最丰富的口头文化资料库。

其次，叙事在原生口头文化中尤其重要，因为它能将大量的事实用长篇且牢固的形式捆绑在一起，使得它们能够经久流传，换句话说，在口头文化中这种形式更加易于重复。公理、谜语、谚语同样也易于流传，但它们往往都太过简短。仪式中的套语也许冗长，但往往包含有特别专门的知识。家谱也是篇幅很长，但它们往往只专门针对某些家族。原生口头文化中其他形式的长篇口头讲述往往都是话题式的，只适用于某个特定的场合。例如，演讲可能会跟叙事一样内容丰富、篇幅冗长，但是演讲无法长久流传，通常人们不太会去重复一场演讲；而且演讲往往都是针对某个特定的情境，在完全没有书写的年代，它们就连同那些情境一起消失在了历史长河中。歌词要么过于简短，要么只针对某个情境，或者两者兼具。很多其他口头艺术形式也大多存在这两个问题。

在书写或印刷文化中，文本以物理的方式将其中所有的内容都捆绑在一起，这样人们可以整体地检索各种思想组织。在原生口头文化中，人们没有文本，在大规模联结思想并使之永久流传方面，叙事扮演了比所有其他体裁都更重要的角色。

口头记忆和故事情节

叙事本身也有历史。斯科尔斯和凯洛格（Scholes and Kellogg，1966）对西方叙事方式从古到今的发展历程进行了研究并做了很多图表，他们研究的中心是发展过程中复杂的社会、心理、审美及一些其他因素。的确，叙事的历史发展受到许多因素影响，但这里我们的关注重点是原生口头文化背景下的叙事和读写文化中的叙事究竟有哪些明显的不同，以及记忆在其中的作用机制。

就像第3章中所描述的，原生口头文化保留和回忆知识时采用的是我们今天非常陌生且常常会不屑一顾的认知结构和认知步骤。口头记忆术的结构和步骤最令人称奇的一个方面就是它们对叙事情节的影响，当然，这些情节跟我们通常认为的情节还是有所不同的。今天读写和印刷文化中的人们往往会认为仔细设计的叙事通常是线性模式的，就像著名的"弗赖塔格金字塔"所绘的那样（一个向上走的斜线到达顶点后再连接一根向下走的斜线）：不断升级的行动积聚张力，到达高潮（高潮部分通常由醒悟或者其他带来突变或行为反转的事件构成），再接下来是问题的解决或是故事结尾——这个标准的以高潮为顶点的线性情节通常被比作是"打结"和"开结"。亚里士多德在戏剧中总结出这种情节规律（*Poetics* 1451b–1452b），因为虽然希腊戏剧通常是口头表演的，但这些表演通常会有书面的剧本，在西方，戏剧是第一种由书面文字主导的语言艺术流派，也是数百年来唯一的一种。

然而，古希腊的口头叙事史诗并不沿用这样的情节结构。贺拉斯在《诗歌的艺术》中写道，史诗"匆忙展开行动，将听众突然推进故事中"。贺拉斯认为史诗诗人从不考虑时间顺序。诗人通常会先描述一个情境，但通常要隔很久才说明这个情境是怎么来的。他也许也想到了荷马的简洁和力量（Brink 1971, pp.221–2）：荷马想要立刻进入"行动所在的地方"。无论如何，读写文化中的诗人后来将贺拉斯所说的"直入主题"（*in medias res*）理解为古代史诗诗人喜欢用"逆序法"（*hysteron proteron*）来叙事。因此，约翰·弥尔顿（John Milton）在其《失乐园》第一卷的"提纲"部分解释道，在"首先简略地点明全书的主题"并简单地交代亚当堕落的"主要原因"之后，诗歌"便直叙事件的中心"。

弥尔顿的话语表明，他从一开始就对主题以及行为背后的原因有全面的掌控，这是口头诗人无法企及的。弥尔顿心中有一个非常有组织的情节，包括开头、中间、结尾（Aristotle, *Poetics* 1450b），他诗中描述的事情就依这个时间顺序发展。但他的诗歌刻意打乱事件的顺序，对它们加以重组，然后有意识地设计出一种时间错置的样式。

学者们过去在为口头史诗做注解时也常常这么解释，但实际上，没有书写形式的时候，口头诗人无法按照非常有条理的顺序来组织自己的故事，他们对线性叙事的偏离并非刻意为之。这种注解有点像我们之前说的"口头文献"一词，都带着读写文化带来的偏见。当人们将口头活动仅视为书写的变体时，口头史诗的情节线也会被看作是写作戏剧时所用情节线的一种变体。在《诗学》中，亚里士多德就表现出这种想法，这也说明他能较好地理解读写文化中的戏剧，但无法很准确地理解口头文化中的史诗叙事，因为后者当时已经消失得太久了。

事实上，口头文化中并没有长篇的、史诗规模或小说规模的作品采用这种以高潮为顶点的线性叙事法（climatctic linear plot），甚至连短小的叙事也无法这样组织。这种情节是过去200多年文学读者最常见的形式，但是在最近几十年，人们也开始有意识地批判这种叙事法。因此，口头叙事原本就不曾知晓，也无力实现这种类型的叙事法，如果硬要说口头创作偏离了这种叙事法，那显然是非常不客观的。除了极简短篇幅的作品外，他们根本不会理解所谓的高潮应该发生在中间部分的这样的"事"，也从不会以时间顺序来搭建一个所谓的"情节"。贺拉斯的文学构架是读写文化的产物。其实我们的日常生活中也并不存在现成的高潮线性情节，除非把生活中的大部分事情剔除，只留下精心挑选过的高光时间，我们才能有合适的素材来搭建这种故事情节。如果把奥赛罗一生中所有的故事讲出来，那一定会令人感到乏味至极。

口头诗人通常都很难让诗歌沿着某个既定的顺序去发展：赫西奥德（Hesiod）的《神谱》（*Theogony*）介于口头表达和书面创作两种形式之间，用相同的素材写了三次才找到开头的方式（Peabody 1975，pp.432-3）。口头诗人通常会开门见山，让读者一头扎进事件的核心部分，这并不是因为他们有什么精妙的设计，而是他们必须如此，别无选择。荷马在创作特洛伊史诗之前，一定已经听过数十个不同歌手所吟唱的数百个关于特洛伊战争的诗歌版本，他的脑海中有大量的储备，但是由于没有文字，他根本无法将这些叙述用时间顺序来组织和排列。这些诗歌中没有关于各小节顺序的列表，或者说当时的人们根本也想不到要设计这类列表。如果某个诗人要试着按照严格的时间顺序来叙事，那么他难保不会在某个环节忘记某个小节，然后不得不在后面再做补充。如果下次再讲这个故事时，这位诗人记住了这个小节的位置，他肯定又会不小心遗漏其他的小节，从而再次打乱这个时间顺序。

史诗中的材料本身也不太容易直接生成带有高潮的线性情节。如果将《伊利亚特》或《奥德赛》的各小节按照严格的时间顺序安排，整部史诗固然可以循序展开，但还是不会有典型戏剧那样严密的以高潮为中心的线性叙事。惠特曼描绘过《伊利亚特》的组织结构图（1965），图的样式是盒子套盒子的主题回旋式，而非弗赖塔格的金字塔式。

成就一名优秀史诗诗人的并非高潮式的线性情节，也并非使用所谓的开门见山（"将听众猛然推入事件中心"）的方法，而是很多其他因素。首先，诗人应该认识到想象和处理长篇叙事的唯一方法就是将诗歌分为若干小节；其次，诗人应该有高超的技巧来处理倒叙，也应该善于处理一幕幕情景。以"事情的中心"作为起点并非精心构想的产物，而是口头诗人在应对长篇叙事时（也许短篇的就是另一回事了）最原始、最自然也最必然的选择。如果我们将高潮为顶点的线性情节作为情节应有的范式，那么史诗是没有情节的，事实上这样的情节模式是书写产生之后才出现的。

为什么长篇的高潮式线性情节只在书写出现后才有呢？为什么直到 2000 多年后的简·奥斯汀的小说时代才开始有长篇叙事，且这种情节模式最先出现在戏剧中呢？除了拉法耶特夫人的《克莱芙王妃》[①] 和少数其他作品，早期人们所说的"小说"在某种程度上结构都较为松散。到侦探小说年代以高潮为顶点的线性情节才开始大量出现——不断累加的紧张感、巧妙精致又干净利落的解谜和反转、完美解决的大结局。埃德加·艾伦·坡 1841 年创作的《莫格街谋杀案》通常被人们视为侦探小说的开山之作。目前为止，我们所知的 19 世纪之前大多数的长篇叙事都是松散的幕式结构（episodic），世界各地都是如此（日本紫式部的《源氏物语》也是如此，否则它就可以算是叙事结构超前的一本小说了）。为什么会这样呢？为什么在 1841 年之前没有诞生这样结构紧凑的侦探小说呢？关于这个问题的部分答案（当然不是全部答案）可以在口头文化向读写文化的转变中找到。

伯克利·皮博迪（Berkeley Peabody）的著作《带翅膀的单词——基于赫西奥德的作品和年代对古希腊口头创作技巧的研究》（1975）为我们开启了认识长篇作品中记忆力和情节之间关系的新视角。皮博迪不仅参考了帕里（Parry）、洛德（Lord）和哈夫洛克（Havelock）等人的研究，还参考了很多

---

① 拉法耶特夫人（Madame de La Fayette，1634—1693）是一名法国女作家和传记作家。《克莱芙王妃》是她最重要的代表作。——译者注

更早期的欧洲学者的研究，如安东尼·梅耶 ①、西奥多·伯格 ②、赫尔曼·乌瑟纳 ③、乌尔里希·冯·维拉莫维茨–莫伦多夫 ④，以及控制论和结构主义文学作品。他将古希腊史诗的心理动力学特征置于印欧传统的背景中进行探究，揭示出希腊语韵律、阿维斯陀语韵律、印度《吠陀经》韵律和其他梵语韵律之间的密切关联性，以及六步格韵律的发展和认知过程之间的关联性。皮博迪将自己的结论放置在比先前研究更大的背景中，其带来的启示也许可以有更开阔的视域。很有可能他所提及的古希腊叙事诗歌的情节和相关问题在许多方面同样可以适用于全世界各地的口头叙事中。而且，在皮博迪丰富的记录中，他的确也时不时提及北美原住民和其他非印欧语系文化中的传统和活动。

在其著作中，皮博迪或直接或含蓄地揭示出线性情节（弗赖塔格的金字塔模式）和口头记忆之间有一种不兼容性，这是前人的研究都没能发现的。他给出了很明确的解释：古希腊口头史诗的真正"思想"并不在于歌者有意识地通过组织叙事来加深记忆，而是在于印入脑海的传统套语或诗节的样式中（1975，pp.172-9）。"歌者带来的影响并非自身思想的迁移，而是其听众及诗人一起在诗歌中再现了传统"（1975，p.176）。歌者要做的并不是如我们现在所想的"通过某种渠道来转移"信息，而是用一种奇特的公开的方式来回忆，回忆的对象不是什么自己记忆中的文本，因为那个年代根本没有文本，也不是什么言辞语汇，而是回忆他曾听其他歌者吟唱过的套语和主题。歌者对这些内容的记忆也并非恒定，会依个人的方式以及特定的观众、特定的场合做不同的演绎。"诗歌是对吟唱过的歌曲的回忆"（1975，p.216）。

口头史诗（以及口头文化中可能存在的其他各种叙事）与现代人书面创作时所需要的创造性想象力没有任何关系。"现代人从形成新概念、抽象分析和各种想象中所获取的快乐并不适用于口头文化中的歌者"（1975，p.216）。口头诗人添加新素材时采用的是口头表达的传统方式。他所处的情境往往不是自己能

---

① 梅耶（Antoine Meillet，1866—1936），法国语言学家、教育学家。——译者注

② 西奥多·伯格（Theodor Bergk，1812—1881），德国语言学家，主要研究古典希腊语诗歌。——译者注

③ 赫尔曼·乌瑟纳（Hermann Usener，1834—1905），德国学者、语言学家和比较宗教学家。——译者注

④ 乌尔里希·冯·维拉莫维茨–莫伦多夫（Ulrich von Wilamowitz-Moellendorff，1848—1931），德国古典语言学家。——译者注

决定的，而是取决于在场的人想听什么（1975，p.174）。（我们从今天的经验知道，如果一个表演者突然收到来自现场观众的临时要求，通常第一反应是推辞，然而这会引起现场观众更热烈的要求，直到最终表演者和观众之间达成一个可行的共识："好吧，如果你们坚持要我唱……"）口头文化中的歌曲（或其他叙事）也是来自歌者、在场观众和歌者记忆三个因素的共同作用。在应对这种局面时，吟游诗人的新颖性和原创性与写作者的新颖性和原创性建立在完全不同的基础之上。

从没有人按严格的时间顺序来吟唱特洛伊战争的史诗，也没有一个吟游诗人曾想过要用这种方式来吟唱这些史诗。在现代的扎伊尔，当研究者请歌者坎迪·鲁莱科（Candi Rureke）完整讲述尼昂加人英雄姆温多一生所有的故事时，他感到很震惊（Biebuyck and Mateene 1971，p.14）：他不满地表示，没有一个诗人曾按顺序讲述过姆温多的一生。经过研究者比伯克和马提内（Biebuyck and Mateene）跟鲁莱科一番协商，鲁莱科最终答应讲述所有故事：他讲的故事有时是普通的叙述，有时是韵文，偶尔会要现场（不固定的听众）合唱来伴奏，就这样，他连讲了 12 天，现场有三个记录员（两个尼昂加人、一个比利时人）记录下他的叙述。这与书面形式创作小说或诗歌是完全不一样的。每一天的表演都让鲁莱科身心俱疲，12 天后，他彻底累瘫了。

皮博迪对于记忆的深入探讨进一步印证了我们在第 3 章中曾经讨论过的口头表达和思维的特征：明显的叠加性、整体性、保守性、冗余性，以及其现场参与感。

当然，叙事必定会与事情的时间顺序有关，因此所有的叙事中都会有某种故事情节。由于事情是按一定顺序发生的，所以后面的事情往往会受到前面事情的影响。然而，引导口头诗人表达的最主要因素是记忆，而记忆一般与事情发展的严格时间顺序没什么关系。也许诗人会沉醉于对英雄盾牌的描述而忘记了原本的叙事轨迹。在印刷和电子文化中，我们对语篇中各元素的线性排列及组织这些元素的时间顺序或话题顺序喜闻乐见，我们喜欢将言语中的顺序与我们所经历的或可以安排经历的顺序一致。当今天的叙事抛弃或扭曲这种平行结构时（类似于罗伯-马里耶的《去年在马里昂巴德》或胡里奥·科萨塔尔的《跳房子》）通常都是有自我意识的：创作者很清楚自己没有采用人们习以为常的平行叙事。

口头叙事并不是很在意叙事顺序和外部事件发生的顺序是否平行一致。只有当读写能力被内化之后，这种平行结构才开始成为叙事的主要目标。皮博迪指出，古希腊女诗人萨福①的诗歌是按照时间顺序讲述人物经历的，这赋予她作品一种超前感和奇特的现代感（1975，p.221）。当然，在萨福的那个年代（约公元前 600 年），写作已经开始对希腊人的心智产生影响。

情节的封闭性：从游记到侦探故事

读写能力及其后来的印刷术对叙事情节构思产生了非常广泛和深远的影响，这里无法展开全面细致的讨论。但是通过思考从口头文化向读写文化的转变，我们可以更加清楚地总结其带来的一些总体影响。随着文本的成熟，人们制造文本的能力也在不断提高，文本的制造者，也就是现在说的"作者"，获得了一种与原生口语时代面对观众的口头表演者迥然相异的表达方式和思维方式。"作者"可以独自安静地阅读其他作家的故事，可以根据自己的笔记来创作，甚至可以在创作前写出故事的提纲。尽管灵感往往都是来自无意识地迸发，但是"作者"可以对这些无意识的灵感进行有意识的控制，口头文化中的叙事者在这方面是大为逊色。写作者可以重组、修改或任意操纵自己的文字，直到脱稿为止。在"作者"的眼中，文本有开头、中间和结尾部分，这些都会让写作者将自己的作品视为一种独立且完满的单元，是一个封闭的个体。

由于人们越来越多地有意识地控制自己的作品，因此古老的口头松散的情节就逐渐被抛弃了，取而代之的是越来越严密的以高潮为中心的叙事结构。如前所述，古希腊戏剧是西方历史上第一种完全由书写创作的艺术形式，它是第一种也是数百年来唯一一种拥有典型弗赖塔格金字塔结构的艺术类型。看似矛盾的是，戏剧是书面创作的，其呈现形式却是口头的。重要的是戏剧的呈现往

---

① 萨福（Sappho，约前 630—约前 560 年），古希腊著名的女抒情诗人，也通常被认为是古希腊的第一位女诗人。古希腊人十分称赞她，说男诗人有荷马，女诗人有萨福，柏拉图曾誉之为"第十位缪斯"。——译者注

往没有叙事的声音。叙事者将自己隐藏在文本中，躲在角色的背后发出自己的声音。口头文化中的叙事者，如前所示，通常很自然地会用松散的幕式结构来组织故事，因此叙事者声音的消失对于能够消除这种样式的故事情节至关重要。我们一定不能忘记，事实上在长篇叙事时，松散的幕式结构是很自然的一种选择，因为我们真实的人生体验就是一幕幕的，而非以高潮为中心的弗赖塔格金字塔结构。只有精挑细选才能创作出弗赖塔格金字塔式的故事情节，而在书写将人生体验和文字表达二者分离后，这种情节线才真正有可能出现。

除了戏剧之外，就叙事而言，口头叙事者原始的声音用各种不同的形式化身为了写作者的文字，书写带来的疏离感引发了脱离语境的读者和作者对现实的各种虚构（Ong 1977，pp.53—81）。但是，在印刷技术出现并真正产生全面影响之前，幕式叙事的地位还是非常牢固的。

如前所述，在机械手段和心灵思考方面，印刷都将文字锁定在物理空间中，带来一种比手写更牢固的封闭感。印刷文化的世界中小说诞生了，它明确摆脱了之前的场景式结构；当然，小说中的高潮型线性叙事并不像戏剧中的那么严密。小说家更多是在与文本而非想象或现实中的听众打交道（尽管印刷出版的传奇故事通常是供读者大声朗读的），但小说家的身份仍旧有几分不确定性。19世纪小说中总还是会有"亲爱的读者"这样的表述，这也是一种调整：作者仍旧感觉似乎自己有一些观众或听众在某个地方，但又要时不时提醒自己这部小说并不是读给听众听的，而是写给读者看的，每个读者会在自己的空间内独自阅读。狄更斯和很多19世纪小说家都有大声朗读自己作品片段的嗜好，这也揭示出古老口头叙事传统留下的深深印记。古老口头世界中还有一个"幽灵"也久久徘徊不去，那就是四海巡游的英雄，他们的旅行串起了故事中的一幕幕场景，我们可以在各个年代的小说中找到他们的影子：中世纪的浪漫主义文学、塞万提斯的《唐吉诃德》、笛福的《鲁滨逊漂流记》、菲尔丁的《汤姆·琼斯》、托比亚斯·斯摩莱特的场景式叙事，以及狄更斯的部分作品（如《匹克威克外传》）。

正如我们之前所说的，人们通常认为侦探小说年代开始于艾伦·坡1841年的《莫格街谋杀案》，金字塔结构的叙事在各类侦探小说中最为常见。在典型的侦探故事中，不断升级的行动毫不停歇地积聚令人无法承受的紧张感，高潮部分的醒悟和反转如晴天霹雳般到来，于是压力得以释放，最后结尾部分所有谜团都被解开。在高潮和结尾前，故事中的每一个情节都很重要，也极具迷惑性。中国"侦探小说"始于17世纪，并在18、19世纪渐趋成熟，这些小说中叙事素材跟爱伦·坡的小说类似，但是在简洁性方面略为逊色，小说中充满了"长篇诗词、哲学探讨等"内容（Gulik 1949，p.iii）。

侦探小说故事情节往往是内化的：通常是其中某个角色在头脑中先形成一个闭环，然后再将之扩散到读者和书中其他角色。夏洛克·福尔摩斯首先在头脑中破案，此时其他人茫然不解，读者尤其困惑。这就是典型的侦探小说和典型的"神秘"小说最大的不同，后者没有一个严密的封闭结构。用卡勒（Kahler）的话说（1973），通过比较印刷文学与口头文学，我们可以非常清楚地理解"内向性叙事"这个概念。口头叙事往往关注主角外在的卓越功绩，而印刷叙事往往更侧重主角复杂的内心意识。

我们时常可以在侦探故事中发现情节和文本特征之间的关联性。在爱伦·坡的《金甲虫》[①]中，他不仅将行动的关键置于主角勒格朗的头脑中，也使其显现于对应的文本中，即用于解释藏宝图的文字密码。勒格朗解决的最直接的问题不是一个外在的问题（宝藏在哪里？），而是一个文本问题（这些书写符号该如何破解？）。一旦文本问题解决了，所有问题也都有了着落。并且，正如托马斯·法雷尔（Thomas Farrell）曾对我说过的，尽管文本是手写的，但文本中的代码大多是印刷形式的，它们不仅包含字母，还包含标点符号；标点符号在手稿里很少甚至没有，在印刷文本中却十分常见。比起字母，这些符号离口头世界更加遥远了，虽然它们也是文本，但它们没有音素，没有发音。因此，很明显印刷将孤立感和封闭感都扩大到了极致。文本和头脑中的内容是一个完整和完满的单元，有无声的内在逻辑。亨利·詹姆斯在《阿斯彭手稿》中创造

[①]　埃德加·爱伦·坡（Edgar Allan Poe，1809—1849），19世纪美国诗人、小说家和文学评论家，美国浪漫主义思潮时期的重要成员，被誉为侦探小说的"鼻祖"。《金甲虫》中主人公勒格朗偶然在海边捡到了一张羊皮纸，在炉火的烘烤下，纸上显现出一幅骷髅头像和一连串与宝藏有关的密码符号。经过主人公的缜密分析和实地勘察，终于发现了被私藏的宝藏。——译者注

了一个神秘的中心人物——杰弗里·阿斯彭，他的全部身份都隐藏在一沓他未曾公开的信件中，故事的结尾这些信件被付之一炬，故事的主人公终其一生想探寻杰弗里·阿斯彭究竟真容为何，可直到最后他也没有读到这些信。阿斯彭这个人物随着信件一起在探寻者的脑海中灰飞烟灭。在这个经久不衰的故事中，文本被拟人化了："那字句叫人死，那精意叫人活"（《哥林多后书》3：6）。

与口头表达不同，书写相对较为缓慢，且写作者在创作时往往独自一人，所以写作过程非常具有反思性，意识会不知不觉从无意识中萌发出来。正如埃德加·爱伦·坡的理论所总结的，侦探小说家比皮博迪文献中的口头诗人有更复杂的自我意识和更强大的反思能力。

因此，书写究其本质是一个意识提升的过程。情节传统、严密的故事不仅来自更强大的自我意识，也反过来促成意识的提升，这一事实在侦探小说中也有象征性的体现：随着完美的金字塔型情节的出现，故事中的活动也越来越多地聚焦于主角，即侦探的内心世界。在过去的数十年间，随着印刷文化变形为电子文化，这种严密组织的情节又"失宠"了，因为对于作者和读者而言它都太过"浅显"，换句话说，这种情节组织完全受控于意识，所以太容易被参破。现代先锋文学被迫褪去其叙事性或者淡化其情节感。当然，电子时代的去情节故事也不再是场景式结构的了，它们往往是之前线性故事的印象主义或图像主义变体。书写和印刷带来的影响给叙事情节留下了不可磨灭的印记。当情节在记忆和回响中自我建构时，会让人联想到早期主要来自无意识的口头叙事（Peabody 1975），但不可避免的是这些叙事表达最终是以有意识的文本形式加以呈现的，于是我们就有了阿兰·罗伯-格里耶的《嫉妒》[①] 和詹姆斯·乔伊斯的《尤利西斯》[②]。

---

① 阿兰·罗布-格里耶（Alain Robbe-Grillet, 1922—2008），法国"新小说"流派的创始人、理论家和代表作家、电影大师。《嫉妒》是其代表作之一，有人认为这是罗伯-格里耶的作品中最为出色的一部，作品篇幅短小，但是艺术价值很高。在这部作品中，作者写的是一个人物嫉妒的精神状态、嫉妒的精神表现，人物自始至终没有出场，文中也没有提到他在嫉妒。——译者注

② 詹姆斯·乔伊斯（James Joyce, 1882—1941），爱尔兰作家、诗人，20世纪最伟大的作家之一，后现代文学的奠基者之一，其作品及"意识流"思想对世界文坛影响巨大。《尤利西斯》以时间为顺序，描述了一个普通的都柏林人于1904年6月16日一昼夜间的生活。通过描述一个普通人一天内发生的事件，把人的感官、欲望、言行刻画到极致，运用意识流的手法构建了一个交错凌乱的时空。——译者注

"丰满"的角色、手写与印刷

现代读者通常认为，故事或戏剧里有效的"角色塑造"是一种福斯特所说的"丰满的"角色（round character）的塑造（1974，pp.46-54），这种角色有"不可预测的生活"。与这种"丰满"角色相对的是"扁平"角色——那种从来不会出人意料，只会满足读者预期来取悦读者的角色。我们知道口头叙事中的人物大多较为"厚重"（或"扁平"），因为当时的文化无法创作出别的人物类型。这种角色类型不仅负责串联故事情节，而且也负责组织起所有的非叙事元素。围绕着奥德修斯（或其他文化口头传说中的主人公，如布雷尔兔[①]或安纳西蜘蛛神[②]）可以讲述关于计谋多端的故事，围绕着涅斯托尔可以讲述关于智慧的传说。

随着话语从原生口头文化进入到书写的世界，再进入到印刷的世界，并越来越受控于后两者，"扁平""厚重"的人物变得越来越"丰满"，也就是说，这些人物的行为乍看非常出人意料，但仔细想来又很符合作品赋予他的复杂性格和复杂动机。随着故事的推进，人物动机和心理活动都逐渐丰满起来，所以"丰满"的人物更像是一个"真实人物"。小说中丰满角色的诞生看似受到很多方面的影响。斯科尔斯和克洛格（Scholes and Kellogg，1966，pp.165-77）对这些因素进行了总结，它们包括《旧约》内化的驱动力以及这种驱动力在基督教中的增强、希腊戏剧传统、源自奥维德[③]和奥古斯丁[④]作品的内省传统、中世纪凯尔特传奇小说和宫廷爱情故事传统所发展出来的

---

① 布雷尔兔（Brer Rabbit）是美国南部非裔美国人的口头传说故事，讲述了一只非常狡猾的"骗子"兔子智取比他更大、更强大的生物。——译者注

② 安纳西蜘蛛神（Spider Anansi）是西非口头传说中的蜘蛛神，是个爱作怪的捣蛋鬼，却也是备受欢迎的文化英雄。他的恶作剧给世界带来了黑夜、月亮、太阳、故事、争论以及疾病与死亡。——译者注

③ 奥维德（Publius Ovidius Naso，前43—约17年），古罗马诗人，与贺拉斯、卡图卢斯和维吉尔齐名。代表作有《变形记》《爱的艺术》和《爱情三论》。他是古罗马最具影响力的诗人之一。——译者注

④ 奥古斯丁（354—430），早期西方天主教的神学家、哲学家，他的著作《忏悔录》被称为西方历史上"第一部"自传，至今仍被传诵。——译者注

内向性等。但他们也指出直到小说出现，人物性格特征的各分支才真正走向完善，因为在小说中，时间不仅是故事的框架，也是故事中人物行为的一部分。

所有这些发展在原生口头文化中都是不可想象的，它们都出现在书写主导的世界中，这个世界往往有细致且分门别类的深入思考和对内在心灵状态的复杂剖析，以及内心构建的序列关系。要想全面认识"丰满"角色的出现，我们必须意识到书写及后来的印刷对旧的认知方式带来的影响。最接近这种"丰满"角色的人物塑造最早出现在希腊悲剧中，而戏剧也是第一种完全由书写主导的语言流派。这些悲剧中的主人公大多还是那些大众领袖，而非那些在后来的小说中最常见的平凡和家常的人物；但不可否认的是，无论是索福克勒斯笔下的俄狄浦斯还是欧里庇得斯悲剧中的彭透斯[①]、阿革薇[②]、伊斐贞妮雅[③]、俄瑞斯忒斯[④]，这些角色的复杂性和内心的痛苦感都是荷马史诗中的角色无法企及的。从口头文化–读写文化的视角来看，我们面对的是由书写开启的内向性不断深化的世界。瓦特（Watt 1976，p.75）提醒人们，"良知的内化"以及自我反思的习惯培养了笛福[⑤]对人性的感觉，并将之归因于笛福的清教徒加尔文教派的身份背景。笛福小说中人物在面对世俗生活时强烈的自我反思性的确带有很明显的加尔文教派的印记，但实际上，内省和越来越内化的良知伴随了整个基督教的禁欲主义的历史，从奥古斯丁的《忏悔录》[⑥]到

---

① 彭透斯（Pentheus），古希腊神话男性人物之一，底比斯君主。——译者注
② 阿革薇（Agave），希腊神话女性人物之一，彭透斯的母亲，酒神的姨妈，现在 agave 也有龙舌兰属植物的意思。——译者注
③ 伊斐贞妮雅（Iphigenia），阿伽门农和克吕泰涅斯特拉之长女。古希腊戏剧中经常被提到的悲剧人物。——译者注
④ 俄瑞斯忒斯（Oretes），古希腊神话中的人物，古希腊远征特洛伊的统帅阿伽门农的儿子。特洛伊战争结束后，阿伽门农回国后被妻子克吕泰涅斯特拉杀死。俄瑞斯忒斯被母亲克吕泰涅斯特拉驱逐，俄瑞斯忒斯长大后替父报仇，杀掉了克吕泰涅斯特拉。——译者注
⑤ 丹尼尔·笛福（Daniel Defoe，1660—173），英国小说家、新闻记者。代表作《鲁滨逊漂流记》闻名于世。其作品主要叙述个人通过努力，靠自己的智慧和勇敢战胜困难。情节曲折，采用自述方式，可读性强。表现了当时追求冒险、倡导个人奋斗的社会风气，因此他被视作英国小说的开创者之一。——译者注
⑥ 《忏悔录》是公元 394—400 年奥古斯丁写的一本自传体回忆录，当中描写早期奥古斯丁归信时的内心挣扎及转变经历。——译者注

圣女德莱斯的自传 [1]，这些行为的强化很明显与书写密不可分。瓦特引用米勒（Miller）和约翰逊（Johnson）的话语说道："几乎每个清教徒都写日记。"印刷时代到来给新教教徒们带来的第一大影响就是他们开始提倡个人对《圣经》的私下诠释，而对于天主教徒而言，印刷时代的到来意味着频繁的忏悔，与此同时也更注重检视自己的内心。书写和印刷对基督教禁欲主义的影响亟待研究。

如前所述，书写和阅读也大多是单独的活动（尽管最开始阅读通常也是集体活动）。在书写和阅读过程中，人的心灵参与到一种费力、内化和个人化的活动中，原生口头文化中的人是不可能达到这种状态的。在个人世界中，诞生了"丰满"人物性格的感觉，即人物的行为动机深度内化，他们内心充满神秘但又持续的力量。这种"丰满"的人物最早出现在书写主导的希腊戏剧中，印刷术产生后在莎士比亚的年代继续走向成熟，最后随着浪漫主义时代的来临以及印刷的进一步内化在小说中发展到极致（Ong 1971）。

文字和印刷的出现并不意味着扁平人物的彻底消失。一般的规律是：文字的新技术在革新旧技术的同时也会进一步巩固这种旧技术。根据这一规律，也许在某种程度上正是书写文化催生出了最典型的类型化人物角色，即抽象化的人物角色。这在中世纪晚期的道德剧目中非常明显，这些剧目将人物塑造等同于抽象的善或恶，书写成功地加强了人物的类型化，而且也只有书写才能做到这一点。这种人物角色在 17 世纪的"气质喜剧"（drama of humors）[2] 中也很常见。例如，本·琼森的《人各有癖》或《福尔蓬奈》的复杂情节中，都有这种几乎没有血肉只分善恶的角色。笛福、理查德森、菲尔丁等早期的小说家，甚至到后来的简·奥斯汀都时常会在小说中按照人物类型来命名，如 Lovelace（花心浪子）、Heart-free（无忧无虑）、Allworthy（值得敬重）、Square（公正不阿）。

---

[1] 圣女德莱斯（Thérèse of Lisieux，1873—1897），著有《灵魂的故事》（The Story of a Soul），其中收录了许多她自传性的文章。——译者注

[2] 气质喜剧（Drama of Humors 或 Comedy of Humors），又称幽默喜剧，是文艺复兴时期戏剧的一种，以本·琼森（Ben Jonson，1572—1637）为代表。它源自人体四种体液平衡理论，角色常围绕一种主导性格特征构建。这种喜剧强调现实生活背景，人物性格夸张，具有教育和讽刺意味，且通常遵循古典戏剧的三一律。——译者注

后来的高科技文化和电子文化仍会创作类型化的人物角色，尤其是在像怀旧型西部文学中或自觉幽默（self-conscious humor）语境中的人物（这里的 humor 就是字面意思"幽默"）。广告中的"欢乐绿巨人"（Jolly Green Giant）很受成年人欢迎，因为它用"欢乐"这个没有英雄色彩的修饰词，给观众传递出的信号就是他们不用把这个"现代生育神"（latterday fertility god）太当回事。关于这些类型化人物角色有哪些故事，以及这些人物角色以哪些复杂的方式使口头传统和书面创作产生联系，都还有待于学者的研究和探讨。

到了印刷时代晚期以及电子时代，故事又开始以古典情节为基础，这种情节被淡化的故事之所以能够取得艺术效果，那是因为人们有种感觉：故事情节应该是隐而不露或彻底消失的。与此类似，同时代兴起了一种有着极端意识状态的古怪的空心角色，就像卡夫卡①、塞缪尔·贝克特②、托马斯·品钦③等作家笔下的人物，这种人物塑造之所以能够达到效果是因为它们与之前经典小说中的"丰满"人物形成了强烈的反差。换句话说，如果没有经历"丰满"人物的时期，这种电子时代的人物角色也是绝对不可能产生的。

丰满人物的发展给人类意识带来的影响非常广泛，绝不仅限于文学世界。从弗洛伊德开始，所有人格结构的心理学分析，尤其是精神分析都是基于小说中的这种"丰满"人物刻画。根据弗洛伊德的理解，现实中人的心理学结构就像作品中的俄狄浦斯，而非阿喀琉斯，更确切地说，像是 19 世纪小说中的俄狄浦斯，他的性格结构应该比古希腊文学中的所有角色都更加"丰满"。看起来现代深度心理学（depth psychology）的发展与戏剧和小说中的人物性格的发展二者呈并行状态，这两种发展都是基于由书写开启、经印刷强化的心灵的内向性。的确，正如深度心理学在找寻隐藏在日常生活表面之下的那些隐晦但有重大意义的深层含义，小说家们（从简·奥斯汀到萨克雷，再到福楼拜）也都在邀请

---

① 弗兰兹·卡夫卡（Franz Kafka，1883—1924），捷克裔德语小说家。主要作品有小说《审判》《城堡》《变形记》等。与法国作家马赛尔·普鲁斯特、爱尔兰作家詹姆斯·乔伊斯并称为西方现代主义文学的先驱和大师。——译者注

② 塞缪尔·贝克特（Samuel Beckett，1906—1989），爱尔兰作家，1969 年诺贝尔文学奖获得者。创作的领域主要有戏剧、小说和诗歌。他还是荒诞派戏剧的重要代表人物。——译者注

③ 托马斯·品钦（Thomas Pynchon，1937—），美国后现代主义文学代表作家。——译者注

读者去感受那些不够完美、不够真诚的角色背后更真实的人性。为什么"深度"心理学无法更早兴起？为什么 19 世纪之前的小说无法刻画出"丰满"的人物角色？这两个问题有相同的答案：因为在那之前缺乏有意识的文本结构。当然，我们也不能忽略其他发挥作用的因素：人们开始远离古老的（前巴斯德时期的）医学所用的整体疗法，开始去探寻一种新的整体论，一种更加民主化也更私人化的文化（这本身也是书写及后来的印刷带来的影响）；"核心"家庭和"有爱的家庭"的兴起，取代了之前只为传宗接代的几世同堂的家庭结构；高科技发展使更大规模的人群可以有更密切的交流；等等。

但无论深度心理学发展的背后还有哪些其他的因素，最主要的因素莫过于由书写和印刷引发的对于人世生活和人的新感觉。无论是由名号定义的人物角色还是由功能心理学中的"善""恶"定义的人物角色都无法为心理学分析批评提供良好的样本。现代心理学和小说中的"丰满"人物角色将人物的生存体验呈现于当代人的意识世界，而这些对生存体验的感受是经由书写和印刷加工过的。这样说并非要诟病这种加工，恰恰相反，正是得益于人类有意识的反思以及对反思的清晰表述，才使我们今天对人类生存的现象感受比以往任何年代都更加丰富。但与此同时，我们也应该认识到这一现实：我们的感觉基于书写和印刷技术的深深内化，这些技术已经成为我们心灵资源的一部分。只有通过书写和印刷技术（以及现在的电子产品）的使用，大量的历史学、心理学和其他领域的知识才最终成就了更复杂精密的叙事以及更丰满的人物刻画。但这些词语的技术并非仅仅帮助我们储存知识，它们还在用原生口语时代无法企及且不可思议的方式重构了我们的知识。

第 **7** 章

一些理论

• • •

口头文化与读写文化的对比研究在很大程度上还只是刚刚开始。一些近期的发现继续拓展着我们对过去的口头文化以及现在的读写文化的理解，这些理解将我们的思想从文本的束缚中解放出来，帮助我们用全新的视角来审视很多早已习以为常的事物。这里我会提出一些看似更加有趣的新视角和新观点，当然穷尽所有的观点和视角是不可能的，所以我只能略述一二。以下我会用理论流派的形式来归纳，这些理论在很多方面都或多或少与我们之前已经提到过的口头文化与读写文化的对比有关。如果说前面的章节可以算是小有建树，那么读者应该可以借助本章的理论继续前行，做进一步的探索，从而形成自己的理论和见解。

以下部分的理论会特别讨论某些现代文学阐释学说、哲学与口头文化–读写文化的转变过程有哪些关联性。这里面大部分的学说霍克斯都谈及过（1977）。为了方便读者，只要有可能的地方，我都会直接参考霍克斯的著作，这样大家可以直接找到一手的资料。

读写文化的历史

文学史已经开始利用口头文化–读写文化对比研究为它提供的各种可能性。一些重要的研究成果报告了散见各地且主题广泛的各种具体传统，有些是原生口头文化中的各种口头表演，有些是书面文本中的口头元素。福利（1980b）列举了之前学者关于苏美尔的神话传说，《圣经》中的"诗篇"，西非和中非各种口头作品，中世纪英语、法语、日耳曼语文学（Curschmann 1967），俄罗斯口头史诗，美国民间布道词的研究。海默斯的总结（Haymes 1973）中又加上了对阿伊努语（Ainu）[①]、突厥语以及其他一些传统的研究。但整体而言，文学史研究的发展过程中很少有口头文化–读写文化的两极性意识，尽管这种两极性在文学流派、情节、人物刻画、作者–读者关系（Iser 1978），以及文学和社会、知识和心理结构的关系方面都非常重要。

文本能够体现口头文化–读写文化两极性带来的各种改变。西方的手稿文化一直徘徊在口头文化的边缘，并且即使在印刷术到来后，文本性也是经过非常缓慢的发展才到达今天文化中静默阅读的状态。我们现在可能很难相信这样一个事实：从古代直到 18 世纪，即使是书面创作的文学文本，也大都是用于公开诵读的；最早是由作者自己来背诵（Hadas 1954, p.40；Nelson 1976–7, p.77）。甚至到了 20 世纪早期，在家人面前或一小群人面前朗读文学作品还是非常常见的。到了电子文化时代，这种活动就逐渐演化为大家一起围坐在收音机旁或电视机前。

中世纪文学与口头文化的关系尤其让人着迷，主要有两个原因：一是当时《圣经》文本树立了中心地位（古希腊罗马没有宗教文本，他们的宗教也基本上没有任何正规的教义）；二是口头表述（各种论辩）与书面表达（对文字作品的评论）在中世纪的学界中形成了奇特的混合体（Hajnal 1954）。也许整个欧洲的大多数中世纪作家都继续保留了"书写是为了大声朗读"的传统（Crosby 1936；

---

① 日本岛北部原住民阿伊努人的语言。——译者注

Nelson 1976-7；Ahern 1981）。这种做法也在一定程度上影响了当时情节和人物刻画的本质以及修辞的风格。

在很大程度上，相同的做法一直延续到了整个文艺复兴时期。威廉·纳尔逊（William Nelson 1976-7, pp.119-20）曾提醒读者关注一点，阿拉曼尼[①]创作的《吉隆·科蒂斯》一开始并不成功，于是他将这首诗进行了改编，使其更加场景化，以便在人群面前口头朗读，并取得像阿里奥斯托[②]的《愤怒的奥兰多》那样的成功。由此纳尔逊推测，当年菲利普·西德尼爵士[③]改编《阿尔卡迪亚》同样也是为了使其更加适合口头演绎。纳尔逊还指出（1976-7，p.117），这种贯穿整个文艺复兴时期的口头朗读法让作者感觉自己正"面对着一群在场的听众"——不像今天的作者，面对的只是一些"假想的"读者。拉伯雷[④]和托马斯·纳什[⑤]也都是这种风格。纳尔逊是研究成果最丰富的学者之一，他说明了从中世纪到19世纪英国文学界中口头文化-读写文化之间的关系变化，并指出对口头文化-读写文化的两极性还有很多方面有待研究：目前为止有人研究过黎里[⑥]的《尤弗伊斯》朗朗上口的特征吗？

浪漫主义时期的开始标志着古老的以口头文化为基础的修辞术开始走向终结（Ong 1971），然而，口头表达的影响余波尤在，有时是挥之不去，有时是别扭地并存，这一切在霍桑等美国早期作家的写作风格中有很明显的体现，更不

---

① 阿拉曼尼（Luigi Alamanni，1495—1556），意大利诗人和政治家。他被认为是一位多产且多才多艺的诗人。他因将警句引入意大利诗歌而受到赞誉。——译者注

② 阿里奥斯托（Ariosto，1474—1533），意大利文艺复兴时期诗人。《愤怒的奥兰多》是意大利文艺复兴时期社会生活的画卷。诗人以奥兰多的爱情故事为主要线索，把其他骑士的爱情、冒险经历和上百名人物（国王、僧侣、妖魔、仙女等）的故事巧妙地编织起来，把叙事和抒情、悲剧和喜剧的因素融为一体。诗中对奥兰多发疯的过程和复杂的心理变化刻画细致，层次清楚。它对欧洲的叙事长诗产生了深远的影响。——译者注

③ 菲利普·西德尼（Philip Sidney，1554—1586），伊丽莎白一世时期的廷臣，政治家、诗人和学者。《阿尔卡迪亚》（Arcadia，1590年）是一部用散文和诗歌创作的田园般浪漫的传奇故事，其中的很多情节和人物都在后来斯宾塞、莎士比亚和其他人的作品中被借用过。——译者注

④ 弗朗索瓦·拉伯雷（Francois Rabelais，1494—1553），文艺复兴时期法国人文主义作家之一，同时也是杰出的教育思想家。拉伯雷的主要著作取材于法国民间传说的长篇小说《巨人传》。——译者注

⑤ 托马斯·纳什（Thomas Nashe，1567—1601），英国伊丽莎白王朝时期的著名诗人。——译者注

⑥ 约翰·黎里（John Lyly，1554?—1606），英国散文家、诗人、剧作家，是当时著名的"大学才子"之一。散文传奇《尤弗伊斯》是其代表作之一，主要歌颂了英国女王、英国宗教及社会道德，洋溢着爱国热情。这部作品开创了尤弗伊斯体，这种文风的主要特点是华丽、雕琢，大量用典，大量用比喻、寓言、头韵、双关语、对偶句等。——译者注

用说美国的开国元老们，这股余波甚至清晰地回荡在麦考莱[①]的全部历史学著作中，一路前行，来到温斯顿·丘吉尔的作品中。这些作家的作品中充满了做作的概念化和半口头表达的风格，这也很清楚地体现出当时英国公立学校中的口头文化传统还有许多残留。如果要了解读写文化历史，我们还需要进一步研究具体的演变过程。

千百年来，词语技术从口头走向书写，又从印刷走向电子，这一过程深深地影响并且从根本上确立了言语艺术流派的发展，当然同时也影响了后来的人物刻画模式和情节模式。例如，西方的史诗从本质上而言就是一种口头艺术形式，这一点已基本无可改变。即使是后来的书写或印刷版的史诗（那些所谓的"艺术"史诗），也都是有意识的仿古作品，会模仿口头叙事的心理动力学特征所需要的过程，如开门见山，直入"中心"，对武器铠甲或者打斗行为做细致且程式化的描述，其他口头主题也都有程式化的发展脉络等。随着书写和印刷的兴起，口头性在逐渐减弱，尽管作者有各种美好的意愿和辛勤的努力，史诗的形式也不可避免地发生了改变。《伊利亚特》和《奥德赛》的叙事者在口头文化的群体性中失去了自己的身份：他从不会以"我"的身份出现。而到了文字书写年代，维吉尔[②]的史诗《埃涅伊德》（*Aeneid*）就完全不同了，开篇就是"我歌颂我的武器和战士（*Arma，virumque cano*）"。斯宾塞[③]写给沃尔特·雷利[④]的信中提到《仙后》这部作品，他说自己本来想要创作一部像荷马史诗一样的作品，但是书写和印刷技术却注定让他无法如愿。史诗终于丧失了自己可信的想象力：它根源于口头文化中的认知结构走向枯竭。18世纪能够跟古代史诗产生严肃关系的唯一途径就是那些戏仿史诗的作品。这些作品大概数百种。在那之

---

① 麦考莱（Macaulay Thomas Babington，1800—1859），英国历史学家、政治家。代表作有《麦考莱英国史》。——译者注

② 维吉尔（Virgil），古罗马诗人。他开创了一种新型的史诗，在他笔下，史诗脱离了在宫廷或民间集会上说唱的口头文学传统和集体性。他给诗歌注入了新的内容，赋予它新的风格，产生了深远的影响。——译者注

③ 埃德蒙·斯宾塞（Edmund Spenser，1552－1599），英国文艺复兴时期的伟大诗人。其代表作有长篇史诗《仙后》，采用中世纪常用的讽喻传奇的形式，是文艺复兴时期一部重要的宗教、政治史诗。——译者注

④ 沃尔特·雷利爵士（Sir Walter Raleigh，1552—1618），英国伊丽莎白时代著名的冒险家，同时也是位作家、诗人、军人、政治家，更以艺术、文化及科学研究的保护者闻名，是一名广泛阅读文学、历史、航海术、数学、天文学、化学、植物学等著作的知识分子。——译者注

后，史诗实际上就彻底消亡了。卡赞扎基斯①为《奥德赛》执笔的续篇已经完全是不同体裁的作品了。

传奇小说是书写文化的产物，这种书面创作的新形式对口头思维和表达模式还有很大依赖性，但与此同时，它又不会像"艺术"史诗那样去刻意模仿口头艺术形式。像苏格兰和英格兰的"边境民谣"（boarder ballads）那样的流行民谣是在口头传统的边缘发展起来的。至于小说，那是显而易见的印刷体裁，有深度内化和去英雄化的特点，而且擅长反讽。而当代的去情节化叙事形式是电子时代的产物，用深奥的代码曲折叙事（就像计算机）。其他艺术形式不一而足。上述都是一些概括性的形式总结，究竟每种艺术流派具体还有哪些样式，目前为止还无人知晓。但是研究和理解这些样式让我们不仅可以更加了解过去，而且对现代甚至将来的言语艺术形式和思维模式也会有更好的认识。

女性作家对文学流派和风格产生了哪些影响？这方面的研究还有很大空白，对口头文化-读写文化转变过程的关注可以帮助我们填补这一空白。本书前面的章节中曾提到早期的女性小说家和其他女性作家通常都不受口头文化传统的影响，原因很简单：当时的女孩通常不像男孩一样要去学校接受口头修辞术的训练。因此，跟男性作家相比，女性作家的写作风格没有那么鲜明且正式的口头特征，这一事实应该会有很广泛的影响，但就我所知，到目前为止，这方面还没有什么重要的研究成果。当然，女性作家所适宜的各种非修辞性的风格也促成了小说的发展：写作内容更像是日常对话而非舞台表演。斯坦纳（Steiner 1967，pp.387-9）提醒人们，小说起源于商业化的生活。这种生活是完全以读写文化为特色的，但这种读写性基于本族语而非拉丁文修辞术。异教徒的学校通常以训练商务能力为目标，这类学校也是最早招收女学生的学校。

口头传统的各种残留形式以及由广播电视带来的次生口头文化的"读写的口头性"，有待学者做更深入的研究（Ong 1971，pp.284-303；1977，pp.53-81）。目前为止，关于口头文化-读写文化对比最有趣的一些研究来自对以英语为

---

① 尼科斯·卡赞扎基斯（Nikos Kazantzakis，1885—1957），希腊多产作家，其作品包括散文、小说、诗歌、悲剧、旅游书籍，并翻译经典作品如但丁的《神曲》和歌德的《浮士德》等。卡赞扎基斯最主要的作品是庞大的史诗作品《奥德赛：现代续篇》。——译者注

母语的西非国家的文学研究（Fritschi 1981）。

从更现实的角度而言，如果可以对口头文化与读写文化的心理动力学特征的对比有更深入的理解，那么我们就可以改进写作技能的教学，尤其是在那些正迅速从口头文化向读写文化转变的国家（如许多非洲国家）中（Essien 1978），以及那些还有较多口头亚文化的高度读写社会（Farrell 1978a；1978b）中，如美国的都市黑人或墨西哥裔美国人的亚文化。

新批评主义和形式主义

口头文化-读写文化的转变过程能够让我们更好地理解新批评主义（New Criticism）（Hawkes 1977，pp.151-6），因为它是典型的受制于文本的一种思想。新批评主义坚持认为文本艺术受制于个人作品的自治性。之前我们提到过，书写被称为"自治的语篇"（autonomous discourse），口头说出的话语与之不同，口头话语离不开某种非言语的情境，因此它们不是自治的。新批评主义学者认为言语艺术作品属于文本的视觉世界而非口说耳听的世界，视觉世界中的言语是一种物品，而听觉世界中的言语是一种活动。他们坚持认为诗歌和其他的文学作品都是物品，是一种"言语图标"（verbal-icon）。

如果按照这种模型，诗歌和其他言语作品都是视觉-触觉对象，但是这种模型似乎很难有效应用于各种形式的口头表演，如诗歌等。如前所述，声音无法被简化为一种"物品"或一个"图标"，它是一种持续的活动。并且，在口头文化中，诗歌不可能脱离其语境存在，因为诗歌作品的原创性就在于歌者或叙事者在某个特定时刻与听众产生的关联性。尽管口头表演的场合也属于特殊场合，与其他活动不同，属于一个特殊的语境，但这种活动的目的和结果很少或从不只是简单的文学欣赏。例如，口头史诗的表演同时也可以是一种庆祝活动，是对年轻人的教育或教化，是一种群体身份的强化行为，是保存历史、生物、动物、社会、狩猎、航海、宗教等各种民间传说的一种方式。在坎迪·鲁莱科表演《姆温多史诗》时，他不仅直接与听众对话，甚至还让史诗中的英雄姆温多对记录表演的抄写员说话，催促他们加快记录的速度。这种表演很难被说成是图像。在史诗结尾处，鲁莱科会总结他认为这个故事对现实有哪些启示（1971，p.44）。对"纯粹的诗歌"的理想化追求来自远离尘世烦忧的世界，来自书写带来的言语自治感以及印刷带来的更进一步的封闭感。没有什么能比这一点更清楚地反映出浪漫主义运动和科技发展之间不知不觉形成的紧密联盟。

更早一点的俄罗斯的形式主义（Hawkes 1977，pp.59–73）跟新批评主义的立场几乎差不多，当然这两派学说是各自独立发展起来的。形式主义学家认为诗歌是"前景化"（foregrounded）的语言，这种语言让人们关注诗歌内部语词之间的相互关系，诗歌是一种自治的、内化的存在。形式主义学家在文学评论中最小化甚至是彻底消除了对诗歌的"意义""来源""历史""作者生平"等因素的关注。他们很明显也是文本取向的，仅仅关注书面形式的诗歌，且大部分时候不会对自己的这种取向进行反思。

新批评主义和俄罗斯的形式主义都受制于文本，这样说并非在贬损他们，因为他们分析的诗歌本身的确是文本创作的产物。并且，在这两种理论诞生前，文学批评将大部分关注点都放在作者的生平和心理状态上，却根本不关注文本，这两种理论确保了人们对文本本身的重视。先前的文学批评主要来自口头的、修辞的传统，它们在应对书面语篇方面缺乏经验（书面语篇通常都是自成一体，且具有一定文本特性）。从口头文化—读写文化对比的角度来看，从早期的文学批评理论到形式主义和新批评主义的转变似乎正好迎合了从口头文化遗存（修辞性、情境化）的思维模式向文本化（非情境化）思维模式的转变。但文本化的思维模式相对而言缺乏反思性。比起口头表达，文本往往自成一体，但追根究底，文本还是依存于外部世界而存在的，每一个文本都建立在前文本（pretext）的基础上。

所有的文本都有文本外（extratextual）的支持。罗兰·巴特[①]（Hawkes 1977，

[①] 罗兰·巴特（Roland Barthes，1915—1980），法国文学批评家、文学家、社会学家、哲学家和符号学家。巴特的许多著作对后现代主义，尤其是结构主义、符号学、存在主义与后结构主义思想产生了很大影响。——译者注

pp.154–5）指出，任何对文本的诠释都首先要跳出文本，才能与读者形成参照。如果没有人阅读，文本就是无意义的；如果要获得意义，文本必须被诠释，即必须与读者的世界产生关联性。当然，这并不意味着读者可以胡思乱想或彻底抛开对作者的关注。我们也许可以这样来理解，任何一个时间段都是时间长河的一部分，而每一个文本都被作者存放于某个时间段，那么由此可知，每个文本跟整个时间长河都是有关的，文本的意义可以随着时间的流逝而展开，这些意义甚至作者本人和作者同时代的人都无法领悟（尽管也许深埋在他们的潜意识中）。马克思主义批评理论（巴特的理论部分来源于此——Hawkes 1977，pp.267–71）认为新批评主义的自我指涉受制于阶级决定论，并且是谄媚的，因为新批评主义认为文本的"客观"解读来自文本之外；也就是说，他们自认为这种外部的诠释具有贵族的成熟、智慧、传统和优雅，但实际上所谓的贵族阶层是腐朽不堪的（Hawkes 1977，p.155）。从这个观点来看，新批评主义在仰望贵族环境的中产阶层中最受欢迎。

新批评主义同时也来自口头文化与读写文化二者影响力版图的重大演变，这一演变发端于学界开始逐渐远离受制于书写的学院派拉丁文，更多开始使用表达自由的本族语。在 19 世纪中期，美国高校的英语文学专业还只有一些零星的课程，然而到一战刚刚结束时，美国高校研究生阶段的英语文学已经成为一个颇具规模的专业了（Parker 1967）。19 世纪晚期，牛津和剑桥大学的本科生英语课程才刚开始起步，到一战结束时，课程体系已经较为完备（Potter 1937；Tillyard 1958）。到了 20 世纪 30 年代，新批评主义开始盛行，英语研究开始衍生出新的分支——学界第一次有了本族语的英语文学研究（Ong 1962，pp.177–205）。英语研究学界中并没有所谓的"旧批评主义"。早期对本族语的文学批评，无论多么犀利，大都是非学术的、偶发的、业余的，专业的文学批评仅限于拉丁文作品和部分希腊语作品，而且这些批评都以修辞术为出发点。

如前所述，拉丁文一千多年以来一直都受制于书写形式，不是某一国家的本族语。尽管它与口头文化思维方式的遗存有关，但与母语所带来的无意识已经脱离了联系。在这种前提下，拉丁语的文学文本，无论是简单还是复杂，也无论是否在学校中专门学习过，与本族语的文学文本相比，注定是更加晦涩难懂的。因为用本族语创作的文学作品中，作者一定会有意识或无意识地加入许多母语的元素。拉丁文这种与生俱来的艰深晦涩，导致学者对拉丁语作品的批评关注点往往偏离文本本身，转向了作者，包括作者的心理、历史背景及其他各种非文本因素。这一切都令新批评主义者感到反感。

新批评主义从一开始就聚焦于英语文本，并且是专业性的研究，因此比起之前偶发的非学术性的本族语文学研究，它更具规模、更持续，也更有系统。在此之前，人们从没有如此细致全面地剖析文本。之所以如此，部分是由于20世纪30年代和40年代，深度心理学（depth psychology）的发展开启了原本深埋于意识之下的隐秘世界，心灵的自我反思性也达到了一个前所未有的高度；还有部分是由于语言的改变，本族语书写的文本与儿童早期的口语世界有着特殊的关联性——相较之下，从前学界只使用学院派拉丁文，这种语言一千多年来不会写的人根本无法说，所以跟儿童早期口语世界没有任何联系。就我所知，文本研究还没有利用这些影响进行任何的探索（Ong 1977，pp.22–34）。事实上，这些变迁带来的影响非常巨大。总的来说，符号学结构主义和解构主义都没有认识到文本与其口语基础之间存在着各种各样的关联性。他们专注于文本研究，研究视角是浪漫主义时期发展而来的印刷文化晚期的视角，处于电子时代开启的边缘（1844年摩尔斯码电报的成功是电子时代开启的标志）。

结构主义

结构主义研究最早由列维-斯特劳斯开创，其关注点主要集中在口头叙事。结构主义学家通过用二分法视角取代之前的文本叙事情节视角，在一定程度上破除了书写文化和印刷文化带来的偏见。列维-斯特劳斯认为叙事最根本的类比物就是语言本身——语言的体系中充满了对立的元素，如音素和词素等。列维和他的追随者们大都很少或从不关注口头表达所具有的心理动力学特征，不关心帕里、洛德，尤其是哈夫洛克和皮博迪等人所做的相关研究。如果他们能关注到这一领域，那么结构主义者的分析场域会增加一个视角维度，也就不会因其过度抽象和明显的偏见而遭到人们诟病了——结构主义者认为所有的结构都是二元对立的（我们生活在计算机年代啊），而要达成这种二元对立的结构，不得不忽略很多无法契合的元素，甚至是非常关键的元素。并且，无论这种二元对立结构形成的抽象模式多么有趣，似乎都无法解释叙事带来的心理学紧迫感，因此也就无法解释究竟什么样的叙事可以成为一个故事。

这一类口头文化研究凸显出一个事实：口头叙事的组织结构并非总能吻合结构主义者的二分法研究，甚至也无法契合弗拉基米尔·普罗普[1]用于民间传说的固定的主题式分析法。口头叙事的结构有时会崩塌，但这并不妨碍优秀的说书人熟练地采用岔开话题或倒叙的手法来弥补。正如皮博迪明确指出的（1975，pp.179，235，以及散见全书各处），直线型的叙事"线"在原生口头文化中不如在书面创作（或是受过书面创作影响的口头创作）中更容易实现。口头作品的运作有赖于其"信息核心"，这个"信息核心"中的套语"展现的组织程度不如我们平时认为的思维组织那么严密"，当然，主题可以或多或少地体现出更严密的组织（Peabody 1975，p.179）。

口头表演者（尤其是吟游诗人，但不限于吟游诗人）受到各种外界干扰的围困。一个词语可能会引发一连串的联想，表演者不由自主地跟着这些联想走，最终导致自己陷入"死胡同"，这种情况下只有优秀的叙事者才能巧妙脱身。荷马也时常碰到这样的困境——"智者千虑，必有一失"（Homer nods）。优秀的吟游诗人和笨拙的新手最大的区别就在于前者能够不失风度地修正自己的错误，甚至让听众根本听不出他们哪里说错了（Peabody 1975，pp.235，457-64；Lord 1960，p.109）。这里的组织和无组织的叙事模式，似乎不仅仅是一种"拼凑"（bricolage，手工活、即兴创作），bricolage 是结构主义者偏爱的符号学语汇，出自列维-斯特劳斯的著作《图腾制度》（*Totemism*，1963）和《野性的思维》（*The Savage Mind*，1966）。这是读写之士的用词，他们如果创作了一首口头风格的诗歌，就会因自己的拼凑行为而倍感羞愧。事实上，口头

---

[1] 弗拉基米尔·普罗普（Vladimir Propp，1895—1970），当代著名的语言学家、民俗学家、民间文艺学家、艺术理论家，是苏联民间创作问题研究的杰出代表。他根据自己对 100 种民间故事的分析，总结出 31 种基本结构元素。

语言的组织绝非书面语言的胡乱拼凑。例如，在古希腊口头叙事中，六步格诗句和当时希腊人的思维模式之间就存在着微妙的联系。

文本主义者和解构主义者

随着我们对口头文化与读写文化各自的心理动力学特征了解的不断深入，也必定会在研究之路上与一群我们称之为"文本主义者"（textualists）的人们狭路相逢，其中较有代表性的有格雷马斯①、茨维坦·托多洛夫②、罗兰·巴特（Roland Barthes）、菲利普·索莱尔斯③、雅克·德里达（Jacques Derrida）、米歇尔·福柯④和雅克·拉康⑤（Hawkes 1977）。这些哲学批评家大多承袭了胡塞尔⑥的传统（Husserlian tradition），他们专注于文本研究，尤其是印刷文本，更确切地说是浪漫主义时期以来的当代印刷文本。针对这一时期的文本做专门的研究非常有意义，因为人们通常认为在这个时期中，一种新的意识状态的出现标志着印刷的内化和古代修辞传统的减弱已成定势（Ong 1971 and 1977）。大多数的文本主义学家都对历史发展的连续性（同时也是心理发展的连续性）没有多少兴趣。科恩（Cohen 1977，p.xxii）曾指出福柯所谓的"考古学"不是从历史的

---

① 格雷马斯（A. J. Greimas，1917—1992），立陶宛裔语言学家，对符号学理论有突出贡献，同时还研究立陶宛神话学。格雷马斯符号理论系统与美国皮尔士系统、瑞士索绪尔理论系统和意大利艾柯一般符号学被并称为符号学理论四大体系。——译者注

② 茨维坦·托多洛夫（Tzvetan Todorov，1939—），法国著名文学理论家、历史学家，当代著名结构主义符号学家、文艺理论家，现为法国社会科学研究中心研究员。著述甚丰，主要著作有《结构主义是什么》等。——译者注

③ 菲利普·索莱尔斯（Philippe Sollers，1936—），法国当代著名小说家、评论家、思想家。与罗兰·巴特、克里斯特娃等同为法国结构主义流派的代表人物，并成为结构主义思潮的思想先锋之一。——译者注

④ 米歇尔·福柯（Michel Foucault，1926—1984），法国哲学家、社会思想家和"思想系统的历史学家"，法兰西学院思想体系史教授。他对文学评论及其理论、哲学（尤其在法语国家中）、批评理论、历史学、科学史（尤其医学史）、批评教育学和知识社会学有很大的影响。——译者注

⑤ 雅克·拉康（Jacques Lacan，1901—1981），法国作家、学者、精神分析学家，也被认为是结构主义者。拉康从语言学出发重新解释弗洛伊德的学说，他提出的诸如镜像阶段论（mirror phase）等学说对当代理论有重大影响，被称为自笛卡尔以来法国最为重要的哲人，在欧洲他也被称为自尼采和弗洛伊德以来最有创意和影响的思想家。——译者注

⑥ 胡塞尔（Edmund Husserl，1859—1938），德国哲学家，现象学的奠基人。——译者注

角度来解释历史，而主要是为了纠正现代的观念。类似地，马克思主义符号学和文艺理论与结构主义和解构主义密切相关，这些理论往往都聚焦于 19 世纪小说文本中的具体案例，皮埃尔·马舍雷[①]的著作《文学创作论》就很典型，他的译者也是这么评价这部作品的（1978，p.lx）。

文本主义者常常以让 – 雅克·卢梭的观点作为研究的起点。雅克·德里达（1976，pp.164-268，以及散见全书各处）曾对卢梭的观点展开广泛的评论。德里达坚持认为写作并非"口头语汇的补充物"，而是一种完全不同的演绎形式。仅凭这样的坚持，德里达和一些其他学者就已经颇有建树，因为他们的理论减少了书写文化和印刷文化所带来的偏见，这也正是本书的关注点所在。如文本主义者所说，在最糟糕的情况下，这种偏见也许会呈现这样一种形式：人们会以为外部世界的事物和口头言语之间有一一对应的关系；类似地，在口头语汇和书面语汇之间也有一一对应的关系（这里的书面语汇也包括印刷文本中的语汇；文本主义者通常认为书写和印刷相互融合，他们很少，甚至从不会去关注电子媒介传播）。基于这种一一对应的假设，天真的读者就认为，外部世界中的指涉对象是预先存在的，我们用词汇去捕捉这个对象，并通过管道似的途径将之传递到我们的精神世界。

康德提出了"本体—现象"主题（这个主题本身也与视觉主导性相关，视觉主导性是由书写开启并由印刷进一步巩固的——Ong 1967b，p.74），德里达对这个主题进行了一定的改动，并痛斥了这种关于存在的形而上学（metaphysics of presence）。他指出这种管道模型是"语词中心主义"（logocentrism），而"语词中心主义"的源头是"语音中心主义"（phonocentrism），即将语词或发声语汇作为一切的基础，从而贬低了书写相较于口头语言的地位。德里达认为书写打破了这种管道模型，因为事实表明书写有自己的一套机制，并不意味着原样照搬口头言语。并且，从书写打破"管道"这一事实继续回溯，我们可以看到早在口头文化年代，这个"管道"就被打破了，口头语汇也并非像透明玻璃一样直接透视外部世界。语言是一种结构，这种结构不同于外部世界的结构。德

[①]　皮埃尔·马舍雷（Pierre Macherey，1938—），法国马克思主义哲学家、文学批评家，阿尔都塞学派核心成员，研究领域集中于文学理论、文学批评与哲学。

里达最后的结论是，文学是真正的语言本身，这些语言绝非外部世界的代表或表述。因为文学不用管道的方式指代任何东西，因此它不指代任何外物，也不蕴含任何意义。

然而，这样的逻辑难以成立，"A 不指代 B"并不意味着 A 就什么都不是。卡勒（Culler 1975，pp.241-54）讨论了许多"文本主义者"的研究，当然这是我对这些学者的称呼，按照卡勒的说法，他们是"结构主义者"。卡勒的讨论表明，尽管这些学者否定文学代表指涉了外物，但他们还是在巴黎形成了"原样"①学派，而且这些结构主义者／文本主义者（巴特、托多洛夫、索莱尔斯、茱莉亚·克里斯蒂娃②等人）明显会使用语言来代表外物，他们只是"不愿意承认他们的分析跟其他学者的分析一样，没什么特别之处"。

另一方面，毫无疑问，当今世界有很多人在认知和沟通过程中都是用"语词中心主义"的模式来展开思考的。德里达打破了他称之为"语音中心主义"和"语词中心主义"的模式，带来了一股受人欢迎的潮流，马歇尔·麦克卢汉也用其最著名的论断"媒介即讯息"横扫了这一领域。

然而，本书中提到的近些年来口头文化-读写文化的对比研究表明，语音中心主义和语词中心主义的根源并没有那么简单，也许比文本主义者描述的更为复杂，其中柏拉图的例子尤为典型。柏拉图与口头文化的关系从头至尾都是模棱两可的。一方面，在《斐德罗篇》和《第七封信》中，他抬高口头表达，贬抑书面创作，因此可以算作是语音中心主义的。而另一方面，在《理想国》中，他又将吟游诗人拒之"理想国"门外，如哈夫洛克所说，他之所以这样，是因为这些诗人象征着古老的、口头的、记忆术的世界，那个世界充满了模仿、叠加、冗余、丰裕、传统主义、温暖的人性、参与感，这与柏拉图所称赞的"理念"世界格格不入——他的"理念"世界充满了分析、疏离、精确、抽象、视觉主义以及恒定。柏拉图并不是刻意用对吟游诗人的反感来表达自

---

① "原样"学派是指《原样》（Tel Quel）期刊的编辑们，这本期刊 1960 年创办于巴黎，发表了许多后结构主义和结构主义的重要文章，因此这本杂志在结构主义和符号学的发展方面具有重大影响。杂志于 1982 年停刊。——译者注

② 朱丽亚·克里斯蒂娃（Julia Kristeva，1941—），保加利亚裔法国人，哲学家、文学批评家、精神分析师、女性主义者、小说家。——译者注

己对古老的口头认知结构的反感，但实际上如我们所知，他的确这么做了。柏拉图的反感也与他身处的时代背景相关：在那时，字母书写已被深深内化并开始影响希腊人的思维，当然也包括他的思维，人们拥有了读写能力，大脑能够腾挪出空间来思考问题，耐心细致的分析以及长篇排序的思维过程都开始成型。

自相矛盾的是，柏拉图之所以能够清楚明了地建构起自己的语音中心主义，并形成他对口头表述而非书面语言的偏爱，恰恰是因为他有能力书写。柏拉图的语音中心主义不仅来自文本，而且也受到文本的保护。这种语音中心主义是否能够转化为语词中心主义，进而转化为关于"在场"的形而上学，至少还有待商榷。柏拉图的"理念"观认为，这种转变不会实现，因为人的精神世界对应的只是"影子"或"影子的影子"，而非真正"理念"的"在场"。也许柏拉图的"理念"就是最早的"书写学"（grammatology）。

将语词中心主义和语音中心主义相关联隐含着这样一层意思：语词中心主义是一种朴素的现实主义，主要来自对声音的第一性的关注。但文本性促进了语词中心主义，这一点在书写文本被印刷术巩固后不久变得愈加明显，随后在16世纪法国哲学家和教育改革家的认知理论中达到巅峰。在《拉米斯、方法和对话的式微》（*Ramus, Method, and the Decay of Dialogue*，1958b，pp.203-4）一书中，我并没有用"语词中心主义"这个词，而是用了"微粒认识论"，在口头语言中，概念、词汇、所指三者之间从未达到过一一对应的关系，于是，印刷文本而非口头话语成为这种对应关系的出发点和思维模型。

据我所知，到目前为止，文本主义者并没有详细描述过他们所谓的"语词中心主义"的历史渊源。在《挽救文本：文学/德里达/哲学》（*Saving the Text: Literature/Derrida/Philosophy*，1981，p.35）一书中，杰弗里·哈特曼（Geoffrey H. Hartman）提醒读者注意德里达的研究中没有涉及任何（基于口头语言的）"模仿"世界向（以印刷文化为基础的）"散布"世界的变迁。由于这种描述的缺失，文本主义者对于文本的批评，尽管非常精彩，并且在一定程度上也是很有道理的，但其本身仍旧是受制于文本的。事实上，文本主义理论是最受制于文本的一种理论，因为它游戏于文本的孤独性和历史的隔绝性之间，仿佛将文本视为一个封闭的体系。突破这种束缚的唯一方式就是用历史的眼光来审视和理解原生口头文化，因为它是文本特征唯一的言语"摇篮"。如哈特曼所说（1981，p.66），"如果对今天的我们而言思考是基于文本的，那么我们应该去探寻文本的根源……文本并不是真正的根源"。或者，我可以这么说（写）：文本从根本上就是基于前文本而存在的，尽管这并不意味着文本可以被还原为口头表达。

文学文本的"解构"源自我们前述的文本主义者的研究。解构主义者往往会指出："语言，至少是西方人的语言，一边肯定逻辑的地位，一边又将之边缘化"（Miller 1979，p.32）。这一观点体现在：当我们仔细研究诗歌的所有隐含意义时，我们会发现诗歌本身无法保持全部一致。

但是为什么语言所暗含的意义必须全部一致呢？为什么我们会认为语言的结构方式可以保证它有完美的一致性？是什么让我们感觉语言是个封闭的系统？事实上，世界上不存在一个完全封闭独立的系统，从来就没有。"逻辑是个完整封闭的体系"这种想法是个幻觉，是由书写尤其是后来的印刷带来的一种幻象。口头文化很少带给人们这样的幻象，尽管它可能带来一些其他的假象。口头文化中，人们不会感觉语言是一种"结构"，不会把语言比作一栋建筑或其他空间中的物体。古希腊人的语言和思维来自记忆。希腊神话中，文艺女神缪斯的母亲是记忆之神谟涅摩叙涅①，而非建造之神赫菲斯托斯②。在他们看来，建筑和语言与思维没有任何关系。而对于"结构主义者"而言，这二者之间不仅有关，而且这种关系有着无可回避的重大意义。

上述解构主义学者和其他文本主义学者的研究都有一定的吸引力，而这吸引力的部分原因正是由于这些研究拒绝从历史角度去反思和批评文学作品。对文本主义有更加全面的了解能够更明显和更有力地体现出本书研究的可取之处。我们无法脱离文本，因为文本塑造了我们的思维过程，但是我们可以了解文本的不足。书写文化和口头文化都"有优势"，有各自独特的优势。没有文本主义，我们无法清楚地认识口头文化；没有口头文化，文本主义又太过晦涩，它

---

① 谟涅摩叙涅（Mnemosyne），希腊神话里司记忆、语言、文字的女神，十二提坦之一。——译者注
② 赫菲斯托斯（Hephaestus），古希腊神话中的火神、锻造与砌石之神、雕刻艺术之神。——译者注

的研究可能会沦落为一种神秘主义的游戏，一种令人眩晕的谜团——也许极具诱惑性，但产生不了多少实质性内容。

言语行为理论和读者反应理论

从口头文化-读写文化对比研究的角度来看，还有两种文学批评理论值得我们重新思考。其中之一便是约翰·朗肖·奥斯丁[①]、约翰·罗杰斯·瑟尔[②]、保尔·格赖斯[③]所阐述的言语行为理论（speech-act theory）。玛丽·路易斯·普拉特[④]（1977）曾尝试运用这个理论来建构文学语篇的定义。言语行为理论区分了三种言语行动：**言说行为**（locutionary act），即说出话语或产生语汇结构；**意向行为**（illocutionary act），即表达说话者和听话者之间的互动关系，如承诺、问候、断言、夸耀等；**语效行为**（perlocutionary act），即用言语来激发听话者的某种预期反应，如恐惧、坚信、勇敢等。这个理论也包含了格赖斯的"言语合作原则"，该原则规定了人在参与对话时，其言语应该符合双方所接受的对话方向，这里面也包含了格赖斯所提出的"意涵"（implicature）概念。这一理论是我们日常会话的潜在主导规则。很明显，无论是合作原则还是意涵概念，它们在口语沟通和书面沟通中都会有完全不同的含义。但是目前就我所知，针对这些区别还没有什么清晰的阐述。如果有的话，那么我们就会知道读写文化和口头文化中的承诺、回应、问候、断言、威胁、命令、抗议或其他的意向行为（illocutionary act）也许都有着不同的含义。许多口头文化经验丰富的学者能感受到这种差别，在他们看来，口头文化中的人往往不够诚实、言而无信、回答问题闪烁其词。

[①] 约翰·朗肖·奥斯丁（J. L. Austin, 1911—1960），牛津学派的重要代表人物，言语行为理论的创始人之一。他将人的说话方式分为五类。——译者注

[②] 约翰·罗杰斯·瑟尔（John R. Searle, 1932—），加州大学哲学教授，对语言学哲学、心灵哲学和理智问题的探讨做出了重要贡献。——译者注

[③] 保尔·格赖斯（H. P. Grice, 1911—1988），美国语言哲学家。他提出了著名的语用学原则—"合作原则"。——译者注

[④] 玛丽·路易斯·普拉特（Mary Louise Pratt, 1948—），纽约大学教授，其研究领域涉及文学、社会学、比较文学、性别研究、文化研究等多个领域。——译者注

口头文化-读写文化对比研究可以带给言语行为研究许多启示，上述只是其中之一。言语行为理论如果不仅关注口头沟通方式，还能针对书面交流中的文本做更多的精确反思，那么这种理论也许可以更趋完善。威妮弗雷德·霍纳 [1] （1979）已经沿着这一思路取得了一些进展，她提出作为学术训练的"作品"写作是一种特殊的行为，她将之命名为"文本行为"（text-act）。

还有一个非常倚重口头文化-读写文化对比研究的文学批评流派是读者反应批评理论（reader-response critisism），这一理论的代表人物有沃尔夫冈·伊泽尔 [2]、诺曼·霍兰 [3]、斯坦利·菲什 [4]、大卫·布莱希 [5]、米歇尔·里法泰尔 [6] 等人，也包括雅克·德里达和保罗·利科 [7]。读者反应批评理论切实体会到读写表述不同于口头交流，尤其从"缺席"这个角度而言：作者在书写时读者是缺席的，读者在阅读时作者又是缺席的；然而在口头交流时，说话者和倾听者是共同在场的。同时，读者反应理论也强烈反对新批评主义对文本的神化。"文本的客观性是一种幻觉"（Fish1972，p.400）。除此之外，读者反应理论没有再进一步，没有利用已知的内容从"口头文化—高口头文化遗存—高度读写文化"思维过程演化的角度去理解读者反应。具有高口头文化遗存的思维方式的读者与具有高读写文化思维方式的读者，无论是在处理文本的常规操作方面，还是在对正式语篇的预期方面都会有很大的不同。如前所述，19世纪小说家写作时总爱在文中加上诸如"亲爱的读者"之类的文字，这也暗示着当时的作家感觉中的典型读者更近似于旧式的听众，而不是我们今天意义上的阅读者。然而，即使到了今天的美国（无疑全球其他读写文化高度发达社会也基本如此），一些亚文化

---

① 威妮弗雷德·霍纳（Winifred B. Horner，1922—），美国密苏里大学文学教授，主要研究修辞学与写作的结合。——译者注

② 沃尔夫冈·伊泽尔（Wolfgang Iser），德国美学家、文学批评家，接受美学的创始人与主要代表之一。——译者注

③ 诺曼·霍兰（Norman Holland，1927—2017），美国文学评论家，读者回应理论的创始人之一。——译者注

④ 斯坦利·菲什（Stanley Fish，1936—），读者反应批评的重要理论家。——译者注

⑤ 大卫·布莱希（David Bleich），美国文学理论家、学者，他以提出布莱希"启发法"而著名，是读者反应批评理论的代表人物之一。——译者注

⑥ 米歇尔·里法泰尔（Michael Riffaterre，1924—2006），法国文学评论家和理论家，在学界很有影响力。——译者注

⑦ 保罗·利科（Paul Ricoeur，1913—2005），法国著名哲学家，当代最重要的解释学家之一。——译者注

群体的读者仍旧基本是采用口头交流的方式来行事的，他们的交流更多是表演取向，而非信息取向的（Ong 1978）。更深入的探索机会正向我们伸开"双臂"，邀请我们继续前行，如果能在此领域深耕，那么对于阅读技能和写作技能的教学都有很实际的意义，对于建立新的理论框架也会很有帮助。

毋庸置疑，言语行为理论和读者反应理论都可以进一步拓展和调整，从而加深我们对广播电视（以及电话）使用的了解。这些技术属于次生口头文化。原生口头文化先于文字和印刷术，而次生口头文化是在文字和印刷的基础上发展起来的。为了能够更加适合新技术，言语行为理论和读者反应理论必须首先与原生口头文化建立联系。

社会科学、哲学、《圣经》研究

还有一些其他领域也可以展开口头文化–读写文化对比研究，我们在这里只能简略提及。如前所述，人类学和语言学已经感觉到了这种对比研究带来的影响，并且反过来也给这一研究做出了很多贡献。社会学目前为止还没有受到很大影响。史学也还有待展开更多的研究：很多古代历史学家（如利维）写出的作品是为了被大家朗读的，我们该如何去理解这些著作呢？文艺复兴时期的历史研究和修辞术里面的口语性有哪些关系？书写创造了历史，印刷又给这种创造带来了哪些影响？这些问题的完整答案不应仅仅是量化的，也就是说，不应仅仅是一条条"事实"的累积。印刷带来的封闭感对史书编撰的脉络设计有哪些影响？围绕每个历史主题都有许许多多的历史事件，就像一张密不可透的大网，历史学家该如何选择才能穿透这张大网讲好历史故事，印刷带来的封闭感在这一方面又产生了哪些影响呢？为了保持口头文化的对抗基调，早期的文本历史大多也只讲述战争和政治冲突。而今天，我们会更加关注人类意识的发展史。这种关注的转变显然与书写思维的内化趋势有关，那么究竟有哪些关系呢？

目前就我所知，哲学以及思想史对口头文化几乎还没有多少关注。哲学以及所有的科学和"艺术"（分析性过程研究，如亚里士多德的《修辞学》），它们都是基于文字而存在的，也就是说，它们的源头不是毫无技术辅助的人类大脑，而是已经将技术深深内化为思维一部分的人类大脑。思维与周围物质世界的互动达到了之前人们想象不到的深度，也迸发出不可思议的创造力。因此，哲学应该能够通过自我反思意识到自己是技术的产物，也就是说，是一种专门为人类所有的特殊产物。逻辑本身也源自书写技术。

分析说明性的思维是一步步从口头智慧中演化而来的，现阶段的我们也许仍在继续这个过程，我们在向计算机时代迈进的路途中继续调整，继续剥离自身的口头文化的残留，努力适应电子时代的概念化思维方式。哈夫洛克（1978a）曾用"柏拉图正义观"形成过程作为示例，来说明一个概念的形成过程：最初的口头文化中并没有"正义"这个概念，更多只是对古代人具体行为的评估性叙述（口头式的"情境化思维"），凭借这些叙述以及书写技术的影响，概念最终成型。更深入的口头文化-读写文化对比研究必定会给哲学带来更多的启发。

如果用口头文化-读写文化对比研究的框架来研究中世纪哲学的抽象思维方式，我们会发现，这种哲学的口头文化程度比古希腊哲学低，但又比黑格尔哲学和后来的现象学哲学高出很多。对古代和中世纪哲学家而言，颇具吸引力的"善良"和"邪恶"概念比较贴近口头叙事中的"厚重"人物，黑格尔心理学分析或后来的现象学思维却有更加复杂、细微和抽象的心理分析。其中的差别究竟是怎么形成的呢？只有通过详细的比较研究，我们才能回答这些问题；而这些研究的发现也一定会帮助我们对各个年代哲学的本质问题有更深入的了解。

总之，如果哲学可以自我反思，那么它应该去思考一下自己的由来：如何理解没有技术辅助的人类大脑无法产生哲学思想，当书写技术被深度内化后人类大脑才开始有哲学思想的？心智的成长离不开科技，这一点对意识和外部世界的关系意味着什么？黑格尔及黑格尔之后的哲学都充满了口头文化-读写文化的相关问题。对自我的全面反思和发现是黑格尔哲学和其他现象学理论的根基所在，而这些反思与发现不仅是书写技术的产物，更是印刷技术的产物。如果没有这两种技术，当代自我的个体化概念是不可能形成的，当代锐利的、双重反思性的自我意识也是不可能出现的。

要论口头文化–读写文化给哪个知识领域带来了最大的挑战，也许非《圣经》研究莫属了。数百年来，《圣经》研究诞生出的评论和注释文献不计其数，构成了最庞大的文本体系。从赫尔曼·冈克尔[①]的形式批判学开始，《圣经》研究就已经日益深刻地意识到文本中有许多类似于口头套语元素的细节。但正如沃纳·凯尔伯所指出的（1980，1983），《圣经》研究与其他文本研究一样，总是会不自觉地用读写文化思维来考量口头文化的认知和话语结构，将口头记忆视为读写文化中全篇背诵的变形，并认为口头流传下来的语篇也像书面文本一样，只需要用文字来记录。凯尔伯最主要的著作《口传福音和书面福音》（*The Oral and the Written Gospel*）是第一本全面利用当时最新口头文化–读写文化研究成果的书，它探讨的问题是：对观福音[②]书面文本形成前的口传版本究竟是怎么样的？人们可以意识到，《圣经》文本是源自口头文化的，虽然也许不能够确切地知道最初的口头版本究竟是什么样的。迈克尔·帕特里克·奥康纳[③]（1980）从真正的口头文化心理动力特征的角度重新评估了希伯来语版本《圣经》的结构，并由此彻底摒弃了主流的研究思潮。目前看来，深入了解原生口头文化的认知和沟通过程，有助于《圣经》研究在文本理解和教义理解方面达到新的深度。

口头文化、书写文化和"人之为人"

"文明"人一直将自己与"原始"或"野蛮"人对比，这不仅是客厅谈话和鸡尾酒会的谈资，更是成熟的历史学著作和人类学著作津津乐道的话题。最近几十年最重要也引用最多的人类学研究是列维–斯特劳斯的《野性的思维》（1966，法国版本于1962年问世）。其他比较重要的早期著作还有路先·列维–

---

① 赫尔曼·冈克尔（Herman Gunkel，1962—1932），德国旧约学者，主要研究《创世纪》和《诗篇》，他是形式批评主义的创始人，主要研究领域是文本材料和民间故事背后的口头传统。——译者注
② 对观福音是指马太福音、马可福音、路加福音和约翰福音这四部福音书的合称。这四部福音书在内容和结构上非常相似，常常被一起阅读和比较，因此被称为"对观福音"。——译者注
③ 迈克尔·帕特里克·奥康纳（Michael Patrick O'Connor，1950—2007），美国近东研究学者、诗人、闪族语语言学家，主要研究希伯来文《圣经》以及《圣经》中的诗歌。——译者注

布留尔 ① 的《低级社会中的智力机能》(1910)和《原始思维》(1923)、法兰兹·鲍亚士 ② 的洛厄尔讲稿《原始人的思维》(1922)。"原始的""野蛮的"这一类的词语都带有明显的主观色彩,更不用说"低等的"(inferior)这种表达了。没有人想被人当作是原始的或野蛮的,但是很多人却心安理得地用这样的词汇来指涉其他人,以便显示出自己和他们的反差。这些表达有些类似于"没有文字的",它们被用来指早期人类状态的匮乏,并对此持贬损态度。

在当代口头文化研究以及口头文化-读写文化的对比研究中,学者们对早期意识状态有了更深入和更正面的理解,因此学者们已经或正在摒弃这类表达,这些字眼虽然并无恶意,但从本质上说是有局限性的。列维-斯特劳斯本人在一本正式出版的电台演讲稿中捍卫这些"通常被我们误认为'原始的'人",并指出早期人类的思维并非人们通常所认为的那样"从本质上更粗陋"或与现代人头脑"有本质上的不同"(1979,pp.15-16)。他提出可以用"没有文字的"来替代"原始的",然而,"没有文字的"一词究其根本也是负面的,暗含着书面文化带来的偏见。现在我们更倾向于使用"口头的"这一更加正面的语汇来减少负面含义。列维-斯特劳斯最常被引用的表述"野蛮的思维倾向于整合"可以被重新表述为"口头思维倾向于整合"。

无论现在还是过去,口头文化从不是人类的理想。因此,正面评价这种状态绝不意味着提倡将口头文化作为一种恒定的文化状态。读写文化为语词和人类生存开启了全新的世界,远超人们的想象,如果没有文字,这一切根本无法实现。当今有许多口头文化族群很重视他们的传统,并且也为传统的丧失而感到痛苦,但是我还从没有遇到或听说过有任何口头族群不希望尽快拥有读写能力(当然,的确有一些个人会抵制读写,但他们很快也会消失于历史长河中)。然而,口头文化并不应该被轻视,它能够创作出读写之士无法企及的作品,《奥德赛》就是个很典型的例子。口头文化也绝不可能完全被根除:我们朗读一段文本就意味着对文本的口头化。对于意识的进化而言,无论是口头文化还是脱

---

① 路先·列维-布留尔(Lucien Lévy-Bruhl, 1857—1939),法国社会学家、哲学家、民族学家。——译者注

② 法兰兹·鲍亚士(Franz Boas, 1858—1942),是德裔美国人类学家,现代人类学的先驱之一,享有"美国人类学之父"的名号,也是语言学家、美国语言学研究的先驱。——译者注

胎于口头文化的读写文化都是必不可少的。

许多心灵和文化的变化都与口头文化向书写的变迁过程有关，但这并不意味着书写（或/和后来的印刷）是所有变化的唯一起因。口头文化向读写文化的转变与许多精神和社会发展都有密切的关联性，包括很多我们未及说明的方面，如食品生产、政治组织、宗教体制、科学技术、教育实践、交通方式、家庭结构等方面的发展以及人世生活的很多其他方面。这些方面的发展，或上述每一个方面的发展都深受口头文化–读写文化变迁的影响；反过来，这些领域的发展也影响了口头文化–读写文化的变迁历程。

"媒介"模式与人际沟通模式的对比

在探讨词语的技术化时，本书大部分都避免使用"媒介"（media）这个词，也没有用其越来越难以捉摸的单数形式 medium。原因是，这个词语容易造成错觉，使人误解言语沟通及其他形式人类沟通的本质。如果将沟通过程理解为依靠"媒介"完成的，那就意味将沟通视为利用管子把"信息"材料从一个地方运送到另一个地方的过程：我的头脑是个盒子，我从盒子中取出（符合管子形状和大小的）一个单位的"信息"，将之从管子（这是媒介，是两个物体的中介物）的一头放进去。"信息"顺着管子从一头来到另一头，随后被取出、被破解（即恢复其原有形状和大小），随后被放置到对方的"盒子"，即大脑中。这种模式的确有一定的说明性，但经过仔细思考，我们会发现这种模式与真正的沟通过程没有多少关联，它歪曲了整个沟通过程，使其面目全非。因此才有了麦克卢汉那个不乏挖苦含义的书名：《媒介即按摩》（*The Medium is the Massage*）[并非"讯息"（message）]。

人类传播，无论是语言传播还是其他形式的传播，其过程都不同于这种"媒介"模式，因为沟通是需要反馈才能发生的。在媒介模式中，讯息只是从发送者传递到接收者。而在实际的人际沟通中，如果真的想传递讯息，发送者不仅负责发送，也要负责接收。

要开口交谈，我必须有一个或多个人作为谈话对象。在树林中散步时，头脑正常的人不会对着空无一人的地方喋喋不休。即使是自言自语，我们也需要先把自己想象成两个人，因为每个人的说话内容都与自认为的现实或想象有关，换句话说，我们说什么话取决于我们希望得到什么样的回应。因此，对一个成年人和对一个孩子，我会发出不同的讯息。开口说话前，我已经用某种方式跟我的谈话对象的思想有了一定的交流，也许是凭借过往的交情，也许是目光的交流，又或是凭借第三人的介绍，还有其他各种各样的方式（词语是对言语交流情境的修正。）总之，我必须感知到对方思想中某一领域可以与我的话语建立联系。人际沟通从不是一个单向的过程，一直以来，沟通不仅需要反馈，而且也会基于反馈来调整自己的形式和内容。

当然，这并不意味着我的话语一定能得到反馈；但我必须隐隐约约地猜测自己会得到什么样的反馈。我必须先让自己以某种途径钻进对方的脑子里，这样才有可能将讯息传递过去，反过来，对方也要以某种方式钻进我的脑子里。在措辞言语意图表达"自我"时，必须先想到"对方"，这就是人际沟通的悖论。沟通是主体间的互动，而媒介模式却不是。在物理世界中没有什么现成的模式可以来恰当地描述意识的这种传播过程，这个过程是人类独有的，也标志着人类有能力构建真正的社群：人们可以共享内在的心灵与主体间的互动。

人们愿意接受"媒介"模式反映出书写文化带来的调节机制。首先，书写文化认为书面语比口头言语更适用于信息传播，口头文化中，言语更多是以表演为取向的，是一种行为方式。其次，书面文本乍看起来也像一种单向的过程，因为在文本形成时没有真正的接收者（读者、听众）在场。但无论是说话还是书写，接收者都是必不可少的，否则文本无法生成；因此，在没有真实读者在场的情况下，作者往往会虚构出读者的形象。"作家的受众往往都是虚构出来的"（Ong 1977，pp.54-81）。对于作家而言，真正的接收者往往都是不在场的（如果碰巧有接收者在场，写作者也会当这个人不在场，否则何必还要靠写呢？）读者的虚构化也加深了写作的难度。这个过程非常复杂，而且充满不确定性。我必须了解一定的传统（也许就是人们所说的互文性），根据这些传统来书写，这样现实中的读者才能够并且愿意扮演我虚构出来的角色。读者不在场，写作者却要想方设法进入到他们的脑子里，这个过程很有难度，但并非完全没有可能，前提是写作者和读者都对读者所在的读写文化背景很熟悉。因此，我也希望在这本书中我对读者熟悉的传统的把握是准确的，希望我能够顺利进入本书读者的头脑中。

向内探索：意识与文本

至少从黑格尔开始，人们已经有了意识进化的概念。尽管生而为人，每个个体都是独特的、不可复制的，但不断增长的历史知识非常清楚地表明，在宇宙中一个人对自己的认知的演化遵循着某种模式。口头文化向读写文化变迁，随后又有了印刷和电子文字处理方式，当代学者对整个发展过程展开研究，研究结果越来越清楚地揭示出意识进化在哪些方面是基于书写而发生的。

人类历史中的意识在不断进化，其标志是人们开始对个体的内在表达出明确的关注，个体开始与其所在的社群结构拉开距离，尽管不一定是彻底的分离。自我意识与人性是共存的：每个人在说"我"时都有清晰的自我意识。但自我反思和明确表述的发展却需假以时日。短期的发展也体现出自我意识的增强：欧里庇得斯戏剧与更早期的埃斯库罗斯的戏剧相比，社会期望落空带来的危机感减少了，内在良心的危机却增多了。长期的发展也有相似的趋势，比较明显的是哲学作品中有了对自我的明确关怀。这在康德的作品中有很明显的体现，费希特 [1] 的哲学以此为核心，在克尔凯郭尔 [2] 的哲学中也非常突出，并且这种关怀弥漫在整个 20 世纪的存在主义和个人主义哲学中。在著作《叙事的向内转向》中，埃里克·卡勒 [3] 详细阐释了西方作品中的叙事是如何越来越关注也越来越清晰地表述内在的个人危机。荣格学派的埃里克·诺伊曼（Erich

---

[1] 约翰·戈特利布·费希特（Johann Gottlieb Fichte，1762—1814），德国作家、哲学家、爱国主义者，古典主义哲学的主要代表人物之一。——译者注

[2] 索伦·克尔凯郭尔（Soren Aabye Kierkegaard，1813—1855），丹麦宗教哲学心理学家、诗人，现代存在主义哲学的创始人，后现代主义的先驱，也是现代人本心理学的先驱。——译者注

[3] 埃里克·卡勒（Erich Kahler，1885—1970），20 世纪中叶的欧美文学学者、散文家和哲学家。——译者注

Neumann）在其著作《意识的起源与历史》中描述了意识的逐步变迁，意识如何一步步走向以自觉、清晰表达和高度个人化为特征的内向性。

在意识高度内化的阶段，个体不再无意识地沉浸于社群结构。看起来如果没有书写，人类意识是永远无法达到这样的程度。但人类诞生于口头文化中，书写技术是后天的产物，而正是口头文化与书写技术二者之间的互动触及了人类心灵的深处。无论是从个体发生还是社会发生的角度，都是口头语汇最先用清晰的表达照亮了人类的意识，率先区分了主语和谓语并将它们相互关联，也正是口头语言维系了社群中人与人之间的关系。书写带来了分割和异化，但同时也带来了更高级的统一性；它加强了个体的自我意识，并且培养了人与人之间更加自觉的互动。书写提升了意识。

口头文化-读写文化之间的互动进入到人类终极关怀和渴望的领域。人类所有的宗教传统都可以溯源到远古时的口头文化，并且似乎这些传统都很重视其中的口头语汇。同时，世界主要宗教也分别凭借《吠陀经》《圣经》等书面经文的发展而深深内化。在基督教教义中，口头文化-读写文化两极性特别突出，也许比任何一门其他宗教甚至犹太教中的两极性都更尖锐。之所以如此，主要因为在基督教教义中，三位一体神性里的第二个人，他拯救了人类，他不仅被称为"圣子"，还被称为"圣言"（福音，Word of God）。根据教义，圣父说出了"圣言"，也就是"圣子"；而不是用书面文字写出了圣子。圣子就是圣言。然而，与此同时，基督教教义又将上帝的书面语言——《圣经》置于其核心位置。在《圣经》的背后隐含的真正作者是上帝。在历史中，口头"圣言"和书面"圣言"二者之间的关联性是怎么样的呢？它们在历史中又是如何与人相互关联的呢？这个问题比以往任何时候都更受关注。

我们对于口头文化与读写文化的理解还与无数的其他问题有关。口头文化-读写文化二者间的动态关系作为一个整体进入到现代意识的演化进程中，人类的意识朝着更加内化和更加开放两个方向同时行进。

参考文献 ①

除了本书引用过的文献，我还列出了一些可能会对读者非常有价值的其他文献。

此参考文献并没有覆盖与"口头文化与读写文化"相关的所有领域（如非洲文化）的重要文献，而是选列了重要领域的最有意义的作品。本列表中许多作品所包含的参考文献又提供了许多可供进一步参阅的期刊。

目前为止，口头文化–读写文化对比研究大都是美国和加拿大学者领衔的英语文献。本列表中大部分都是英文作品，也包含少数的非英文作品。

为避免过于杂乱，如果是在像百科全书这样的普通参考书中就可以检索到的内容，我就不再标出来源，也不再在参考文献中单独列出了。

有些条目看似需要一定解释，所以我也为它们添加了注解。

（由于参考文献数量较多，此处不予列出，请关注"颉腾文化"公众号，获取详细信息。）

---

① 为了便于读者查询，此次出版将约翰·哈特利写作的两篇文章的参考文献也放在此处一并提供。——编辑注

翁氏理论问世后：网络智能的进化

——约翰·哈特利

　　只要去谷歌学术键入本书书名（*Orality and Literacy*），我们就可以发现这本问世于 1982 年的著作影响力是多么的经久不衰。截至我最近一次访问，本书已被引用多达 7600 多次，超过其他任何一本我所熟悉的"新语音"系列作品：迪克·赫布迪齐（Dick Hebedige）的《亚文化》（*Subculture*，1979）约 5000 次、特伦斯·霍克斯（Terence Hawkes）的《结构主义和符号学》（*Structuralism and Semiotics*，1977）约 1300 多次、约翰菲斯克（John Fiske）与我合著的《解读电视》（*Reading Television*，1978）约 1100 多次[1]。因此，这本书有再版的呼声不足为奇。但本次再版的意义远不止是销量的问题，更重要的是，本书的再版是其话题重要性的明证，这种重要性从本书 20 世纪 80 年代问世以来，到目前的视听和电子媒介（电影、广播、电视）时代一直是有增无减。

　　通过打造诸如社交媒体、移动应用、消费者共同创作等形式的参与性平台，媒介技术、电信技术和计算机技术的交汇在继续加深沟通模式的转变。当前，媒介的受众同时也是媒介的使用者，并且每一个使用者都有可能成为制造者、出版者、记者、表演者或评论家。这种由用户带来的微生产力（micro-productivity）是口头文化与读写文化迷人的混合体。翁氏理论仍具很大的信服力，可以说我们现在就处在基于电子媒介的"次生口头文化"中，同时：

> 由于电视的发展，阅读行为曾一度减少。但在 1980—2008 年的约三十年间，阅读的量又增长了三倍，这是因为阅读是网络时代最受偏爱的文字接收方式。
>
> （Bohn and Short 2010：7）

翁氏著作不仅让我们关注到"口头文化"和"读写文化"这一重要的学术领域本身，还让我们关注到二者之间的关系，以及它们短期和长期的演化和动态发展：翁是媒介变化领域的理论家。当然，一本已经问世 30 年的书既会享受赞誉，也会招来批评。有些人下结论说，翁连同马歇尔·麦克卢汉的著作"从技术角度而言，都已经过时了"（Pettitt 2012），因为他们两位学者都生活在相似的年代，那时数字媒体和网络都还没有真正进入大众的生活。这是否意味着翁的思想已经没有现实意义？是否意味着翁氏理论应被弃入历史洪流中了？又或者我们应该有更长远的视角？翁本人偏爱更长远的视角。他的思考辐射 5000 年，他将苏美尔人发明于公元前 3500 年左右的字母书写称为"塑造和加强现代人智力活动的技术"（*Orality and Literacy*：82）。他坚定地认为文字意义非凡，"无论过去还是现在，它都是人类技术发明中最伟大的创举"（*Orality and Literacy*：84）。

翁在多大程度上是正确的？是否每一种传播技术都会随着下一种新技术的发明和登场而失去其重要性呢？马歇尔·麦克卢汉也许是这么想的——在《谷登堡星汉璀璨》（1962）一书中，他将传播技术的霸主地位授予了印刷术。现在有人提出应该把这个王座转给互联网，即约翰·布罗克曼（John Brockman）[1] 所说的"分布式网络智能"（Distributed Networked Intelligence，DNI）。布罗克曼承

---

[1] 约翰·布罗克曼（John Brockman，1941— ），美国文学经纪人、作家，擅长写科学类作品。但近几年其学术活动因之前曾受丑闻缠身的爱泼斯坦资助而受到一些非议。——译者注

认自己深受麦克卢汉学说影响，他创办的"The Edge（前沿）"网站①被誉为是"世界上最聪明的网站"²。之所以说最聪明，并非指网络本身，而是网络能够成就的现实——外化形式的人类思想："通过共享这些集体的外化思想，人们的集体意识产生了自我互动，带来无尽的思想和心灵的振荡，从而为人类的意义增加了更为完整和丰富的维度"（The Edge 1999；又见 Brockman 2012）。布罗克曼曾发起一个大型对话，在新千年来临之际，他询问了全球 100 多位知名思想家，让他们说出自己心目中"2000 年来最重要的发明"，上述这段话就是布罗克曼为这个对话所做的"结语"，所以，选择互联网（而非印刷）作为重要传播技术的意义也在于此。³

　　简而言之，明智的做法是从长远的视角来思考，翁也长于此道。因此，既然他的著作还能够引起当代学界的共鸣和讨论，我们应该为翁氏学说在批评界找到明确的定位。如前所述，我无意对翁的生平和著作进行全方位的评价。这方面已经有许多其他学者做出了精彩的贡献，尤其是耶稣会的传播学学者保罗·苏卡普（Paul Soukup 2007）②、文化历史学家汤姆·佩蒂特（Tom Pettitt 2012）③ 等人，其中托马斯·法雷尔关于翁氏理论的大量评述一定可以给所有后继的相关研究提供许多帮助（尤见 Farrell 2000；以及 Farrell's Introduction to Ong 2002：1–68）。本文仅限于讨论《口头文化与读写文化》，因此我会主要讨论"翁氏理论问世后"产生的一些议题，以及一些令他备受争议的话题。

谷登堡插曲

　　像汤姆·佩蒂特这样的一些当代文化评论家之所以重提翁氏思想，是因为他们有一些不同的看法：他们认为与其说印刷时代构成了线性前进或者"意识

---

① 约翰·布罗克曼（John Brockman），创办了"前沿（the Edge）"基金会旗下网站，这个组织汇聚了大批科技领域的前沿思想家。——译者注
② 保罗·苏卡普（Paul Soukup），美国学者，主要研究技术与传播。——译者注
③ 汤姆·佩蒂特（Tom Pettitt），丹麦文化研究学者。——译者注

提升"（*Orality and Literacy*：175）的案例，不如说这是一段历史轨迹的偏离。佩蒂特（2007；2012）提出了"谷登堡插曲"这一说法，用以描述我们所熟知的 500 年的"现代"阶段，具体说来，就是两种文化之间的阶段，前者是较为漫长的口头和手写文化时期，对应着翁所说的"原生口头文化"时期（前印刷时代——更严格地说是"前书写"年代）；后者是"次生口头文化"时期（后印刷媒介和电子读写年代）。这种观点视角并没有将口头文化与读写文化这个话题简化为一场关于单纯"原始主义和文明"的争论，而是将之置于当今互联网、电子媒介、移动设备和社交网络的年代并继续对此展开研究。"谷登堡插曲"这一概念表明，尽管印刷和读写技术曾经占据主导、享受盛誉、无所不在，但它们归根结底只是更为漫长的人类思想史中的一个小插曲，凭借着当前的言语即时性技术，人类思想也许正在恢复早期的沟通模式，逐渐远离以空间性和时间滞后性为特征的印刷文化。

关于印刷文化，最怪异的一点就是它将真理的表达权赋予那些掌控出版权的人（Eisenstein 2011）。[4] 乍看起来，印刷文化似乎解放了所有人的思想，数百年来一直被人欢呼称颂，然而实际上，这是"仅限于阅读"（read-only）的自由。事实上，印刷文化的体制包含了印刷和营销产业、科学和其他协会、政府机构，当然还有"媒体"，这种体制在将思想传播至每个角落的同时，也将"话语权"集中于越来越少的人的手中。

相对而言，印刷术替代口头表达所持续的时期并不长，最多从 16 世纪到 21 世纪初。这种传播模式与其他传播模式一直存在冲突，尤其是在表达家庭关系、虚构想象、社会价值观、艺术、戏剧、音乐，以及基于服装、食品和性标志的符号系统的口头表达上有很多不同。伴随着民主化、工业化和消费主义，人类迎来了启蒙运动以及现代化革命，在这之后，印刷术成为真理权（宗教教义、科学知识、专业知识、新闻报道）和控制权（规定、审查、作者和读者之间的极度不对称）无可争议的载体。我们也许可以将福柯式的"借助专业知识（如医学知识）来管理日常生活"与翁的"借助印刷术来梳理知识"（见 Chartier 1994；又见 Cavallo and Chartier 1999）二者联系起来。这两种情况下，最重要的都不是印刷术内在的特性或它带来的心理学"效果"，而是翁本人称之为"教育霸主"（pedagogical juggernaut）的制度权威，以及这种权威对知识的生产、组织及传播所施加的控制力。

正是因为有了电子互动媒介的不断发展，这段"插曲"才会被视为历史中一个独立的阶段，而非岁月演进中的必然阶段。在互联网时代，能够运用读写能力来发表自我观点的人大大增多。因此，我们身处的时代前所未有地汇聚了口头、书面和印刷多种模式，纯交际的口头交流也已迁徙到了网络，凭借链接、图片、文件分享等形式言语模式被不断增强，其发展轨迹也发生了转向。会话既可以是私人的，也可以是全球公开的印刷作品；文本无限膨胀；对于多媒体读写能力的多模态应用已经影响到前所未有的广泛的人群（参见 Baron 2009；Rettberg 2008；Papacharissi 2011）。因此，在新媒体时代，重新思考口头文化与读写文化（无论是手写文化还是印刷文化）之间的关系具有很重大的意义。

进步主义者的民族中心主义

我在《翁氏理论诞生前》中勾勒了美国主义的历史，有些人认为美国主义一定会扰乱或破坏历史叙事，并且在翁的关于"口头文化向读写文化的变迁"的讲述中也会留下一丝西方进步主义的痕迹。无疑，有些评论家倾向于指责翁偏爱读写文化中的思维模式，说他认为读写文化比口头文化更加文明或先进（Svehla 2006：106–8；Moje and Luke 2009）。尽管翁一直想当然地将西方思想等同于人类思想，但他对欧洲历史传统的依恋感却不能被简单理解为他想要将"新英格兰"清教主义在当代科学、贸易和媒介中进行全球普及。他与导师麦克卢汉一样是天主教徒；就像那个时代类似伊凡·伊里奇的其他激进的思想颠覆者一样，他还是耶稣会的牧师。他在耶稣会的圣路易斯大学教学，能够熟练使用拉丁文，这一点就与大多数新教徒都不同。因此，尽管翁的代表作主要聚焦了彼得·拉米斯的研究（彼得·拉米斯是新教的教师，也是现代教学法的创始人，拉米斯于 1572 年在圣巴托洛缪大屠杀中被天主教恐怖分子杀害），但翁不能被简单视为是宗教改革①或"平实风格"（plain style）的辩护者。

　　翁也许有理由将新教改革看成是一段"插曲"，打破了一个非常值得欣赏的制度，而不是将这场改革视为理性知识进步历程中必不可少的环节。他认为在"模仿、叠加、冗余、丰裕、传统、充满人情味、参与性的古老口头记忆世界"和"分析、疏离、精确、抽象、视觉主义、静止的（柏拉图）'理念'"二者之间存在着相互的"厌恶和反感"（*Orality and Literacy*：164），而后者在他看来恰恰是字母表文字读写能力的产物（印刷术出现后这种读写能力又被增强了数倍）。翁的这种叙述并不暗含任何关于科技和认知"前进"的进步主义（辉格党主义）叙事。事实上，有大量例子可以证明翁对口头模式非常喜爱；在他笔下的口头模式甚至有些像人类堕落前的伊甸园，因此，也许在翁看来，书写连同其超级活跃的后继者——印刷术是另一次"堕落"，是人类过度消费知识之树的后果。根据翁的总结，拉米斯主义是"古老的口头世界从史诗的苍穹坠入印刷文明的海洋时飞溅四射出的最后的火光"（Ong 2002：303）。这次坠落也许不是犹太教或基督教中亚当的堕落，而是古希腊神话中伊卡洛斯②的坠落，沐浴着普罗米修斯般的火光之雨。但无论是哪一种坠落，都源自知识之树的过度延伸。

　　因此，我们没有必要像兰西·斯维拉（Lance Svehla）那样，下结论认定翁关于口头世界和文化世界的对比相当于是一种"现代主义的认识论"。学者们，尤其是教育者们如果从这种认识论出发，就会被迫认同，当代学生，尤其是那些住在内地和贫困社区的学生，他们很少阅读书本，而是更多"沉浸于多重媒介模式"，并且"认知的基础是各种图像"，因此这些学生"在文化上是欠缺的，在认知上是有障碍的"（Svehla 2006：108–9）。我们其实可以这样理解，相较于（新教）现代性的空间抽象感，翁更偏爱以修辞术（天主教）为特色的中世纪精

---

① 宗教改革（the Reformation）16世纪发生在欧洲，标志着新教的兴起。宗教改革带来的一大影响就是摒弃过去教会的繁文缛节、不必要的修辞，无论是在教义、文风、建筑、服装等方面都更崇尚"平实风格"或朴素性。——译者注

② 伊卡洛斯（Icarus）是希腊神话中代达罗斯的儿子，与代达罗斯使用蜡和羽毛造的翼逃离克里特岛时，他因飞得太高双翼上的蜡遭遇太阳融化跌落水中丧生，被埋葬在一个海岛上。为了纪念伊卡洛斯，埋葬伊卡洛斯的海岛命名为伊卡利亚。——译者注

神；因此，与麦克卢汉一样，他欢迎自己所说的"次生口头文化"，即电子媒介时代的到来，因为在这个时代中，当代世界又焕发出了中世纪的光彩[5]。在这里，"次生"一词没有任何否定的含义，仅仅意味着时间顺序。

当然，对翁可能还会有"民族中心主义"的指控，因为翁本人也承认，他的关注点主要是古代字母表文字的发明及其在欧洲和西方文化中的应用，而非将这种文字及其应用与美索不达米亚、东亚、中美洲等地的不同传统进行比较（*Orality and Literacy*：3）。简而言之，翁认为放之四海而皆准的现象也许只出现在近代西方传统中，而非所有人类群体中。

很多文化传统翁只是一笔带过，而当代学者的触角更加"包罗万象"，他们愿意承认这些文化传统在人类历史中扮演的角色。虽然完整讲述人类文明的全部故事不是件容易的事，但当代学者们已经开始尝试。《100件物品中的世界历史》就是一部在这方面广受赞誉的作品（MacGregor 2010）。这个项目最开始是口头形式的广播系列，然后电子化为一个常用网站。在这个系列中，前大英博物馆馆长尼尔·麦格雷戈（Neil MacGregor）基于各个大陆的居民和多种文明来讲述世界历史。他的讲述以介绍物品的形式展开，这些物品早到200万年前奥杜威[①]早期智人的凿石工具，晚到近年中国制造的太阳能灯具和充电器。

这种讲述历史的方式不仅表明了我们可以以此来超越民族中心主义，而且还揭示出用语词中心主义传递知识带来的局限性。它提醒我们，知识不仅仅是由（书面或口头）语言来承载的，传播技术的变化本身也会带来意识的改变。尼尔·麦格雷戈（2010：658）总结道："这些物品迫使我们谦逊：人类的祖先走出东非，足迹遍布世界，但数万年来，人类的本质并没有发生太大的改变。"其中究竟人类的思维发生了多少变化还有待探究。但毫无疑问的是，随着历史发展，人类的知识呈几何级数增长，许多知识被化为事物、关系、体制、实践和言语等各种形式的编码。因此，翁的作品的最大价值体现在知识史领域，而非意识史领域。

[①] 奥杜威（Olduvai）：坦桑尼亚的一个峡谷。——译者注

二元对立

当翁提出口头世界与读写世界互相"格格不入"这样的说法时（*Orality and Literacy*：164），他本人究竟是偏好哪种世界、他的偏好是否来自宗教信仰的问题就都没那么重要了。更重要和更深层的问题在于这种"二元对立"分类的假设（这正是"格格不入"的必要条件），在于他认同"采用字母文字书写系统以及后来的活字印刷术改变了人类认知的方式"。尽管翁在评述结构主义学家的理论时也批评了这种二元对立的思维方式（*Orality and Literacy*：161），但这的确是翁这本《口头文化与读写文化》所采用的思维框架。二元对立思维构成了他思想的一个方面，这一点与 20 世纪 60 年代中期许多其他作者的知名著作一样。例如，人类学学家杰克·古迪爵士 [1] 与小说理论家伊恩·瓦特 [2] 合作了一篇经常被各种书刊收录的文章——《读写文化的后果》，这篇文章中的观点在文学、文化和媒介研究领域都很有影响力（Goody and Watt 1963） [3]。

毋庸置疑，二元对立主义与新大陆的结构主义人类学非常契合，尤其是列维-斯特劳斯的学说。例如，他在《野性的思维》（*La Pensée Sauvage* 1962）中区分了"临时创作式"（口头式）和"工程机械式"（读写式）两种不同的思维模式。二元对立主义通过埃德蒙·利奇爵士（Sir Edmund Leach 1976）这样的诠释者，以结构主义人类学的形式进入到英语文化圈。它为麦克卢汉的著作，尤其是《谷登堡星汉璀璨》（1962），以及麦克卢汉导师哈罗德·英尼斯（Harold Innis 1950；1951）的著作奠定了基础。二元对立理论也受到英尼斯同时代加拿大学者埃里克·哈夫洛克的拥护，哈夫洛克是对翁影响重大的人物之一（*Orality and Literacy*：27-8），他在哈佛任职之后发表了《柏拉图导言》（*Preface*

---

[1] 杰克·古迪（Jack Goody, 1919—2015），英国著名社会人类学家、历史学家，剑桥大学社会人类学系荣誉教授，圣约翰学院成员，因其对人类学研究的贡献被英国女王封为爵士。——译者注

[2] 伊恩·瓦特（Ian Watt, 1917—1999），美国文学评论家、文学史学家，其代表作《小说的兴起》在理论界享有非常重要的地位。——译者注

[3] 哈罗德·亚当斯·英尼斯（Harold Adams Innis, 1894—1952），经济史学家，加拿大多伦多学派的鼻祖，被麦克卢汉尊为老师。——译者注

to Plato 1963）⁶。哈夫洛克认为，而且越来越坚定地认为，希腊字母表的发明改变了一切：

> 不同于包括腓尼基字母文字在内的之前的其他文字体系，希腊字母文字的发明构成了人类文化史中的非凡事件，其意义至今还没有得到充分的认识。希腊字母表文字的出现在前希腊文明和后希腊文明之间划出了一道分水岭。
>
> （1977：369）

　　二元对立的分析法对媒介和文化研究领域都产生了很大的影响，我和菲斯克合著的"新语音"系列之一《读懂电视》尤其如此（Fiske and Hartley 1978）。我们认定口头思维模式和读写思维模式之间有一系列的区别。但我们的目的不是为了让二者对立，正相反，我们希望能够揭示出电视的口头化逻辑或"吟游诗人"式逻辑，并以此来反驳一些学术和专业精英"支持印刷和读写、反对大众电视"的偏见。我们希望能够将"口头模式"重新树立为合理的学术研究对象；也就是说，并非从头来过，而是重新调和两种文化之间的"鸿沟"。然而，即使是出于分析目的，使用二元对立法本身就会造成一种印象：口头文化与读写文化在某种程度上是"互不相容、格格不入"的。这是一种没有经过验证的假设，然而，无论是我们的书，还是在晚我们4年同属"新语音"系列的这本翁的著作，都没有摒除这种观点。

教育原始主义

　　大卫·奥尔森（David Olson）和南希·托兰斯（Nancy Torrance）（1991：7）将这种二分法称为"鸿沟"理论。除了缺乏实证，这种理论在应用时问题最为尖锐，尤其是应用于课堂时。在学界，这种理论被称为"大跨越"理论（Great Leap Theory），这个名字来自大卫·奥尔森（2003）之前的一番言论，奥尔森需要"鸿沟"这一概念来为学校教育改革摇旗呐喊：

我们对思维发展理解有了向前的跨越，因此，现在我们需要的是与这种进步相对应在学校认知方面的跨越，即对学校作为官僚机构的认知的跨越……我们需要对心理学理论和教育改革之间的关系有更深入的理解。

（2003：xi）

由此奥尔森引出了"大跨越"理论："我认为如果我们可以更多了解……人们是如何学习的，教育实践就会有一次向前的大跨越。"（Olson 2003：ix）。学校教育无法实现有效学习，因此学校教育和学习之间横亘了一道明显的鸿沟，这一鸿沟体现为社会阶层不同造成的书面读写思维模式和口头模式之间的明显差异。该理论认为，最低限度而言，改革家也没有必要通过普及读写精英的价值观来发起针对穷人的阶级斗争。相反，在改革现有体制中的教学法时，应该同样考虑到口头式学习方法，事实上，这种改革正好与16世纪拉米斯提倡的教学改革截然相反，其目的就是消除拉米斯教学法在教育制度中残留的影响，这一改革的最终目的是促进所有学生的知识解放（上述观点以及反对观点见Kingten et al 1988）。

今天，读写至上主义带来的文化，即通过书面考试来认证个体的方式比《口头文化与读写文化》一书诞生的年代更加盛行了。目前，"教育主宰"（pedagogical juggernaut）带来的是教育认证领域的全球竞争市场。通过各种考试和认证学子们才能够去从事科学、研究、教学等工作，才能够进入各种社会机构；换句话说，政府部门、行政部门、商贸行业、学术界和各种行业都需要考试和认证，而印刷读写能力正是这些认证和考核的主要方式。这种情况与翁所说的"次生口头文化"形成了反差，在次生口头文化中，人们的表达和沟通都是借助电子手段以口头形式来实现的，而口头方式也是部分学生最喜欢的非正式沟通方式及学习方式，这些学生往往来自较有挑战性的学习环境，他们从小到大接触的是大众文化和大众媒体、时尚和消费、在线社交网络，以及街头巷尾，因此他们的感觉也是在这些环境中被培养起来的。这是从阶级区分的角度来理论化传播模式的一种努力，借助这种努力，人们试图以学校课程的形式去颠覆教育制度中既存的知识等级，因为这些知识等级就是由教育制度催生出来的。这种教育解放主义传递出类似于保罗·弗莱雷（Paulo Freire 1970）[①]、伊凡·伊里奇（Ivan Illich 1971）和沃尔特·翁等天主教学者的激进教学理念，它背后的理念是："口头"思维模式与"读写"思维模式平等，甚至优于"读写"思维模式，拉米斯教学法只是教育史中的一段插曲，它希望可以为这段插曲画上终止符。

有些学者在这种教育尝试中发现了部族主义的痕迹，按照罗伯特·皮尔西格[②]和卡洛斯·卡斯塔涅达[③]的说法[7]，这是一种"高贵而又野蛮的"浪漫主义，对20世纪60年代的人特别有吸引力。沃尔特·翁也不例外，翁努力提倡在他看来"文化更单纯的民众"和"更原始的民众"的仪式化生活的重要性（Ong 1971：115）。因此，他将文艺复兴时期拉丁文的学习也比作一种成年仪式，在他看来，成年仪式"究其本质是教诲式的"：

> 在贝专纳人中，男孩裸身起舞，这时村里的成年男人会用长鞭一样的杆子击打他们，一边击打一边问些问题，诸如"你会好好守卫酋长吗"或"你会好好守护牛群吗"。
>
> （Ong 1971：117）

在文艺复兴时期，是拉丁文而非读写能力本身标志着男人和男孩的区别，也标志着男人与女人、家庭生活、本族语读写能力之间的区别。这也就意味着"学识"（即拉丁文知识）基本上是一种排外的、男性专有的成就；中小学和大学都"非常近似于原始社会中的男性团体"。因此，翁揭示出前现代部族社会的口头文化在读写时代继续留存，同时，他坚持认为（在读写时代）仍旧存在着"原始的"社团模式（与"先进的"模式相对应），有时也坚持认为口头能力往往局限于没有受过教育的、本族语的女性，局限于壁炉和家庭的世界。

然而，翁这个研究的目的并不是想要倡导原始文化向美国文化前进，而是

[①] 保罗·弗莱雷（Paulo Freire, 1921—1997），巴西教育家、哲学家、批判教育学的主要倡导者。——译者注
[②] 罗伯特·皮尔西格（Robert Pirsig, 1928—2017），美国作家、哲学家。——译者注
[③] 卡洛斯·卡斯塔涅达（Carlos Castaneda, 1925—1998），美国作家。——译者注

想说明正规的学校拉丁文教育是多么类似于传统的成年仪式。这是一种很迷人的洞见，它引发的共鸣超越了文艺复兴时代本身[8]。掌握或管理这种正式学校教育的文艺复兴思想家奠定了现代科学的基础，不仅如此，"成年仪式"也延续至今。翁的观点是，当时学生学习拉丁文——这种不再用于家庭（尤其女性）成员交流的已"消亡"的语言，这种行为有一种专有性，即学习拉丁文和学习普通本族语比起来，似乎有一种能够接触到神秘知识以及形成组织身份的特权。翁认为，拉丁文学习"隐含了巨大的社会意义"：

> 当拉丁文不再是本族语后，社会中的人群就逐渐分成了截然不同的两类：懂拉丁文的和不懂拉丁文的。在（使用非拉丁文的）家庭和（使用拉丁文的）外部学习世界之间有……有"边缘化环境"存在的条件。这种边缘化环境主要是语言性的，这一点恰恰增强了这种情境的初始特征，因为了解秘密含义及其交流方式正是人类最早仪式的共同特征。人类正是通过拥有交流能力才真正拥有了归属感。

在麦克卢汉的"地球村"世界中，我们也许希望自己已经远离了部族文化，事实可能却并非如此——更不用说是文艺复兴时代了。翁说道："男孩的教育从本质上说就是一种成年礼，通过让他们学习过去的传统，通过环境的试炼让他们更加坚强，确保他们能够为部族的将来护卫这些传统，从而让男孩们为成年生活做好准备"（1971：140）。当代学者读到这段话时也许会想，这一段分析多么契合今天的大学教育，尤其是对于美国的知名大学而言。

意识彻底转型？没那么快……

尽管意图是好的，但"教育可以采取'大跨越'的方式来缩小口头文化与读写文化之间的'鸿沟'"这一思想一直很有争议，因为无论是文学史学者（Graff 1981）还是人类心理学家（Scribner and Cole 1981）都对读写能力是否真的像翁坚称的那样革新或"重构"了人类意识表示怀疑（*Orality and Literacy*：Chapter 4）。

翁的这个观点有一个问题：事实上，书写并没有取代口头表达，印刷也并没有取代书写。一般来说，新的媒介技术只是补充了已有的技术。因此，文学史专家哈维·格拉夫（Harvey Graff）指出教育本身"很长时间以来都一直是一种口头活动"（1991：5），是一种口头模式和读写模式并存的互动过程。格拉夫致力于解除读写技能的学习与"进步性的改变"之间的必然联系，他强调读写发展史是一个连续的过程（1991：8；又见 Graff 1987；Finnegan 1988：139，175）。

事实上，近年来读写能力的教育方式倾向于避开"大跨越"理论（Street 1984；Daniell 1986）。然而，偏爱在课堂中使用非书面媒介的教育积极分子还是保留了一些这种理论的痕迹，他们想要快速推进教学法（和科技）方面的革新（Kellner 2002），目的是适应广播和电子媒介时代。但是到新千年之际，在"媒介素养"（media literacy）领域，翁的影响力已经逐渐衰减，以至于在欧美国家最有影响力的研究中，他与麦克卢汉的名字都不再被提及。

这种远离翁氏理论的转向令人遗憾，因为这就像是"把婴儿和洗澡水一起倒掉"。学界有个惯例，学术批评家们往往都会找出对手最不正确的地方，却希望别人只看到自己学说中最出彩的地方。似乎人们在摒弃翁的较为不客观的学说的同时也忽略了他最优秀的成果。翁最精通的领域是修辞学的历史，以及从技术和"认知学"角度分析口头文化、书写文化和印刷读写能力之间的区别；他不精通的领域是人类的思维。因此，当从自己擅长的领域迈向自己陌生的领域时，翁也不能保证万无一失。他宣称口头言语技术向书面语言技术的历史变迁"重构"了人类意识，这一说法过于武断。不能这样下结论，因为还有很多不会阅读也不阅读（更不书写）的人及其他文化的人，除非能够下结论说这些人的意识也被他们未使用过的修辞术以及媒介科技改变了，才有可能得出上面的结论。像书写、印刷、广播、电子传播和数字媒介这样的科技，无论它们多么普及，究其本身还是社会制度的一部分，是文化的一部分，而非人类的内在属性或人的本质。翁对"人类意识"的讲述实际上有些话题转移了：他对学界做出的最大贡献是在"学习制度的历史演化"方面，这些研究本身就非常丰富翔实和引人入胜，所以他完全没有必要将话题从社会学习转向人类意识。

有很多次，甚至在翁试图讨论性别问题时，他似乎都在暗示一点：意识实际上可以按性别来划分（1971：119-120；*Orality and Literacy*：111-12，156-7；2002：483-4）。但是，正如他不是神经学家一样，他对女孩知之甚少："这里我们的关注对象只包括男孩，因为总的说来，在文艺复兴时期，能够接受学校正规和系统教育的只有男孩"（1971：117）。这种说法是一种充满了臆断的技术决定论，它似乎在暗示因为某个事物（传播技术）被革新了，因此（人类意识的）一切也都改变了，而这里的人类意识甚至都不包括女性意识。翁对无论是教育还是男性气质中的"仪式化对抗"都非常感兴趣。关于这个话题，翁有一本专著《为生活而战——竞赛、性欲和意识》，从这本书的副标题我们就可以看出他的学术触角已经超出了自己熟悉的领域：在教育体制中，也许"竞赛"和"性欲"有关联性，但是这种关联性并不一定意味着人类"意识"的转型——这里知识过度延伸了。

但我们也要避免走向另一个极端。翁的确有一些过于武断的观点，他习惯于将自己的话题推及"全人类"，也就是说以偏概全，这样肯定是不可取的；但与此同时，我们不能将翁的所有其他学说也都认定为错误的。任何人都会犯错，翁也不例外，但我们不能因此以偏概全。翁有他很擅长的领域，那就是知识技术的发展史，无论是像书写和印刷这样的硬件技术，还是像修辞术或空间排布法这样的软件技术。毫无疑问，在"文化的演变"方面，翁颇有建树。

翁氏理论的进化

翁对进化论很感兴趣，事实上，翁将本书的结语就献给了进化论：

> 至少从黑格尔开始，人们已经有了意识进化的概念……口头文化-读写文化二者间的动态关系作为一个整体进入到现代意识的演化进程中。
>
> （*Orality and Literacy*：174-6）

翁的年代，在公开讨论人文学科时，哪怕只是提到"进化论"这个词都会让大家惊愕不已（因为当时人们认为进化＝社会达尔文主义＝纳粹主义），所以，提到"进化"二字也是非常大胆的举动。然而，奇怪的是，对于"后道金斯①年代"的我们来说，这个词语更多会让我们想到宗教的内化，而非达尔文。很有可能翁本人指涉的也根本无关达尔文主义的进化，他写的是"意识的现代进化"而非"现代意识的进化"。这里不同的词序意思完全不同，因为"意识的现代进化"也许仅意味着历史的变迁，这个时间跨度应该不会超过5000年；而"现代意识的进化"指的就是达尔文所说的进化了，其历程起码跨越50000年。无论是上述哪一种，今天的媒介学研究由于深受马克思主义政治经济学的影响，所以对工业化和阶级斗争带来的变化更加感兴趣。在这类研究中，学者们也赞同意识发生了改变，但是更多会从经济进程和制度进程的角度来解释这些变化，而非从进化学的角度去解释它们：研究的对象不是"意识的进化"，而是"意识工业"（Enzensberger 1970；1974）。

但剑已出鞘，翁已经点燃了"进化"这个话题——无论是"从个体发生的角度还是从社会发生的角度"（*Orality and Literacy*：175；又见 Gould 1977），他将"进化"作为口头文化、"读写文化和印刷文化带来意识改变"背后的因果机制，这种看法更像是他的一种直觉。翁处在思想史的一个特殊阶段，当时人们猜测媒介科技、认知和文化演变三者之间可能会有某种因果关联性，无奈那时的生物科学、认知心理学和文学史研究都不够成熟，所以很多想法无法得到证实。翁的同时代人，如麦克卢汉、古迪、瓦特、哈夫洛克等都进行了很多思想实验，他们的观点既大胆又有影响力，但是无法被证明，甚至无法跟其他科学契合。"意识的进化"更像是一种引人思考的比喻，而非是真正意义上的学术探寻。当时，无论是从学科内部还是从学科相互之间的关系而言，生物科学（基因学）、心理学（脑科学）和文本学（复杂的网络化的意义系统）的发展都还不够成熟，因此无法将进化论的因果机制从意识科技的研究领域独立出来，无论这个意识是内化的言语还是外化的书写（不同观点见 Lotman 2009）。

---

① 理查德·道金斯（Richard Dawkins, 1941— ），英国著名进化生物学家、动物学家和科普作家，英国皇家学院院士。他被认为是达尔文的忠实拥趸。——译者注

1982 年后，时代发生了改变。变化之一就是自然科学和人文科学之间的加速"融合"（Wilson 1998），学者们纷纷尝试用进化论、新达尔文主义、复杂性理论或网络理论，以及包括神经科学和进化心理学在内的基因生物科学来研究文学和文化方面的各种课题。学者们开始以各种方式重拾翁对进化论的兴趣，并将之应用到最新的进化论科学中，很多应用方式都是翁当初完全不可能预想到的（Wilson 1998）。这些研究表明，我们也许确实可以从进化论的角度来理解文化和意识，这种关联不再是一个简单的关于变化的比喻，而是社会学、文化学以及生物科学开始转向新达尔文主义的一种体现（Boyd and Richerson 1985）。在生物科学、神经科学、进化论和复杂性理论（complex theory）等领域进化论体系和复杂体系的研究方法都得到了快速的发展，因此，是时候从技术变化和媒介传播的角度重启"意识的进化"这个问题了。这类研究的导论可以参见布莱恩·亚瑟（Brian Arthur 2009）[1]的著作，他本人在科技进化方面也发表了非常有信服力的理论，这些理论很有必要被应用到传播技术的研究中；另外，还可以参考布莱恩·博伊德（Brian Boyd 2009）[2]的研究，他为荷马史诗、故事的演化、文学批评的演变等方面的研究树立了新的标准，并且也为这片新兴研究领域带来了良好的前景。还有许多其他学者正在为新兴的进化与艺术的探讨做贡献，如迈克尔·奥斯汀（Michael Austin 2010）[3]、约瑟夫·卡罗尔（Joseph Carroll 2011）[4]、埃伦·迪桑雅克（Ellen Dissanayake 2000）[5]和丹尼斯·达顿（Denis Dutton 2009）[6]。如果想要了解对这些研究的评论，可以参考乔纳森·克拉姆尼克（Jonathan Kramnick 2011）[7]的著述。

通过将翁的研究置身于更为宽泛且横跨多个学科的语境中，他的研究所使

---

[1] 布莱恩·亚瑟（Brian Arthur，1945—），美国经济学家，是复杂性理论、科技和金融市场方面的经济学权威。
[2] 布莱恩·博伊德（Brian Boyd，1952—），新西兰奥克兰大学文学教授，主要研究领域是纳博科夫的生平和作品以及文学与进化。
[3] 迈克尔·奥斯汀（Michael Austin），美国纽曼大学英文教授。——译者注
[4] 约瑟夫·卡罗尔（Joseph Carroll，1949—），美国学者，密苏里大学教授，主要研究领域是文学和进化。——译者注
[5] 埃伦·迪桑雅克（Ellen Dissanayake），美国作家和学者，主要研究方向是关于艺术和文化的人类学探索。——译者注
[6] 丹尼斯·达顿（Denis Dutton，1949—2010），美国艺术哲学家、媒体活动家。——译者注
[7] 乔纳森·克拉姆尼克（Jonathan Kramnick），美国耶鲁大学英文教授。——译者注

用的"认知的"思想史视角不仅可以与进化和系统思维产生关联，还可以与当代"关于科学的科学"领域也产生关联⁹。当代研究领域的"进化论转向"影响到许多领域，生物科学、文本研究、网络或复杂性理论等诸多方面的见解汇集在一起，帮助人们更好地理解在科技发展和知识增长的进程中，人类在多大程度上为进化中的改变做出了调整。现在读翁的著作时，我们会思考约翰·布罗克曼（The Edge 1999）所说的"分布式网络智能"。我们不仅在思考它，我们还参与其中。

与此同时，我们也不妨思考一下莎士比亚《尤利西斯·凯撒》中的片段，马克·安东尼发表"请听我说"的著名演讲，台下不知名的"第一个平民"说道："依我之见，此人言之有理。"此处我们可以将同样的话语献给沃尔特·翁。

注释：

1　谷歌学术（Google Scholar）2012 年 6 月查询结果。

2　这一访谈中讨论了麦克卢汉对布罗克曼的影响。

3　114 人的具体回答可见 The Edge（1999）。

4　控制出版的人也就控制了"公共思想"，对此，克莱·舍基（Clay Shirky，美国作家、顾问，研究互联网带来的社会和经济影响的专家——译者注）有一段精彩的论述："公开发表属于一种特权行为，这个制度的受益人，无论是学者还是政客，是记者还是医生，都会抱怨大量的新的公开的想法将颠覆旧的秩序，但这种抱怨无异于墓前悲歌；他们所担心的变化已是过往，眼下真正的行动在别处。"

5　翁和麦克卢汉不是唯一一对"新教的"美国投以"全面的（天主教的）"审视的中世纪史学家，安伯托·艾柯后来在其著作《超现实中的旅行》（1987）中也有类似研究，尽管艾柯在其读博阶段就脱离了天主教会（他博士研究方向是托马斯·阿奎那的美学）。（原文中 catholic 一语双关，一个意思是"全面的"，一个意思是"天主教的"。—译者注）（安伯托·艾柯，Umberto Eco，1932—2016，意大利哲学家、符号学家、文学批评家和小说家。——译者注）

6　甚至历史学家也开始用二元对立的概念来思考问题：彼得·拉斯莱特极有影响力的著作 The World We Have Lost（《我们失落的世界》，2004，首次出版于 1965 年）中涉及了这方面的部分问题，在他试图描写的世界中，读写都是罕有的本领，这一点与当代世界形成反差，当代世界强调"我们"，并且也将书名中的"我们"与他所谓的"过去所具有的过去性"剥离开来。（彼得·拉斯莱特，Peter Laslett，1915—2001，英国历史学家。——译者注）

7 罗伯特·皮尔西格的著作 *Zen and the Art of Motorcycle Maintenance*（《禅与摩托车维修艺术》，1974）和卡洛斯·卡斯塔涅达的著作 *The Teachings of Don Juan*（《唐望的教诲》，1968）都致力于从非西方文化或部族样式中寻找智慧；有趣的是，这两位学者都是以学位论文开始自己的学术生涯的。（罗伯特·皮尔西格，Robert Pirsig，1928—2017，美国作家和哲学家；卡洛斯·卡斯塔涅达，Carlos Castaneda，1925—1998，秘鲁裔美国作家和人类学家。——译者注）

8 本人对此更多的论述可参见 Hartley（2012）。

9 维基百科对"Darwinian literay studies"（检索于 2012 年 1 月）词条的说明还是不错的。